놀 라 운

리얼 종이접기

사실에 가까운 종이접기로
두뇌를 계발하고 예술적 창조성을 키운다!

ICHIMAI NO KAMI KARA TSUKURU ODOROKI NO ATO – RIARU ORIGAMI
by FUKUI Hisao

Originally published in Japan by KAWADE SHOBO SHINSHA LTD. PUBLISHERS, Tokyo.
Korean translation copyright © 2014 by The Soup Publishing Co.
Korean translation rights arranged with KAWADE SHOBO SHINSHA LTD. PUBLISHERS, Japan
through THE SAKAI AGENCY and BC AGENCY.

* 에밀은 도서출판 더숲의 임프린트입니다.

놀라운 리얼 종이접기

사실에 가까운 종이접기로
두뇌를 계발하고 예술적 창조성을 키운다!

후쿠이 히사오 지음
민성원 옮김
장용익 감수

e-미일
E-MEAL

수록 작품

토끼 ▶ 22쪽

강아지 ▶ 24쪽

사자 ▶ 28쪽

호랑이 ▶ 32쪽

시작하기 전에

머리말 ······ 10

감수자의 말 ······ 11

종이접기 방법의 기호 ······ 12

부분 접기의 종류 ······ 13

풀먹이기에 대해 ······ 16

종이에 대해 ······ 18

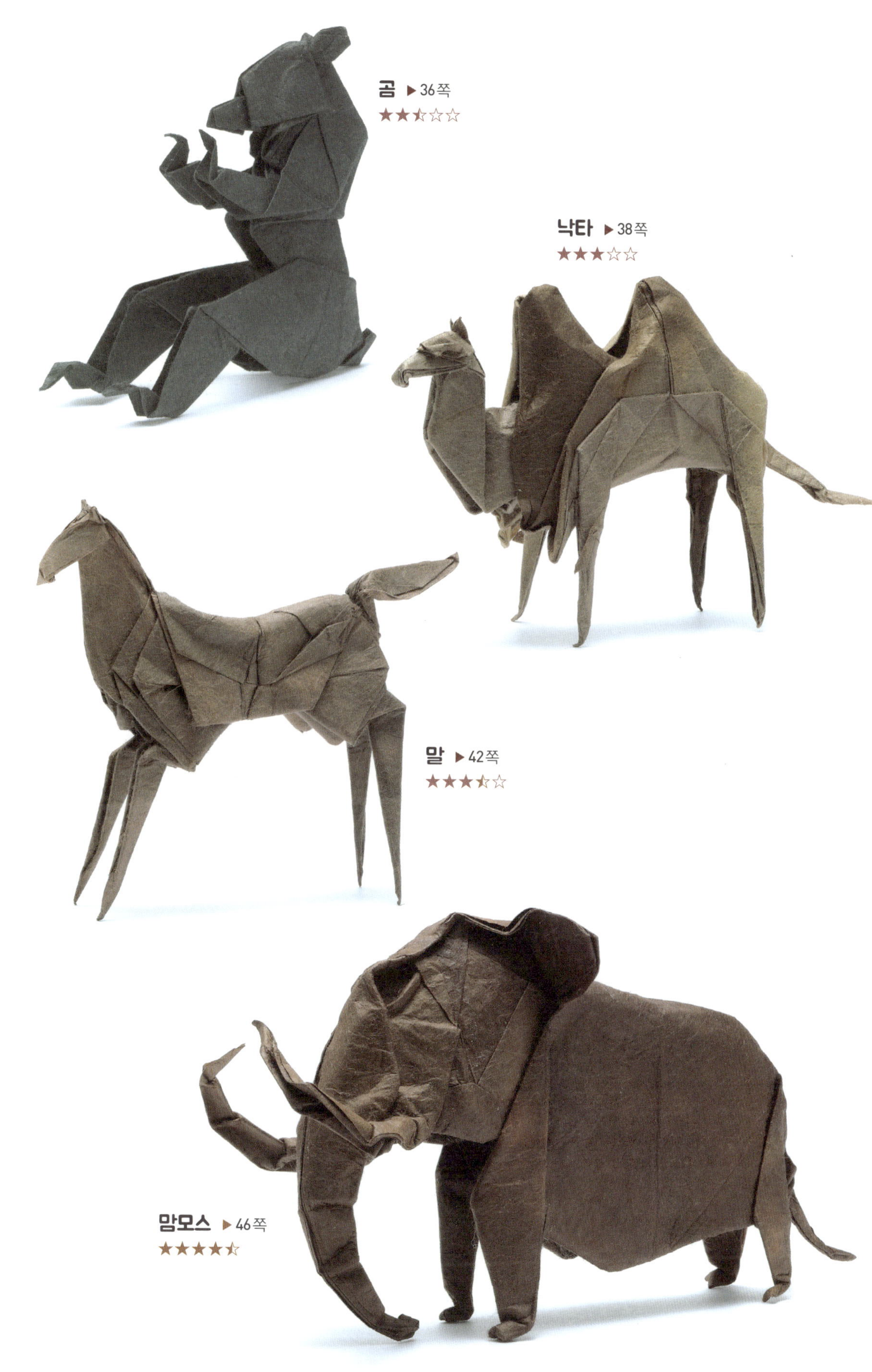

곰 ▶ 36쪽
★★⯪☆☆

낙타 ▶ 38쪽
★★★☆☆

말 ▶ 42쪽
★★★⯪☆

맘모스 ▶ 46쪽
★★★★⯪

페가수스 ▶ 50쪽
목도리도마뱀 ▶ 56쪽
개구리 ▶ 59쪽
투구게 ▶ 64쪽

바다거북 ▶ 66쪽
★★⯪☆☆

도미 ▶ 68쪽
★★★⯪☆

사슴벌레 ▶ 72쪽
★★☆☆☆

장수풍뎅이 ▶ 78쪽
★★★☆☆

사마귀 ▶ 82쪽
★★★★★

스테고사우루스 ▶ 88쪽
★★☆☆☆
브라키오사우루스 ▶ 92쪽
★★½☆☆
람포링쿠스 ▶ 96쪽
★★★☆☆
드로마에오사우루스 ▶ 100쪽
★★★★☆

티라노사우루스 ▶ 104쪽

★★★★★

반야상 ▶ 110쪽

★½☆☆☆

달마 ▶ 112쪽

★★☆☆☆

장식 투구 ▶ 116쪽

★★½☆☆

리얼 종이접기는 동물, 공룡, 곤충 등을 최대한 살아 있는 모습에 가깝게 만들어 내는 창작 종이접기입니다. 얼핏 어려워 보이겠지만, 이 책에 수록된 작품 모두 기초접기* 단계가 있고 그 뒤에 점점 리얼하고 복잡한 형태로 발전하므로 순서에 따라 차근차근 진행하면 문제가 없습니다. 기초접기 자체는 그다지 어렵지 않기 때문에 몇 번 도전해 보면 어린아이부터 노인까지 누구나 접을 수 있습니다.

창작 종이접기와의 인연은 스무 살 무렵 한 대형 서점에서 우연히 종이접기 책을 보게 되면서 시작되었습니다. 아무 생각 없이 종이접기 책을 보다가 말을 접은 멋진 작품의 사진에 눈길이 멈추었습니다. 접는 방법을 본 것은 아니지만 집에 돌아오자마자 신문의 광고지로 접어 보았습니다. 종이접기를 하는 건 초등학교 저학년 이후 처음이었는데, 밤을 새우다시피 하며 말 같은 것을 접었습니다. 이때부터 창작 종이접기의 매력에 흠뻑 빠져 버렸습니다. 그후 오랜 세월 나름대로 연구를 거듭한 결과, 현재의 리얼 종이접기를 개발해 내게 되었습니다.

리얼 종이접기의 특징은 완성품이 입체적이고 곡선이 많다는 점입니다. 그래서 접는 방법을 설명하는 마지막 그림에서 형태를 잡은 완성품까지 시간이 걸리는 경우가 있습니다. 형태를 잡을 때는 풀먹이기(16쪽)를 하는데, 더욱 근사하고 내구성이 커지니 중급자 이상은 꼭 시도해 보시기 바랍니다. 물론 풀먹이기를 하지 않아도 리얼 종이접기는 충분히 매력이 있으니 초보자는 우선 접어 볼 것을 권합니다.

이 책은 비교적 간단한 작품부터 난이도가 높은 작품까지 두루 경험할 수 있도록 구성되어 있습니다. 각 작품에는 난이도를 매겨 두어 자신의 단계에 맞는 작품을 고를 수 있으며, 초보자도 알기 쉽게 까다로운 부분에는 사진을 덧붙이고 설명을 달았습니다. 어려운 단계에 부딪혔을 때에는 다음 순서 그림을 보면 해결되는 경우가 많으므로 앞선 순서의 그림을 보면서 접는 습관을 붙이면 좋습니다. 또한 동물의 꼬리나 발 같은 작은 부분은 책의 방법대로 하지 않고 자신의 머릿속 이미지에 따라 접어도 상관없으니 가벼운 마음으로 즐기십시오.

필자는 12년 전부터 종이접기 전문가로 강단에 서고 있습니다. 이 책에는 긴 시간 동안 만들어 온 설명 그림과 새롭게 그린 설명 그림을 실었습니다. 종이접기를 사랑하는 많은 분이 리얼 종이접기의 매력과 재미를 경험한다면 더한 영광이 없겠습니다.

저자 후쿠이 히사오

MEMO

* 기초접기

리얼 종이접기의 작품에는 '기초접기'라는 단계가 있는데, 이것은 '설명 그림대로 접으면 누가 접어도 똑같은 형태가 되는 단계'를 의미한다. 기초접기까지만 정확하게 접으면 그후는 접는 사람의 개성에 따라 접는 위치와 각도를 다소 응용해도 된다. 완성 작품의 모양은 미묘하게 달라지지만, 그것 또한 리얼 종이접기의 매력이다.

감수자의 말

전세계적으로 우리나라만큼 종이접기가 대중화되어 있는 나라는 많지 않다. 하지만 우리나라에 대중화된 종이접기는 독일의 교육학자인 프뢰벨이 교육법의 일환으로 만든 것으로, 성인보다는 유아 · 아동에 적합한 활동이라고 볼 수 있다. 그 과정에서 이러한 교육 종이접기는 꽤 오랜 시간 동안 '어린이들의 놀이'라는 인식으로 자리잡음으로써, 종이접기가 보다 수준 높은 단계로 발전하고 확산되는 데 있어 어려운 요소로 작용했다.

해외에서는 종이접기를 '오리가미' 라고 부른다. 좀더 진짜에 가까운, 또 하나의 예술과 학문으로서 자리하고 있어 작가들이 추구하는 방향에 따라 여러 분야로 갈라지고 발전해나가고 있으며, 이를 즐기는 연령층도 매우 다양하다.

우리나라에서도 몇몇의 창작가들이 각자의 개성을 담아 해외와 비교해도 손색없는 여러 종이접기를 계속 해나가고 있지만, 일반인들이 접할 수 있는 종이접기는 여전히 교육 종이접기가 가장 많다. 서점에 가 보아도 조금 더 다양하고 난이도가 세분화된 종이접기 책을 만나기란 쉽지 않다.

도서의 감수를 처음 의뢰받았을 때, 이 책이 교육 종이접기와 세계 종이접기(오리가미)와의 간극을 잘 메울 수 있는 도서라고 생각했다. 물론 국내에 판매되는 도서 중 이와 비슷한 난이도의 책이 판매되고 있기는 하나, 전문 작가들이 종이 다루는 방법과 다듬기까지 꼼꼼히 소개하는 책은 흔치 않다. 간단한 종이접기를 접하고 차근차근 단계를 높여가며 색다른 종이접기를 찾고자 하는 독자들에게, 이 책은 그저 보고 따라 접게 하는 것뿐만 아니라 하나의 작품으로서 완성된 형태를 다듬고 마무리하는 방법을 알려준다는 점에서 색다른 매력을 줄 수 있을 것이다.

『놀라운 리얼 종이접기』 출간을 빌어 독자들에게 이 말을 전하고 싶다.

종이접기는 우리가 생각하는 것 이상으로 대단한 것을 성취하고 이루어 낼 수 있다. 누군가에게는 재미있는 놀이가 될 것이고, 누군가에게는 평생을 탐구해야 할 학문이나 꿈이 될 수 있는 것이 바로 종이접기다. 독자들도 이 책을 시작으로 종이접기의 매력에 푹 빠져 소중한 경험을 만끽할 수 있기를 바란다.

장용익(종이접기 작가)

종이접기 방법의 기호

골접기선(골접기)

접은 선이 안쪽이 된다.
본문의 그림에는 '골접기' 라고 표시하기도 한다.

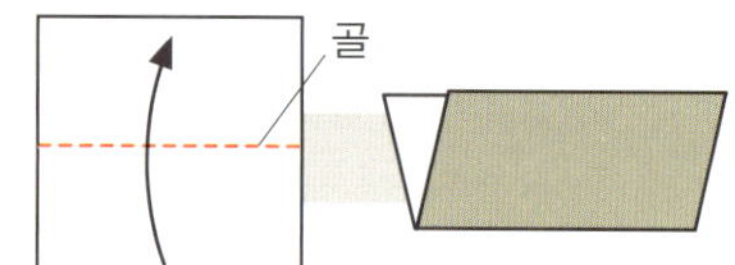

산접기선(산접기)

접은 선이 바깥이 된다.
혹은 뒤집어 골접기로 접어도 된다. 본문의 그림에는 '산접기' 라고 표시하기도 한다.

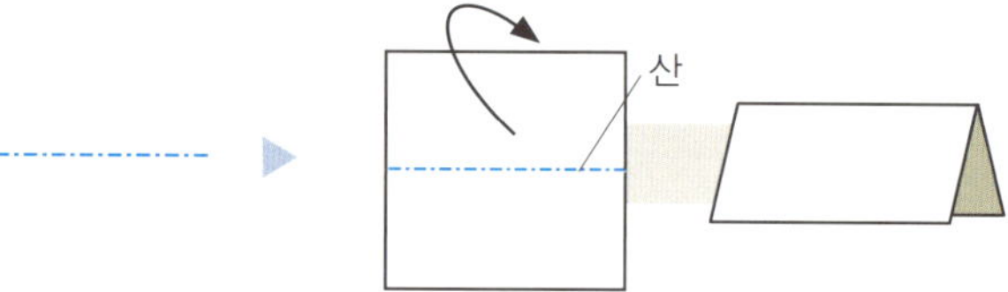

숨은 골접기선(숨은 골접기)

종이 아래에 숨겨져 있는 골접기선.
가는 골접기로 표시한다. 본문의 그림에는 '숨은 골접기'라고 표시하기도 한다.

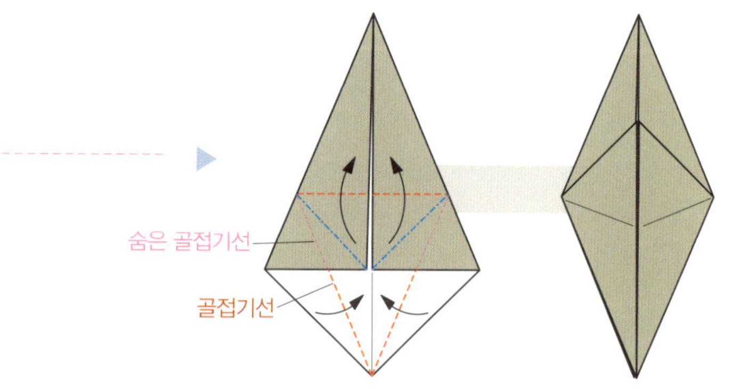

숨은 산접기선(숨은 산접기)

종이 아래 숨겨져 있는 산접기.
가는 산접기선으로 표시한다. 본문의 그림에는 '숨은 산접기'라고 표시하기도 한다.

숨은 외형선

종이 아래 숨겨져 있는 접어 올리는 선(외형선)을 필요에 따라 표시한다.

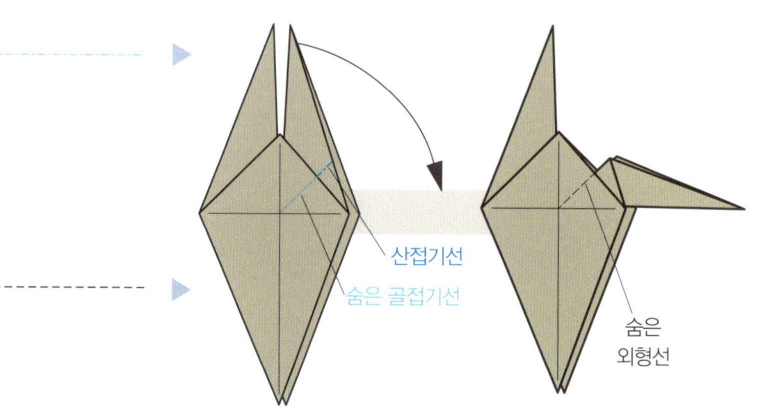

보조선을 만든다

접고 나서 펴 보조선을 만든다.

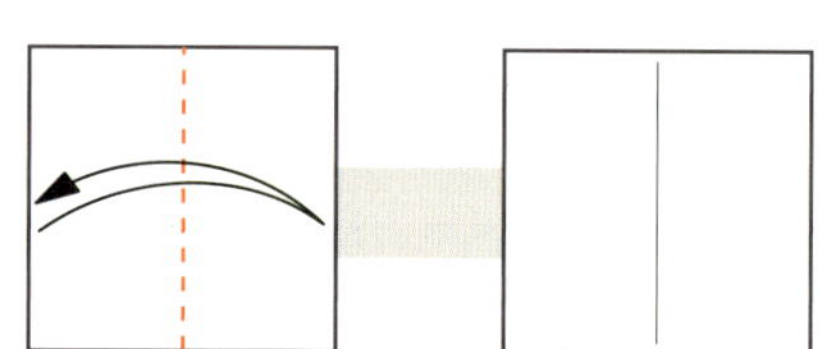

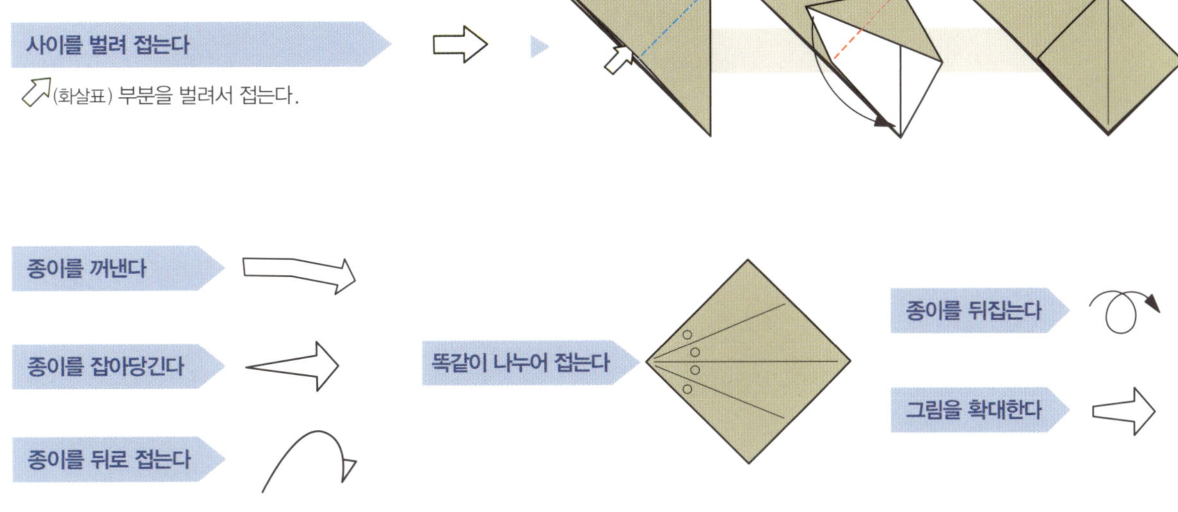
사이를 벌려 접는다
(화살표) 부분을 벌려서 접는다.
종이를 꺼낸다
종이를 잡아당긴다
종이를 뒤로 접는다
똑같이 나누어 접는다
종이를 뒤집는다
그림을 확대한다

부분 접기의 종류

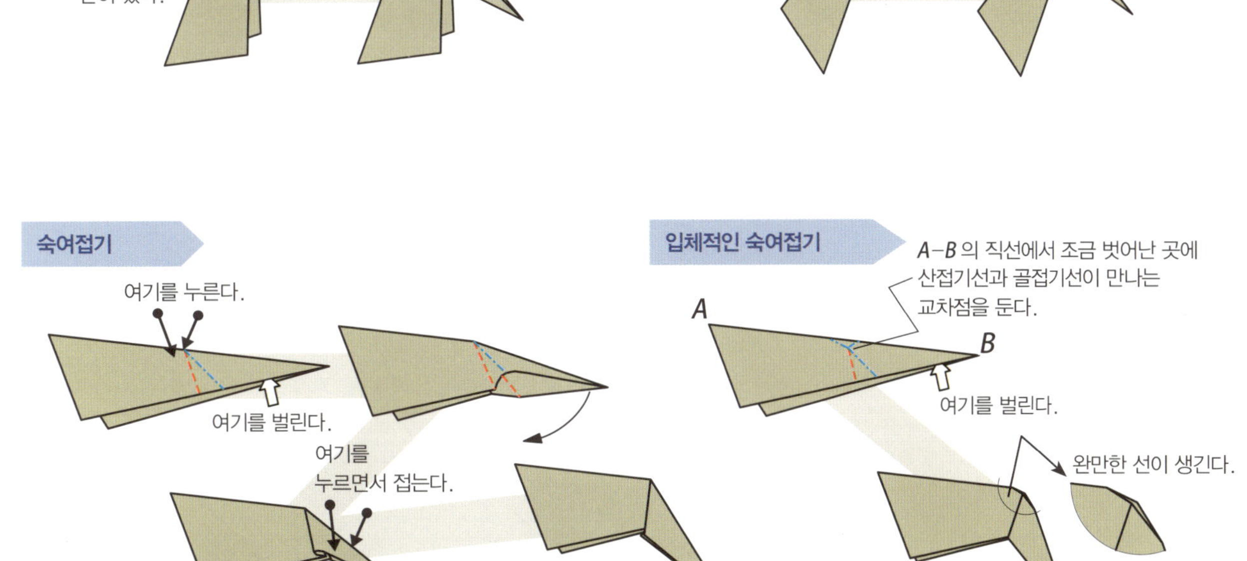
안으로 접어넣기
등이
닫혀 있다.
씌워접기
등이
열려 있다.
숙여접기
여기를 누른다.
여기를 벌린다.
여기를
누르면서 접는다.
입체적인 숙여접기
A–B의 직선에서 조금 벗어난 곳에
산접기선과 골접기선이 만나는
교차점을 둔다.
A
B
여기를 벌린다.
완만한 선이 생긴다.

발접기

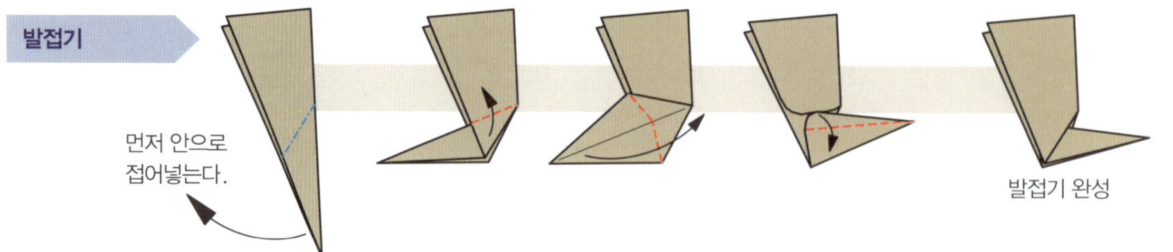

가늘게 접기 · 가늘게 씌워접기

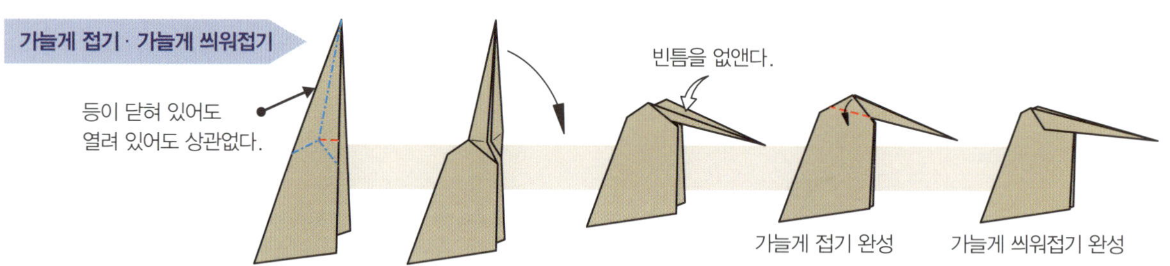

당겨접기

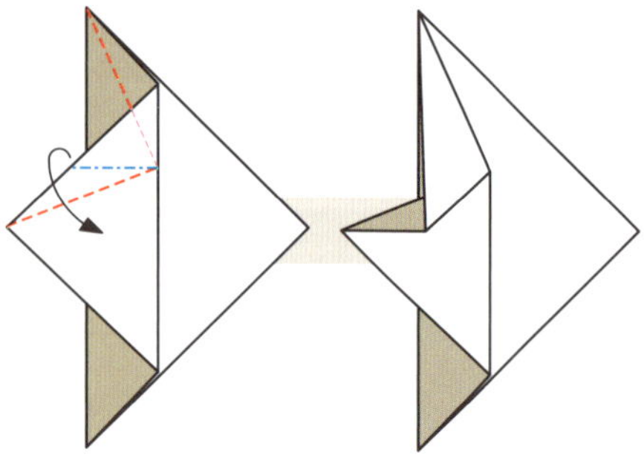

빼내어접기

* 자세한 내용은 장수풍뎅이(78쪽)의 순서 ⓮~⓲ 참조

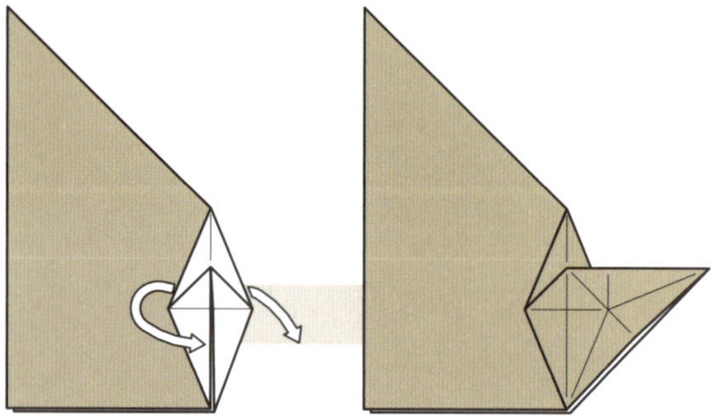

사각주머니

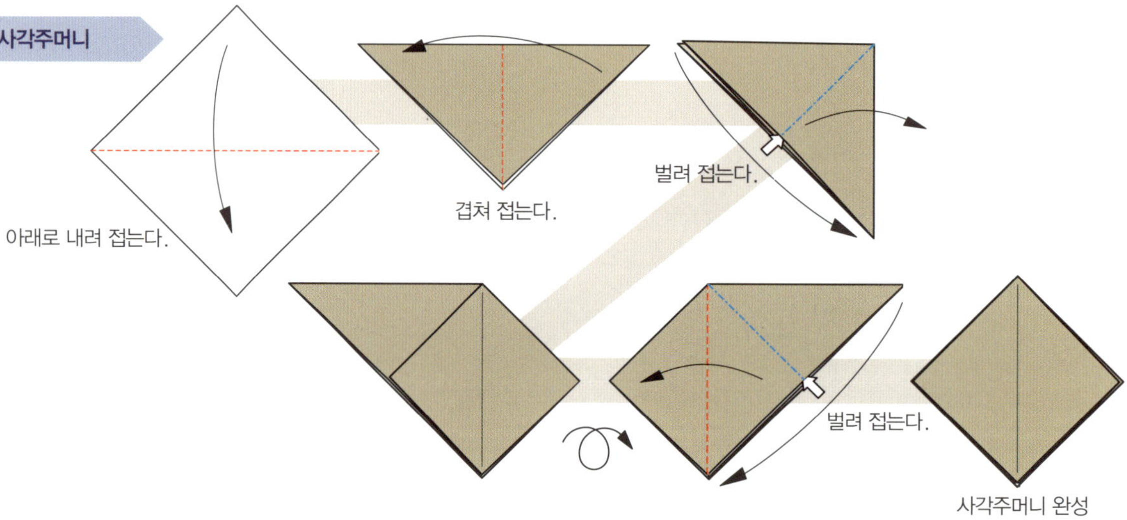

아래로 내려 접는다.

겹쳐 접는다.

벌려 접는다.

벌려 접는다.

사각주머니 완성

학마름모접기

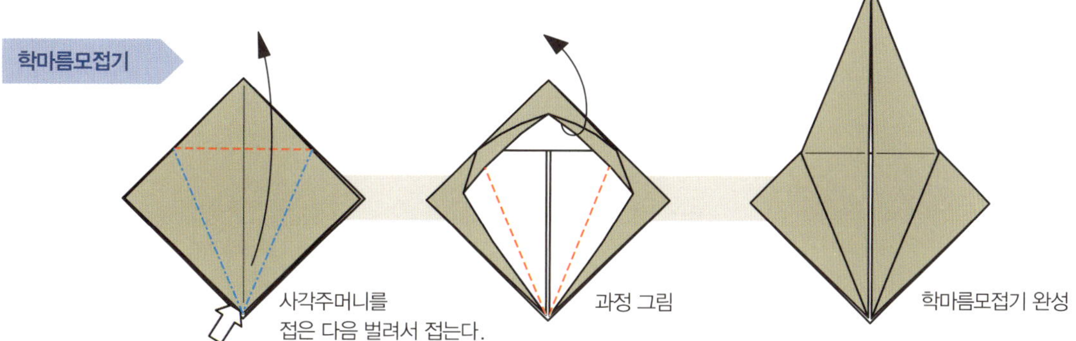

함몰접기

* 사각주머니를
이용한 접기

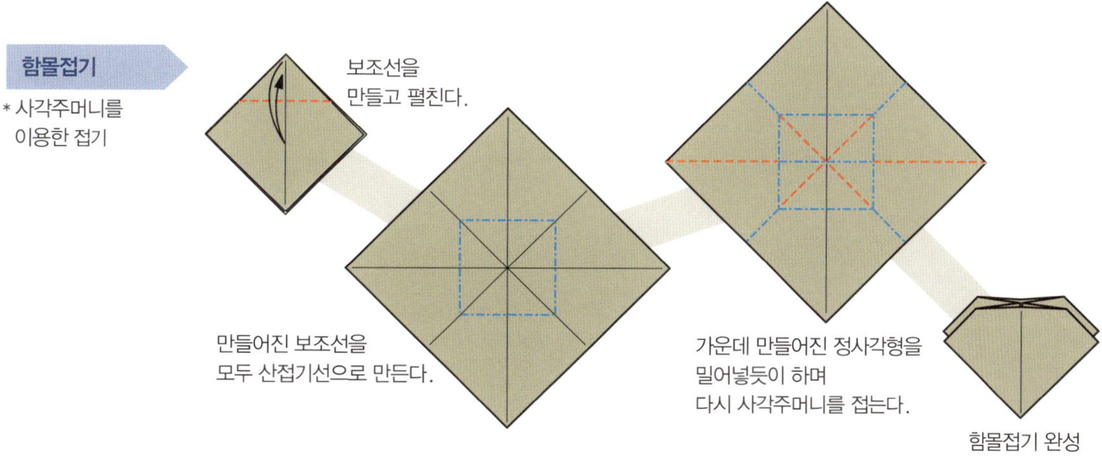

손잡이접기

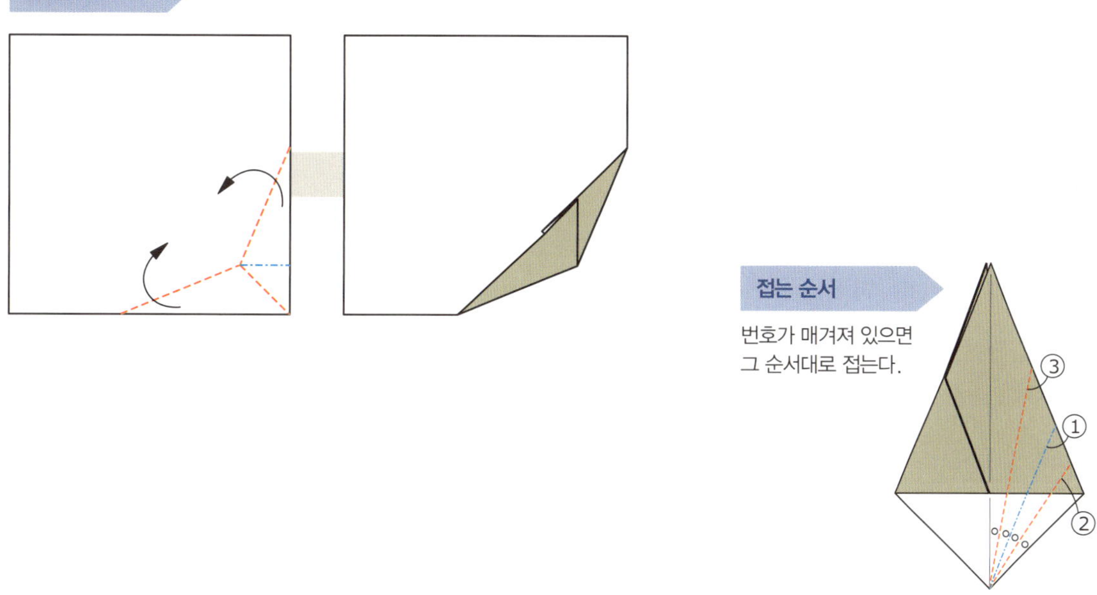

접는 순서

번호가 매겨져 있으면
그 순서대로 접는다.

풀먹이기에 대해

풀먹이기 방법

풀먹이기는 종이접기를 보다 실감나게 완성하기 위해 하는 과정으로, 완성 후 모양을 한층 보기 좋게 정리할 수 있을뿐더러 강도와 내구성이 향상되므로 중급자 이상은 시도해 보기를 바랍니다.

풀먹이기는 기초접기가 완성된 시점이나 그 전후에 하며, 이 책에서는 '풀먹이기 시작'이라고 표기되어 있습니다. 먼저 종이 뒷면 필요한 부분에 풀(목공용 본드를 물로 희석한 것)을 먹입니다. 기초접기 완성 후 접는 과정마다 풀을 먹이고 가능한 한 겉면의 빈틈에도 풀을 먹이는데, 다만 기초접기를 완성한 다음 함몰접기를 할 경우에는 그 과정을 끝내고 나서 풀을 먹이거나 그 부분을 남기고 풀을 먹여야 하므로 주의해야 합니다.

풀을 먹이고 싶지 않은 부분에 실수로 칠했을 때에는 바로 지우고 말리거나 닦아 내면 아무 문제없으며, 말라 버렸더라도 물을 묻힌 붓으로 그 부분을 적셔 1~2분 후 닦아 내면 됩니다.

'풀먹이기 시작' 표시가 있는 부분까지 접는다(사진은 24쪽의 강아지).

종이를 조심스레 벌리며 펼친다.

네 귀퉁이(발 끝에 해당)에 보강종이를 넣을 경우에는 같은 종이를 작게 자른 것(한 변의 약 5분의 1)을 4장 준비한다.

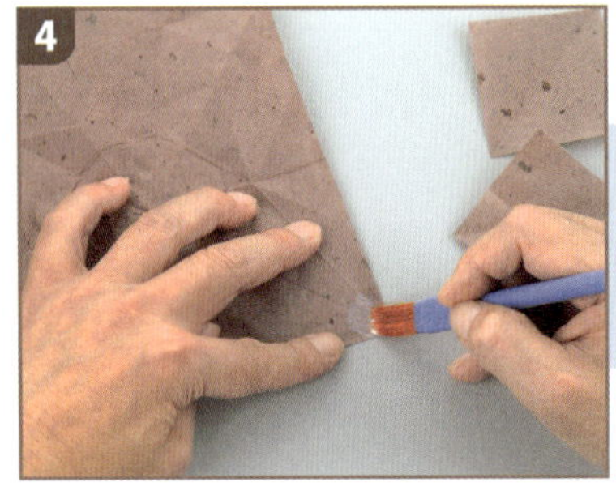
보강종이를 붙일 경우, 먼저 펼친 종이의 뒷면 귀퉁이에 풀(목공용 본드를 물로 희석한 것)을 붓으로 바른다.

보강종이와 접는 종이의 모서리를 맞추어 붙인 다음 한 번 더 풀을 발라 보강종이를 단단히 붙인다.

같은 방법으로 네 귀퉁이에 보강종이 4장을 모두 붙인다.

접은 선을 의식하면서 종이 뒷면의 필요한 부분에 풀을 먹인다.

기초접기의 형태로 다시 접는다.

다시 접는 도중에도 풀을 먹인다. 접는 과정을 생각하며 필요한 곳에만 풀을 먹인다.

다시 기초접기를 모두 마친다.

완성을 위해 방법대로 따라 접는다.

접는 도중에 가능한 한 풀을 먹인다.

강아지의 귀 뒤같이 작은 부분에도 풀을 먹인다.

접기를 마치면 손가락으로 눌러 곡선을 만들어 실감 나는 형태로 정리하며 모양을 잡아 간다.

◀ 풀을 먹이지 않은 작품

풀을 먹인 작품 ▶

MEMO

풀먹이기는 리얼 종이접기의 중요한 요소지만 하지 않아도 된다.

종이에 대해

준비할 종이의 크기와 종류

이 책에서는 모두 화지(아래 사진)를 사용했습니다. 생동감 있고 세련된 완성품을 만들려면 종이에 적당한 탄력과 강도가 있어야 하는 데다 풀먹이기에도 적합해야 하기 때문입니다. 화지에는 여러 종류가 있지만 얇은 것이 종이접기에 알맞습니다.

물론 가벼운 마음으로 리얼 종이접기를 경험해 보고자 하는 초보자는 일반적인 종이접기용 종이로 접어도 되지만, 될 수 있으면 18×18cm 이상의 정사각형 종이로 접는 것이 좋습니다.

종이 준비

필자는 약 90×60cm 크기의 종이를 직접 잘라서 사용하고 있습니다. 시간이 날 때 사각주머니(14쪽)로 만들어 보관해 두면 언제라도 종이접기를 시작할 수 있어 편합니다.

1 커다란 화지를 여섯으로 접는다.

2 칼로 접어 둔 그대로 자른다.

3 6장으로 나눈다.

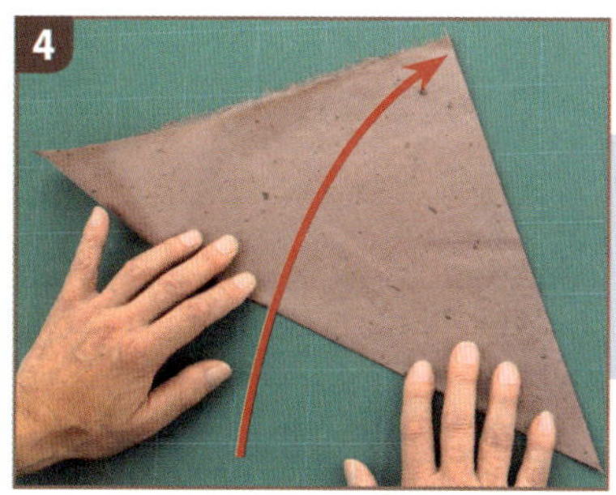

삼각형으로 접는다.

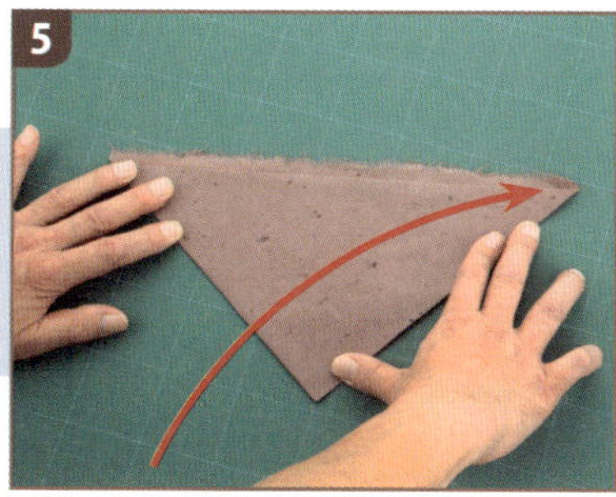

다시 한 번 삼각형으로 접는다.

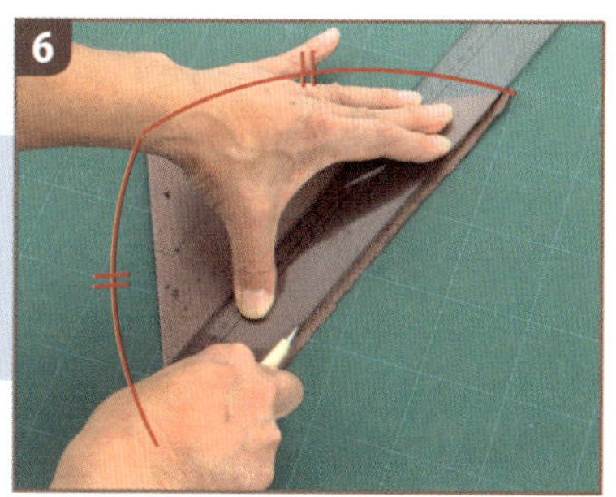

이등변삼각형이 되도록 긴 변을 칼로 잘라낸다.

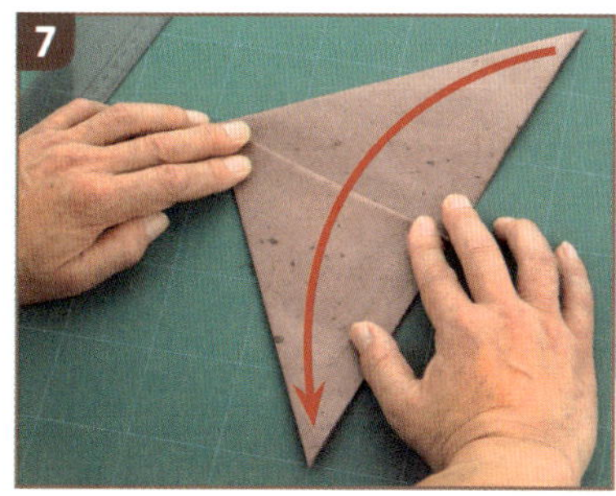

위의 1장만 삼각형으로 접는다. 이 단계에서 모서리가 정확하게 맞으면 성공.

그대로 사각주머니(14쪽)로 접는다.

완성된 모양. 색깔이 바래지 않도록 보관에 주의한다.

종이의 뒷면을 다른 색으로 하고 싶을 경우에는 뒷면에 다른 종이를 미리 붙인 다음* 자른다

* 약 5배의 물로 희석한 목공용 본드를 종이에 솔로 바르고 다른 종이를 겹쳐 붙인다.

종이를 보강하는 방법

종이가 지나치게 얇아 강도가 걱정될 때에는 물 500ml에 CMC(사진 ①. 카복시 메틸 셀루로스) 20g을 녹여 바릅니다(사진 ②). 건조 후 자르면 강도에 문제없이 종이접기를 할 수 있습니다. 참고로, CMC는 원래 피혁공예용 분말입니다.

본격적인
리얼 종이접기의
세계로 출발~

★☆☆☆☆

토끼

★ 준비할 종이 22×22cm 1장

이 작품의 기초접기(순서 4)는 전통적인 방법인 학의 기본형과 같으므로 초보자도 쉽게 할 수 있습니다. 완성된 토끼는 중심이 앞쪽에 있으므로 네 발로 서게 할 경우, 뒷발이 뜨지 않도록 균형을 잡는 것이 중요합니다. 뒷발의 끝부분을 조금 보이게 하면 더욱 보기 좋은 모양이 되며, 등의 길이를 짧게 하면 한층 귀여워집니다.

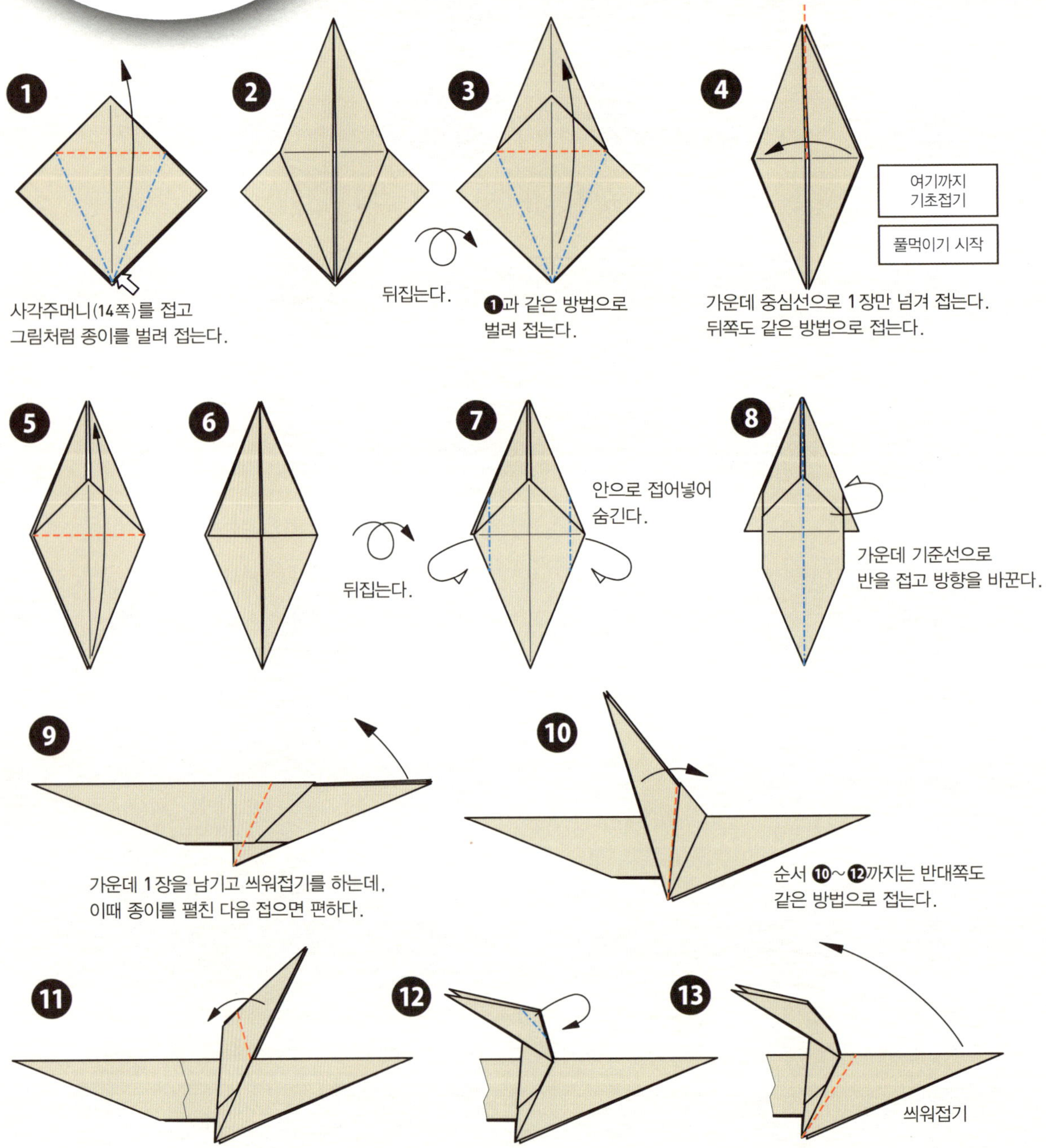

1 사각주머니(14쪽)를 접고 그림처럼 종이를 벌려 접는다.

2 뒤집는다.

3 ❶과 같은 방법으로 벌려 접는다.

4 가운데 중심선으로 1장만 넘겨 접는다. 뒤쪽도 같은 방법으로 접는다.

여기까지 기초접기

풀먹이기 시작

5

6 뒤집는다.

7 안으로 접어넣어 숨긴다.

8 가운데 기준선으로 반을 접고 방향을 바꾼다.

9 가운데 1장을 남기고 씌워접기를 하는데, 이때 종이를 펼친 다음 접으면 편하다.

10 순서 ❿~⓬까지는 반대쪽도 같은 방법으로 접는다.

11

12

13 씌워접기

★☆☆☆☆

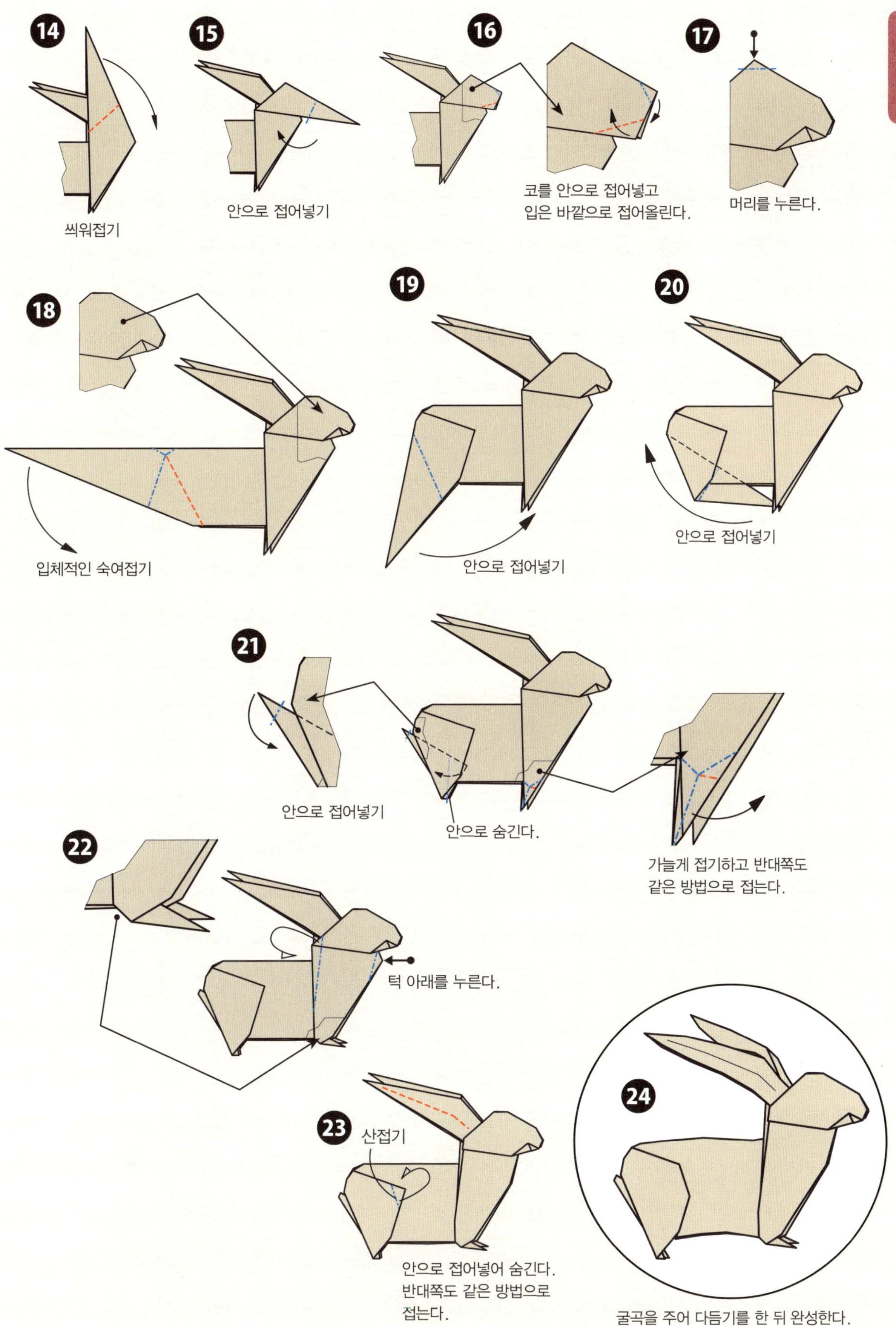
14
씌워접기
15
안으로 접어넣기
16
코를 안으로 접어넣고
입은 바깥으로 접어올린다.
17
머리를 누른다.
18
입체적인 숙여접기
19
안으로 접어넣기
20
안으로 접어넣기
21
안으로 접어넣기
안으로 숨긴다.
가늘게 접기하고 반대쪽도
같은 방법으로 접는다.
22
턱 아래를 누른다.
23
산접기
안으로 접어넣어 숨긴다.
반대쪽도 같은 방법으로
접는다.
24
굴곡을 주어 다듬기를 한 뒤 완성한다.

★★☆☆☆

강아지

★ 준비할 종이 31×31cm 1장

이 작품의 기초접기(순서 14)는 호랑이(32쪽)나 곰(36쪽)과 거의 같을 뿐 아니라 포유류 대부분을 만들 수 있습니다. 순서 28에서 눌러 접는 방법으로 귀를 만들므로 순서 22 이후 풀먹이기를 할 때 주의를 기울여야 합니다. 만일 겉면에도 풀을 먹이고 싶다면 앞다리의 각도와 길이를 조절할 수 있도록 완성 후에 하는 것이 좋습니다.

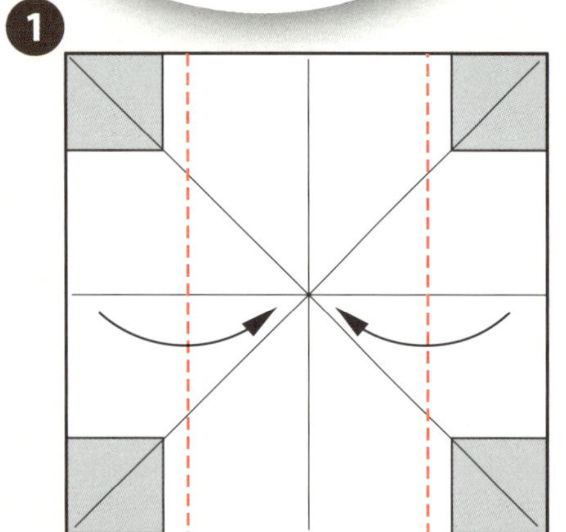

1 종이 뒷면의 네 귀퉁이에 종이를 덧붙여 보강한다(16쪽).

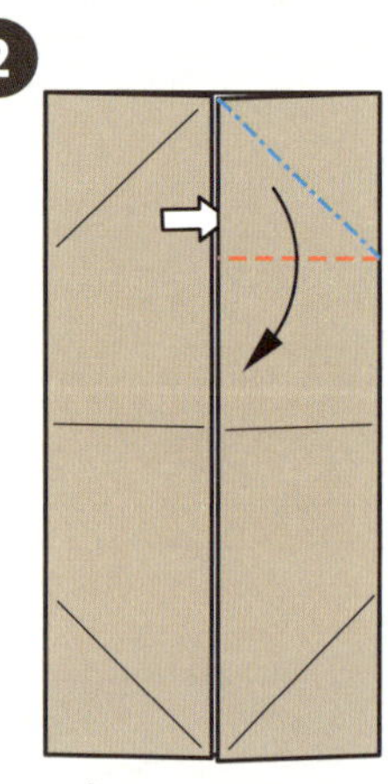

2 ⇨를 벌려 접는다.

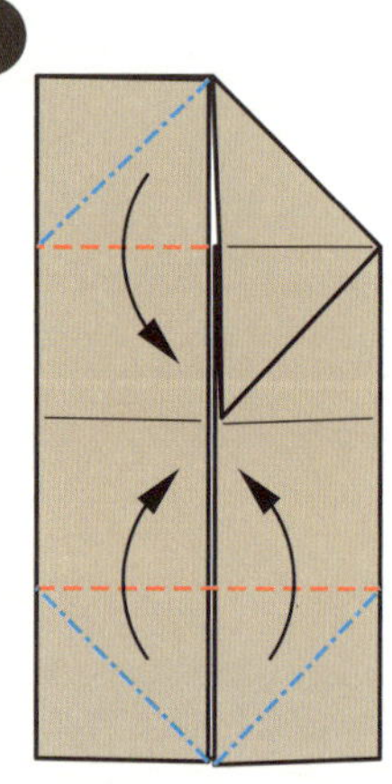

3 나머지 세 곳도 같은 방법으로 접는다.

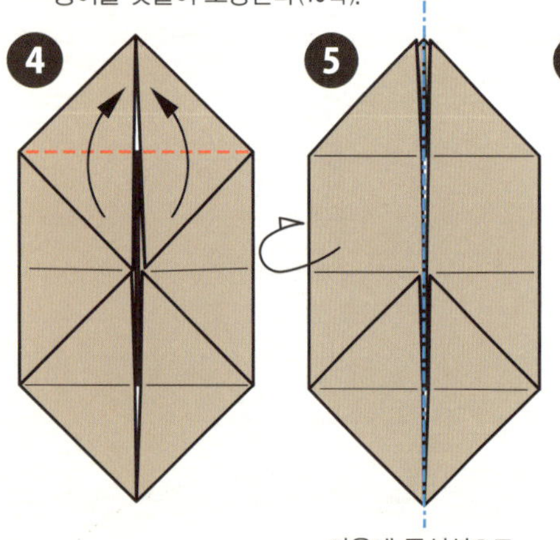

4

5 가운데 중심선으로 반을 접는다.

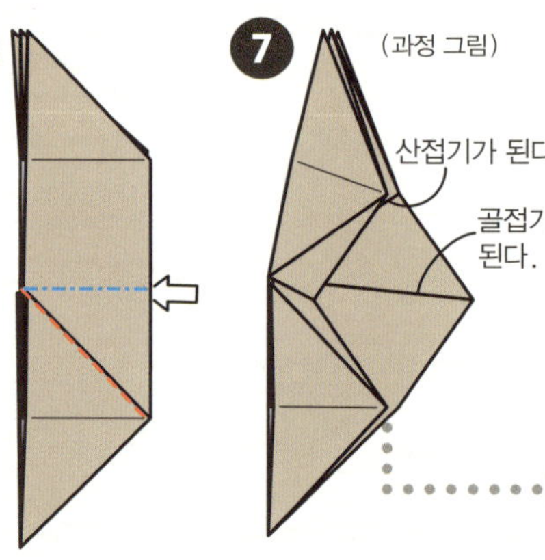

6 ⇦를 벌려 접는다.

7 (과정 그림)

❼을 접는 모습

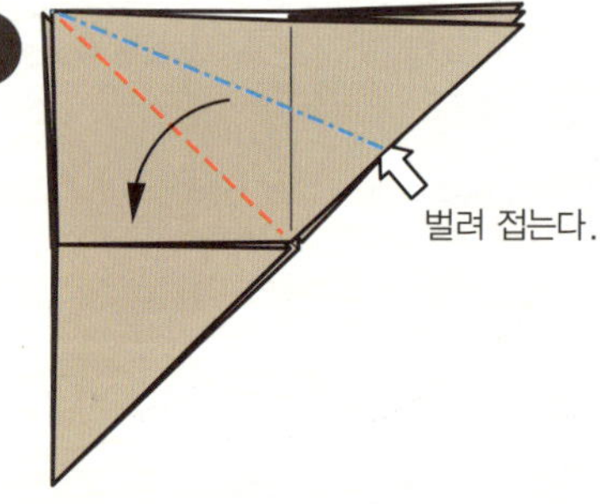

8 벌려 접는다.

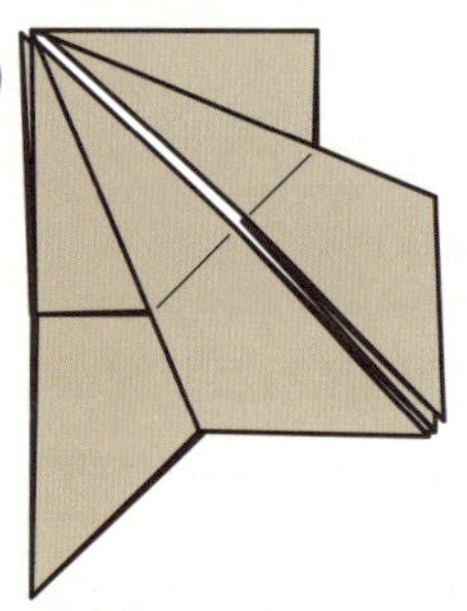

9

뒤집는다.

10 벌려 접은 다음 방향을 바꾼다.

★★½☆☆

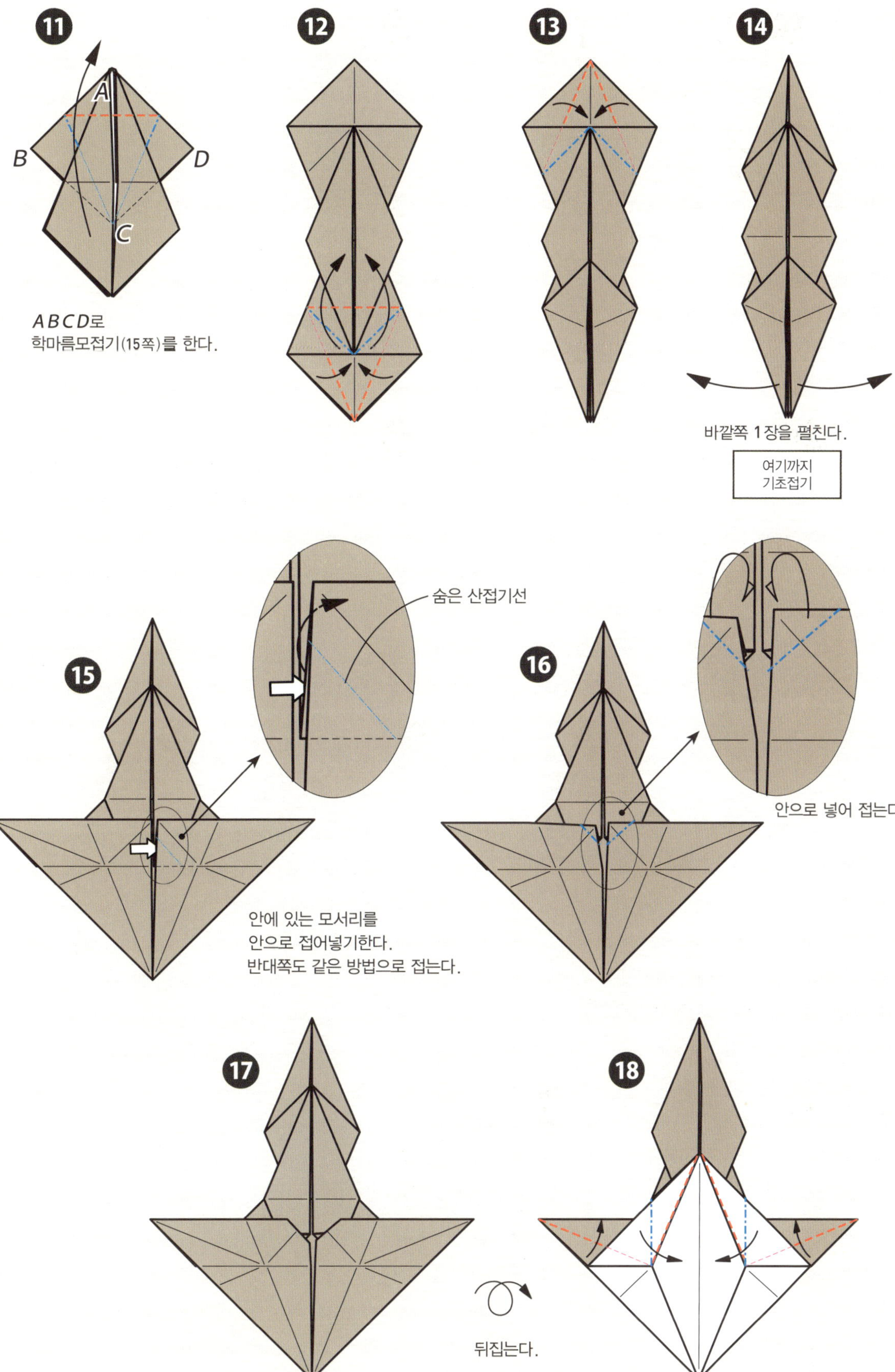
11
A
B
D
C
ABCD로
학마름모접기(15쪽)를 한다.
12
13
14
바깥쪽 1장을 펼친다.
여기까지
기초접기
15
숨은 산접기선
안에 있는 모서리를
안으로 접어넣기한다.
반대쪽도 같은 방법으로 접는다.
16
안으로 넣어 접는다.
17
18
뒤집는다.

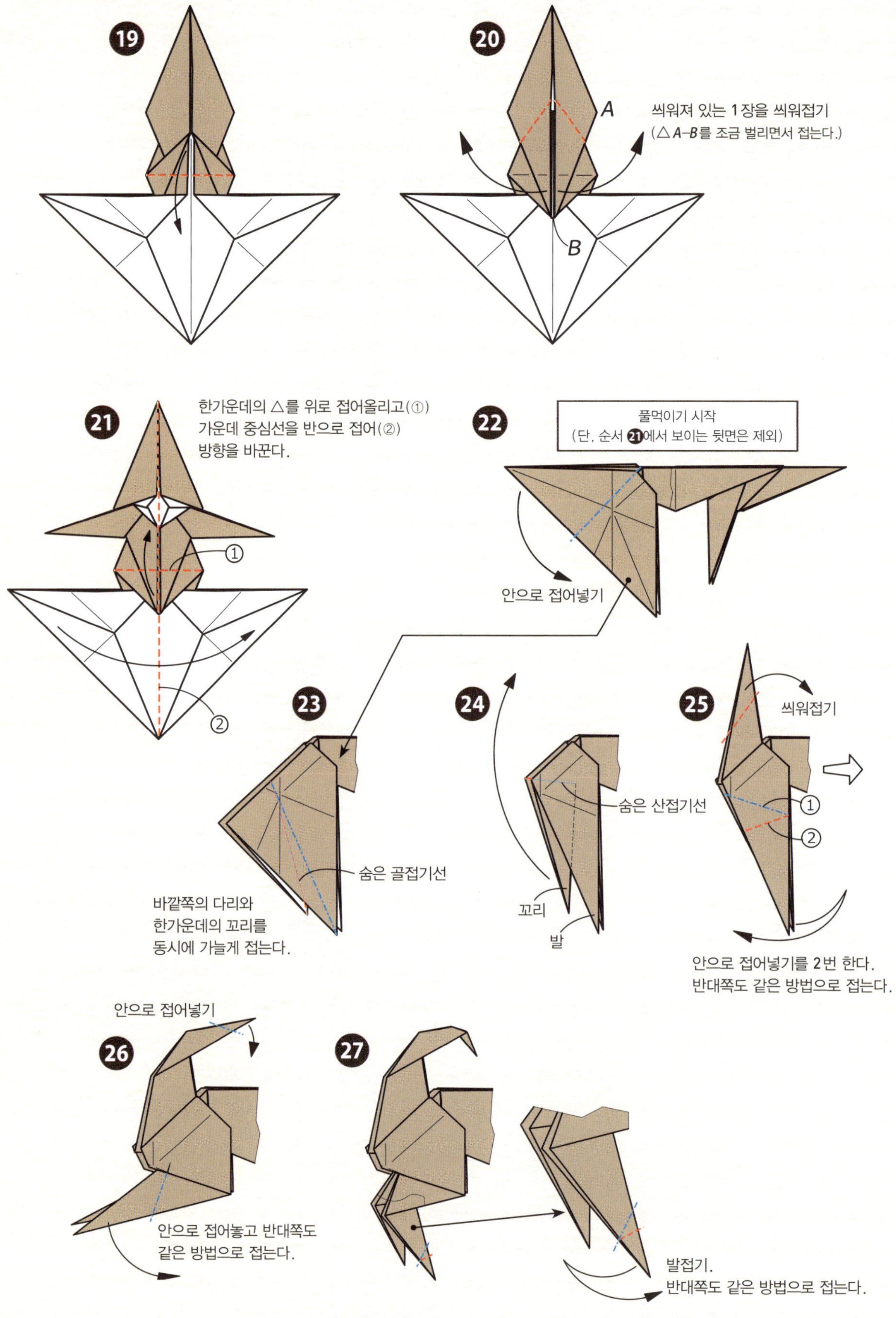
19
20
A
B
씌워져 있는 1장을 씌워접기
(△A–B를 조금 벌리면서 접는다.)
21
한가운데의 △를 위로 접어올리고(①)
가운데 중심선을 반으로 접어(②)
방향을 바꾼다.
①
②
22
풀먹이기 시작
(단, 순서 21에서 보이는 뒷면은 제외)
안으로 접어넣기
23
숨은 골접기선
바깥쪽의 다리와
한가운데의 꼬리를
동시에 가늘게 접는다.
24
숨은 산접기선
꼬리
발
25
씌워접기
①
②
안으로 접어넣기를 2번 한다.
반대쪽도 같은 방법으로 접는다.
26
안으로 접어넣기
안으로 접어놓고 반대쪽도
같은 방법으로 접는다.
27
발접기.
반대쪽도 같은 방법으로 접는다.

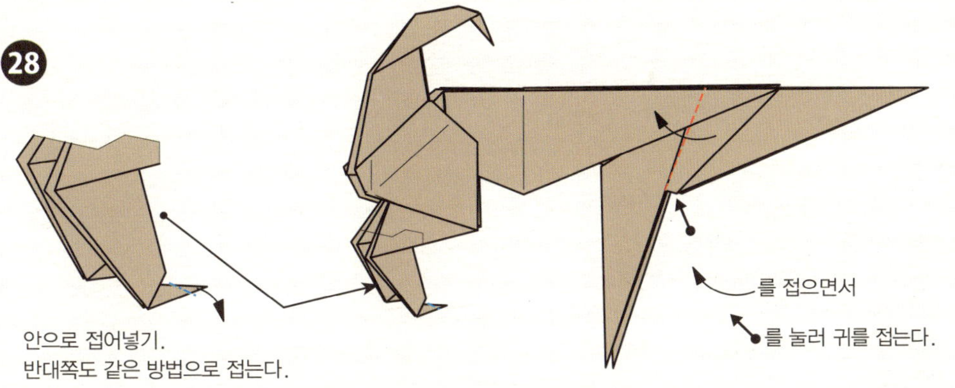

29

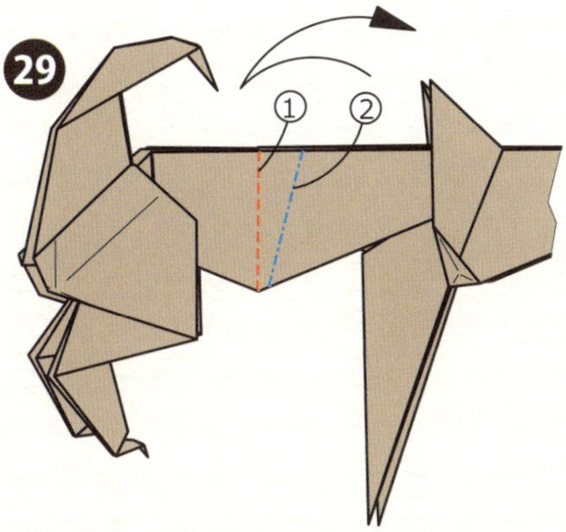

①
②

30

①
②

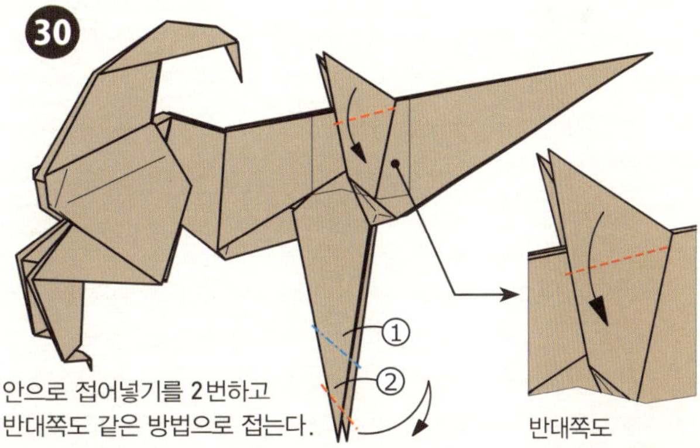

안으로 접어넣기를 2번하고
반대쪽도 같은 방법으로 접는다.

반대쪽도
같은 방법으로 접는다.

31

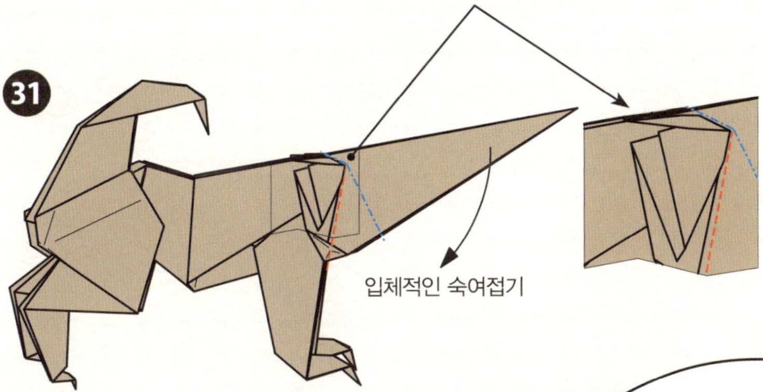

입체적인 숙여접기

32

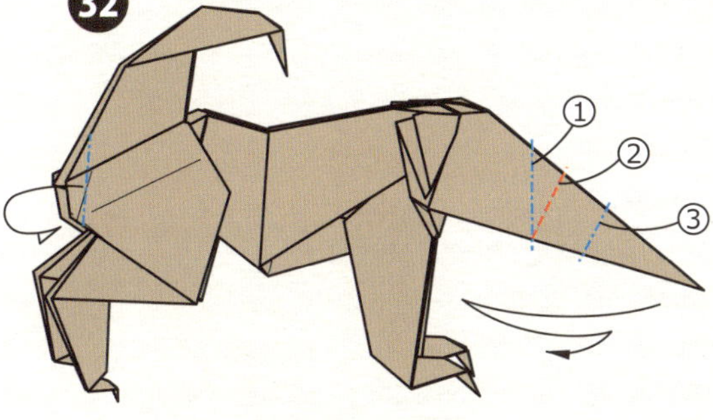

①
②
③

엉덩이에 튀어나온 부분을
안으로 접어 숨기고
머리부분은 ①, ②, ③번의 순으로 접는다.

33

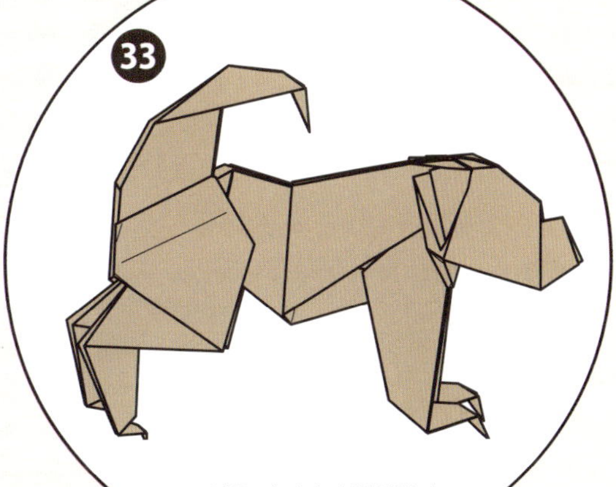

모양을 정리하여 완성한다.

★★★☆☆

사자

★ 준비할 종이 32×32cm 1장

머리 부분은 종이 뒷면으로 만들어지므로 앞뒤 색이 같은 종이가 좋습니다. 사자의 가장 큰 특징인 갈기가 작아지지 않도록 조심하며 접어야 위엄 있는 사자가 됩니다. 또한 머리가 너무 크지도 높지도 않도록 균형을 잡으며 접습니다.

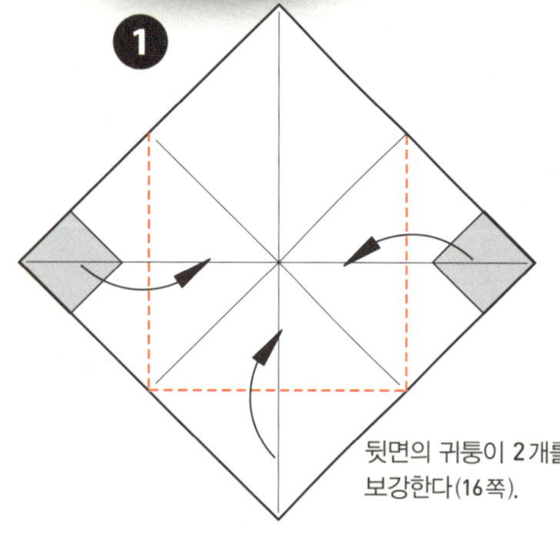

1 뒷면의 귀퉁이 2개를 보강한다(16쪽).

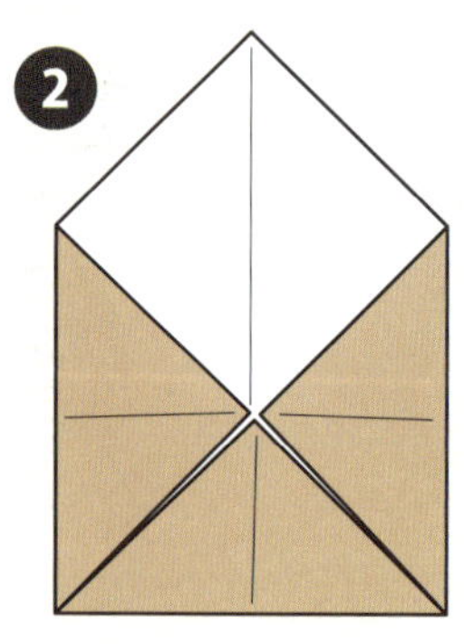

2

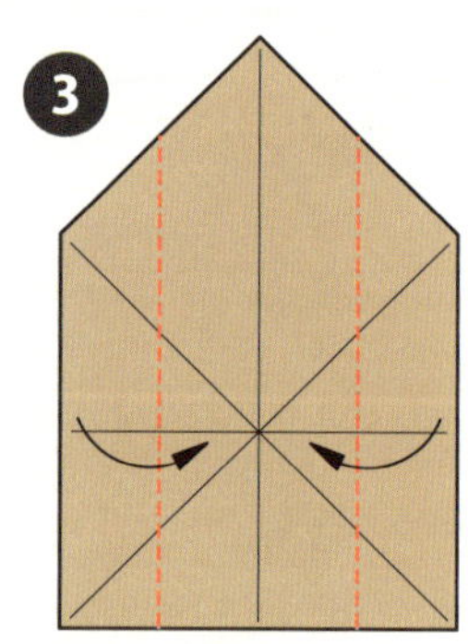

3 뒷면의 △은 접지 않고 펼친다.

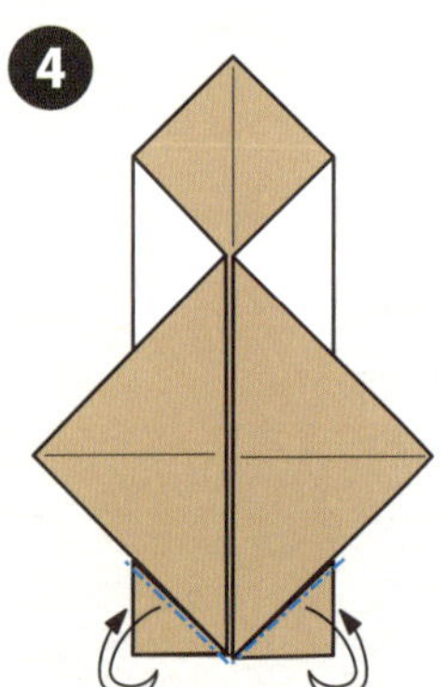

4 산접기를 해서 보조선을 만든다.

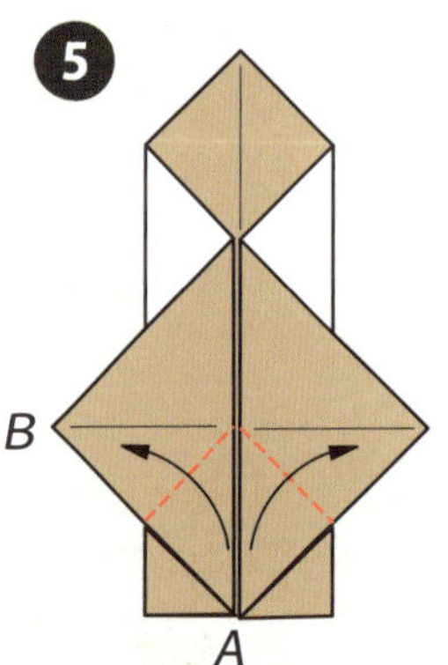

5 모서리 A를 B에 맞추어 보조선을 만든다. 반대쪽도 같은 방법으로 접는다.

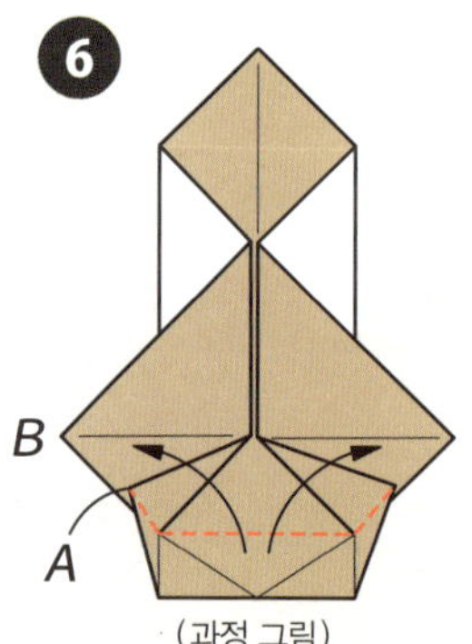

6 뒷면의 △은 펼친다.

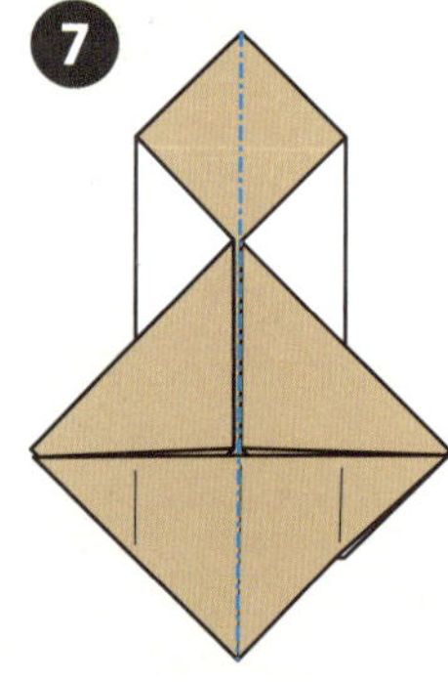

7 가운데 중심선으로 반을 접고 방향을 바꾼다.

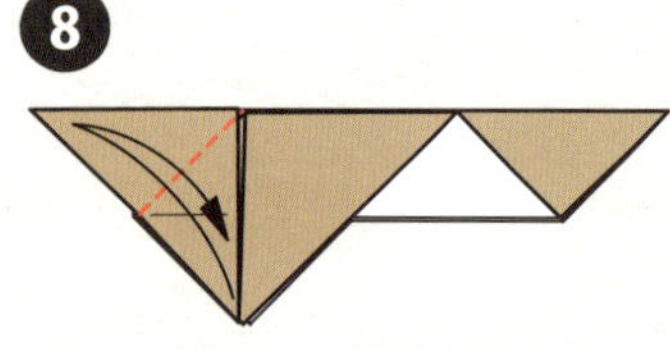

8 골접기로 보조선을 만든다.

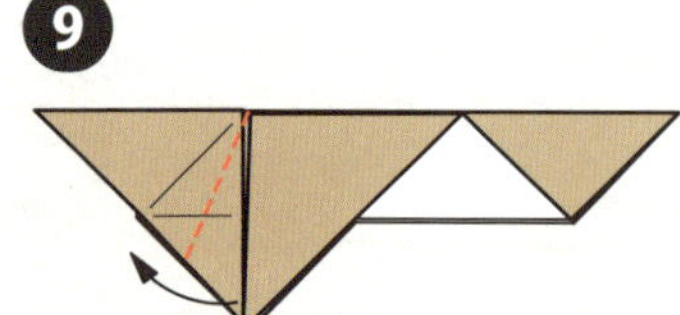

9 반대쪽도 같은 방법으로 접는다.

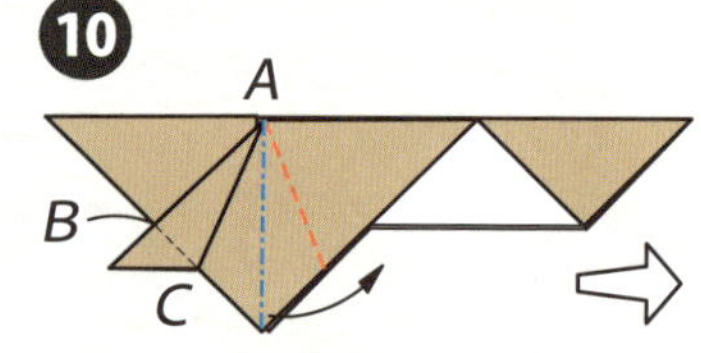

10 ABC를 꺼내면서 접는다.

★★☆☆☆

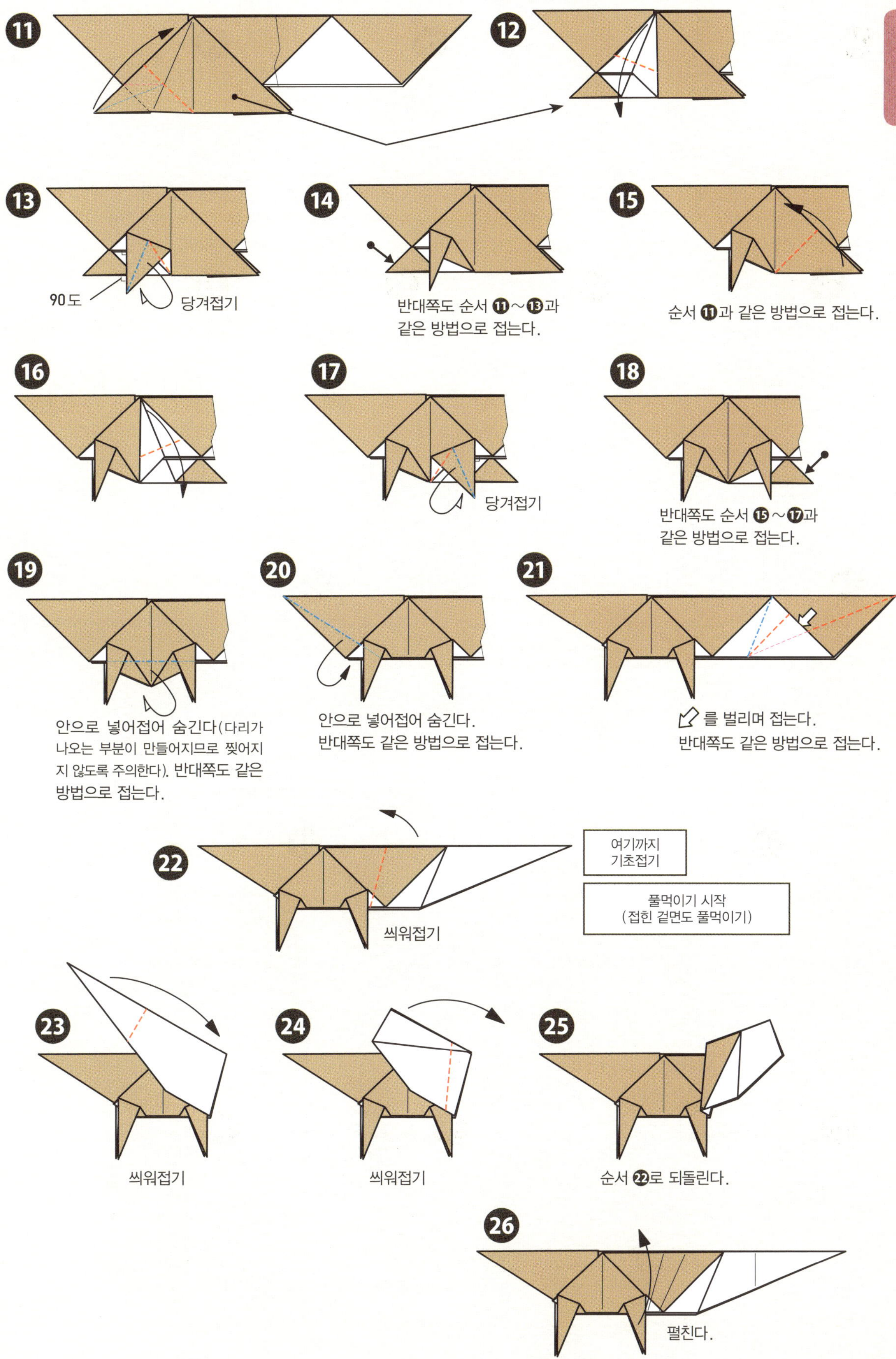
11
12
13
90도
당겨접기
14
반대쪽도 순서 ⓫~⓭과
같은 방법으로 접는다.
15
순서 ⓫과 같은 방법으로 접는다.
16
17
당겨접기
18
반대쪽도 순서 ⓯~⓱과
같은 방법으로 접는다.
19
안으로 넣어접어 숨긴다(다리가
나오는 부분이 만들어지므로 찢어지
지 않도록 주의한다). 반대쪽도 같은
방법으로 접는다.
20
안으로 넣어접어 숨긴다.
반대쪽도 같은 방법으로 접는다.
21
를 벌리며 접는다.
반대쪽도 같은 방법으로 접는다.
22
씌워접기
여기까지
기초접기
풀먹이기 시작
(접힌 겉면도 풀먹이기)
23
씌워접기
24
씌워접기
25
순서 ㉒로 되돌린다.
26
펼친다.

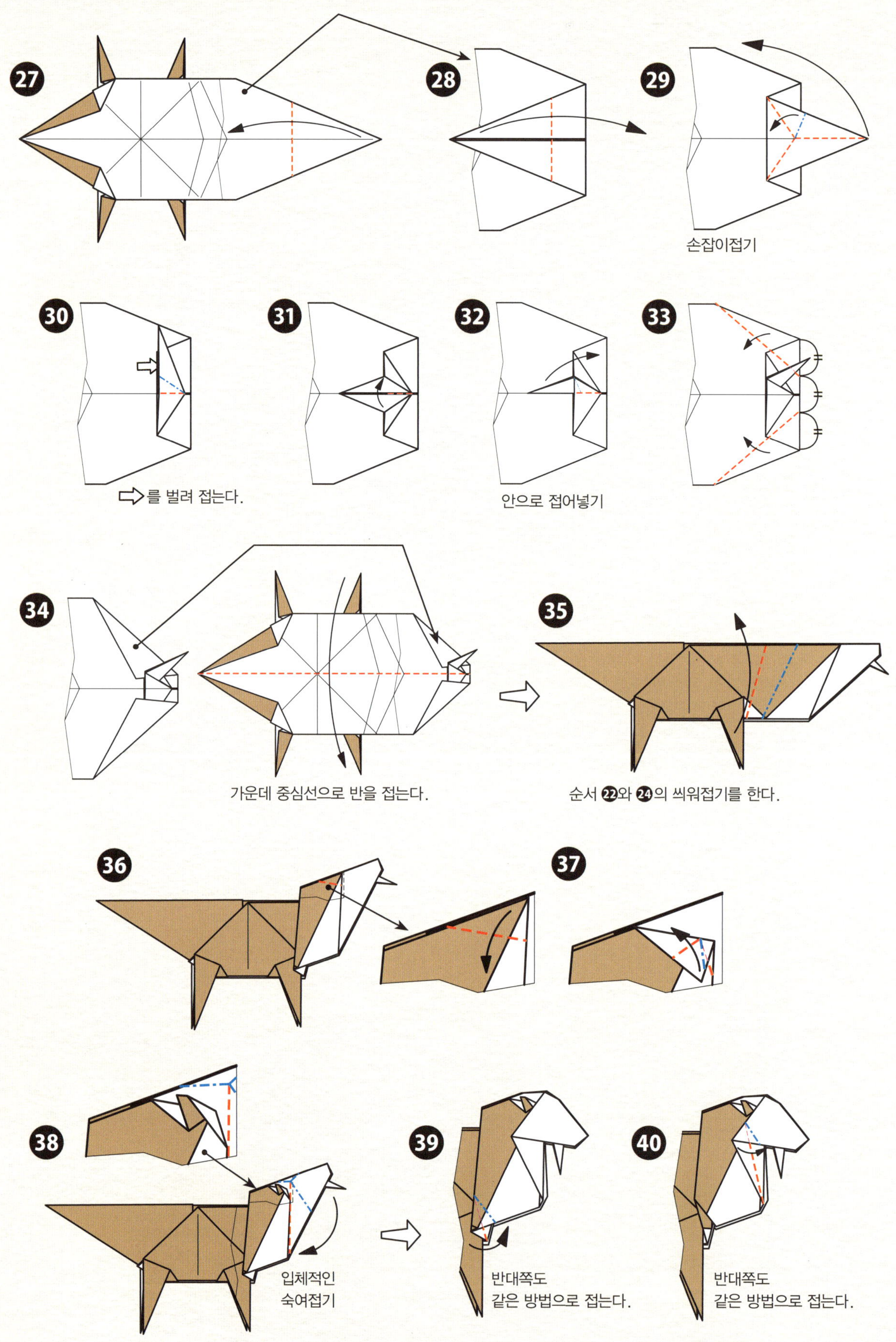
27
28
29
손잡이접기
30
31
32
33
를 벌려 접는다.
안으로 접어넣기
34
35
가운데 중심선으로 반을 접는다.
순서 22와 24의 씌워접기를 한다.
36
37
38
39
40
입체적인
숙여접기
반대쪽도
같은 방법으로 접는다.
반대쪽도
같은 방법으로 접는다.

★★★☆☆

41
42
43
숙여접기
안으로 접어넣기
숙여접기
44
45
발접기.
반대쪽도 같은 방법으로 접는다.
안으로 접어넣고
반대쪽도 같은
방법으로 접는다.
46
47
안으로 접어넣고
반대쪽도
같은 방법으로 접는다.
발접기.
반대쪽도
같은 방법으로 접는다.
48
49
등을 눌러접어 입체적으로 만들면서
꼬리는 가늘게 접기한다.
안으로 접어넣고
반대쪽도
같은 방법으로 접는다.
50
51
를 누른다.
모양을 정리하여 완성한다.

★★☆☆☆

호랑이

★ 준비할 종이 30×30cm 1장

기초접기(순서 13)까지는 강아지(24쪽)와 접는 방법이 같은데, 순서 27과 28에서 등에 굴절점이 2개 만들어져 좀더 정교합니다. 순서 35~39에서는 코와 아래턱을 접는데, 턱이 너무 커지면 균형이 깨지므로 주의해야 합니다. 정면에서 보았을 때 아래턱이 뻗어 나온 것처럼 완성하면 멋있는 호랑이가 됩니다.

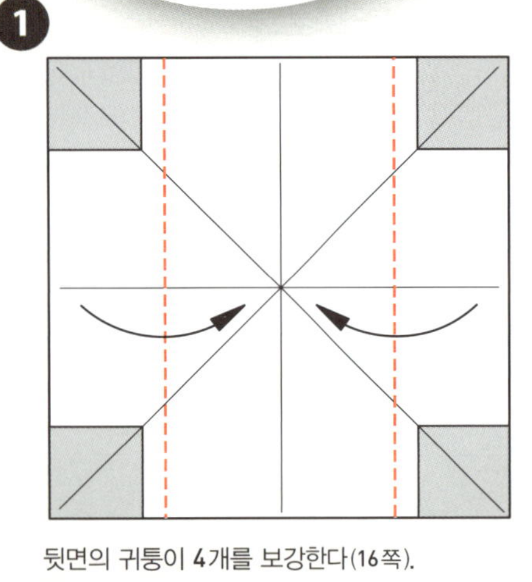

뒷면의 귀퉁이 4개를 보강한다(16쪽).

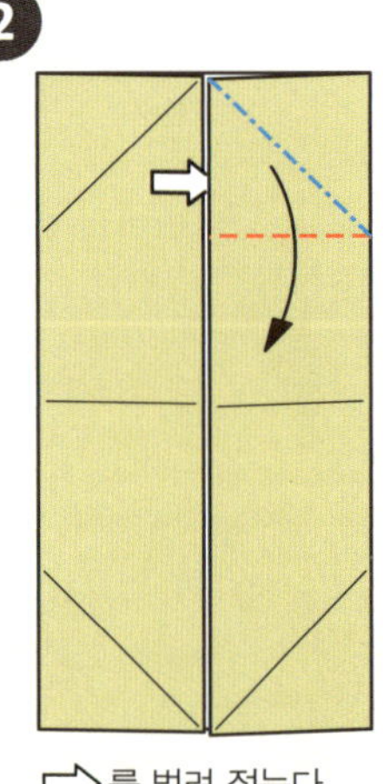

⇨를 벌려 접는다.

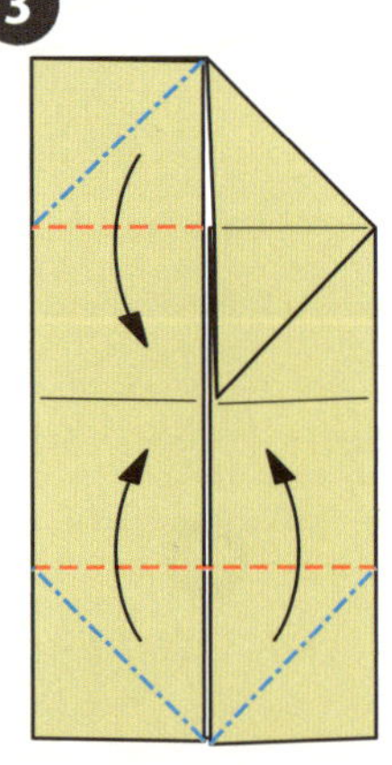

나머지 세 곳도 같은 방법으로 접는다.

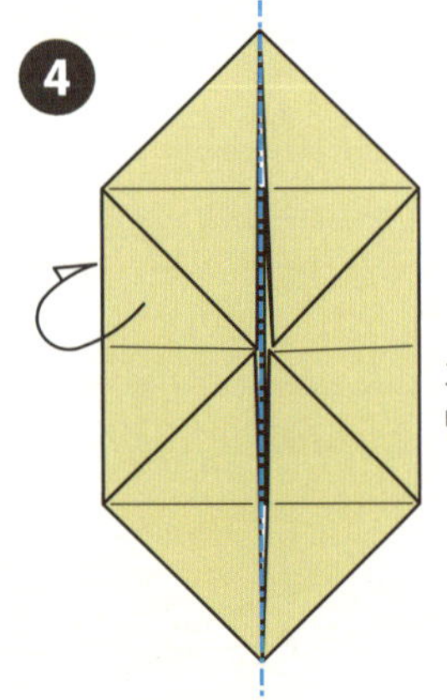

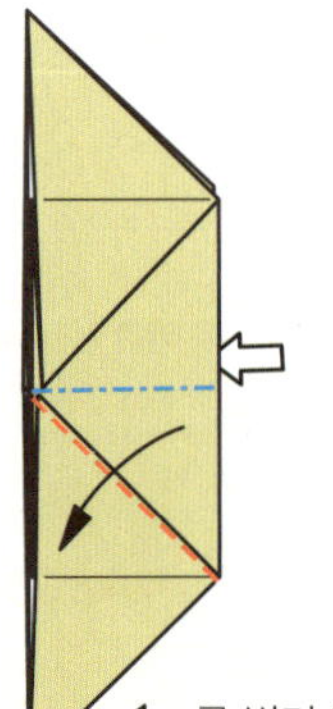

⇦를 벌려 접는다.

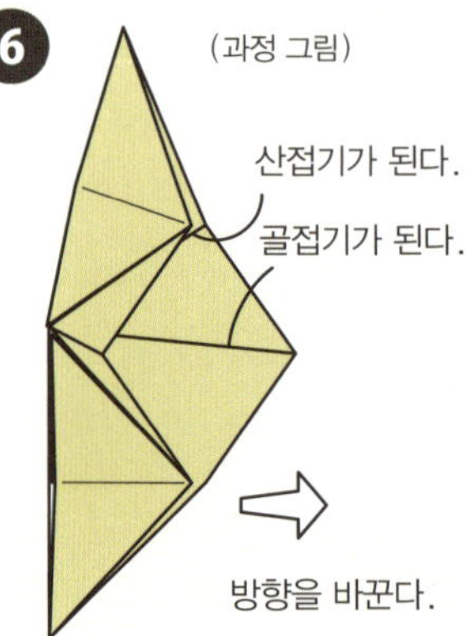

방향을 바꾼다.

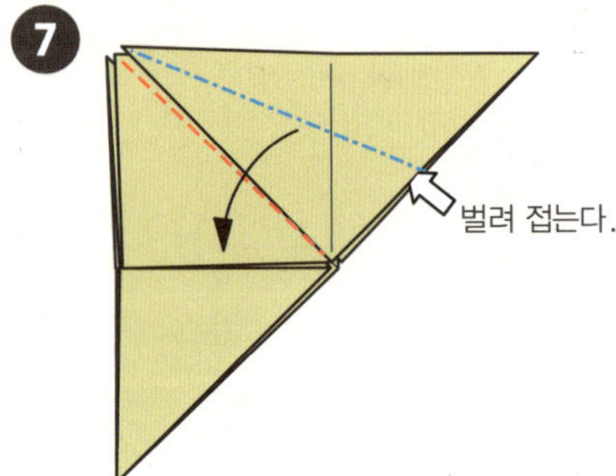

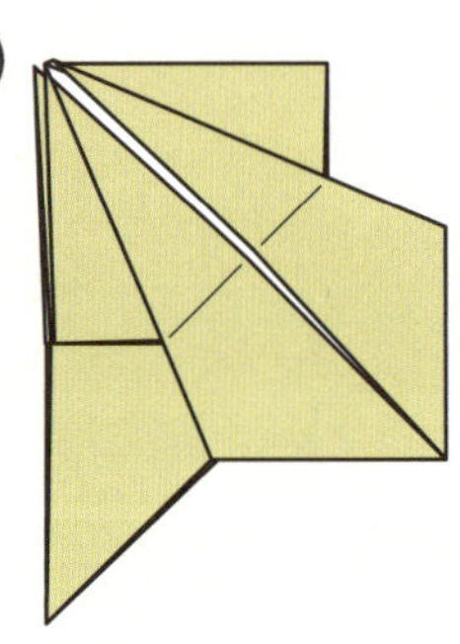

뒤집는다.

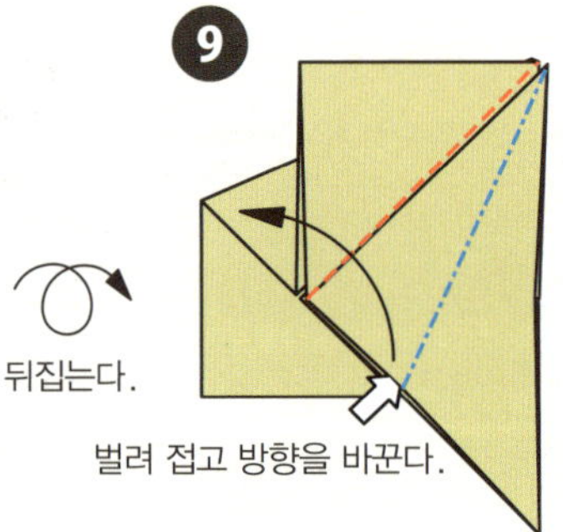

벌려 접고 방향을 바꾼다.

10
A
B
D
C

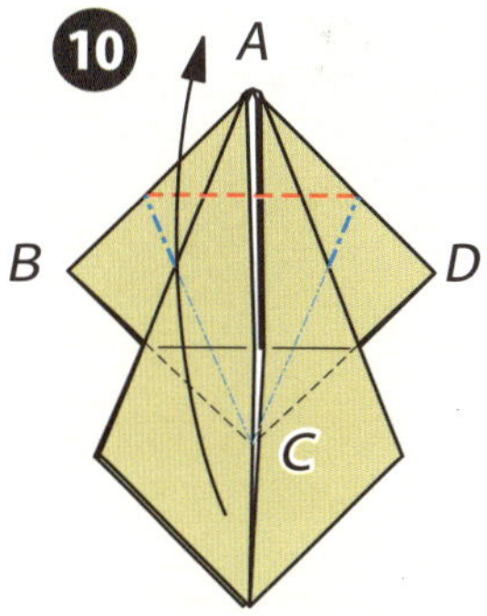

*ABCD*로
학마름모접기(15쪽)를 한다.

11

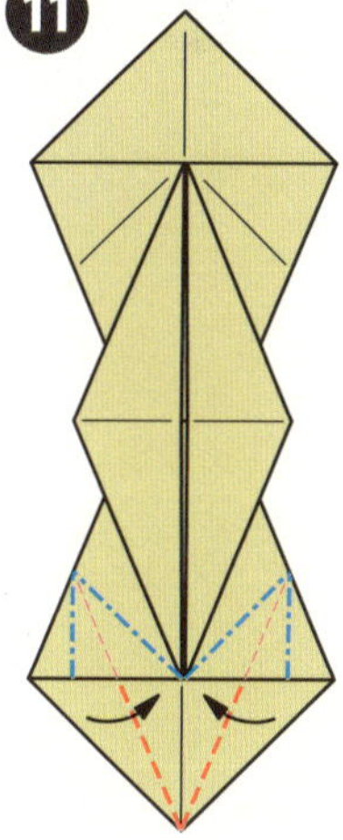

12

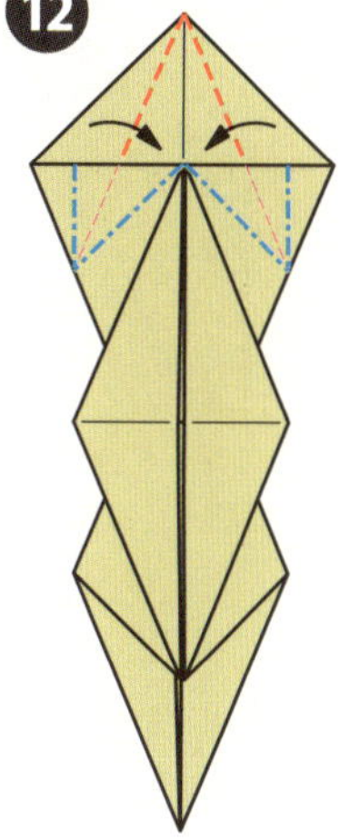

13

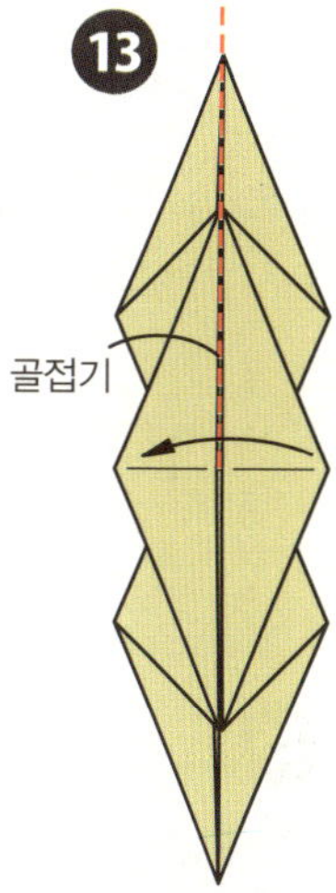

골접기

1장만 겉을 넘긴다.

여기까지
기초접기

14

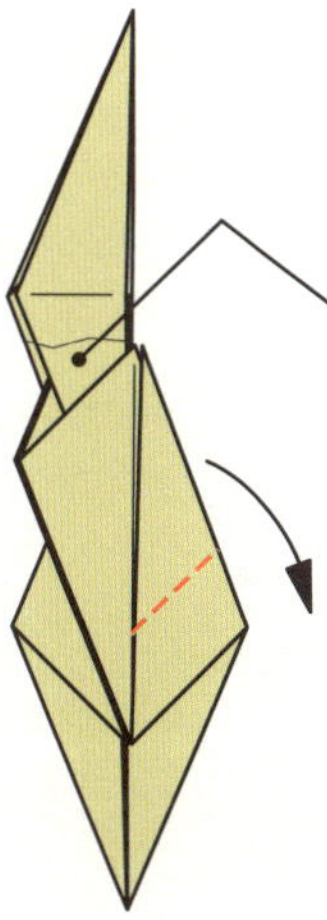

씌워져 있는 1장을
씌워접는다.

15

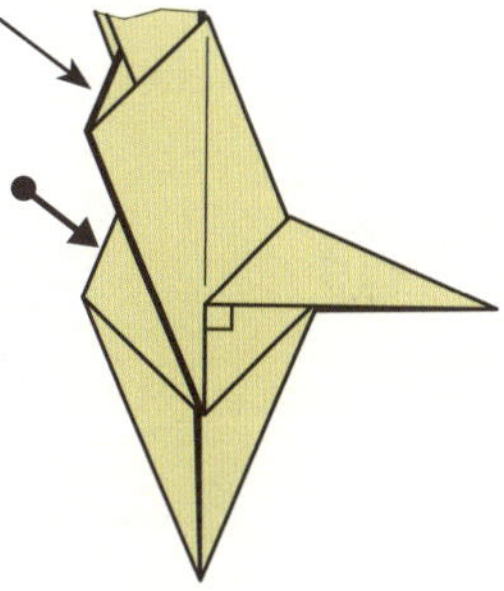

반대쪽도 같은 방법으로 접고
좌우 대칭이 되도록 한다.

16

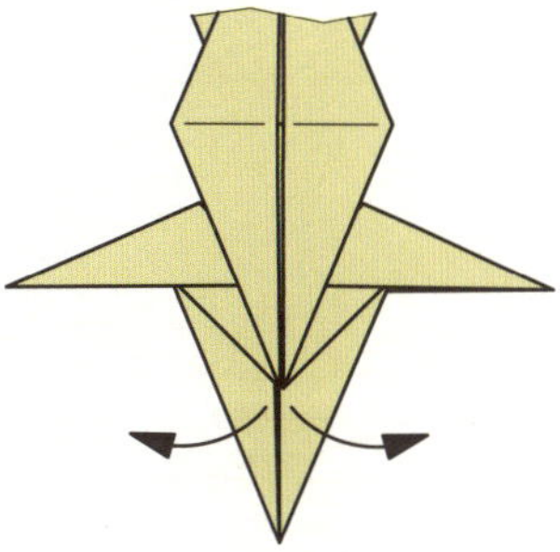

순서 ⓫에서
접은 부분을 편다.

17

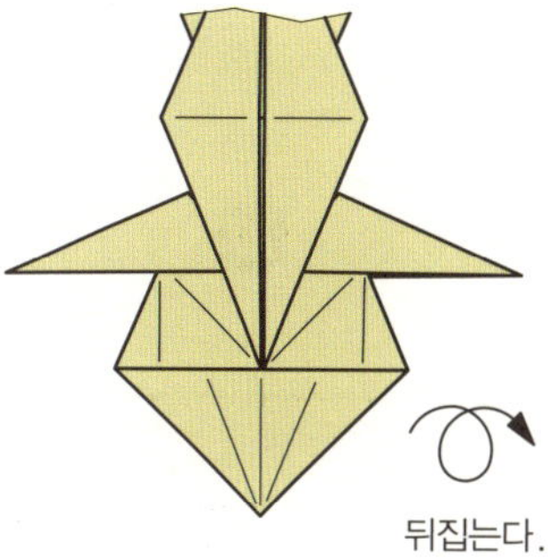

뒤집는다.

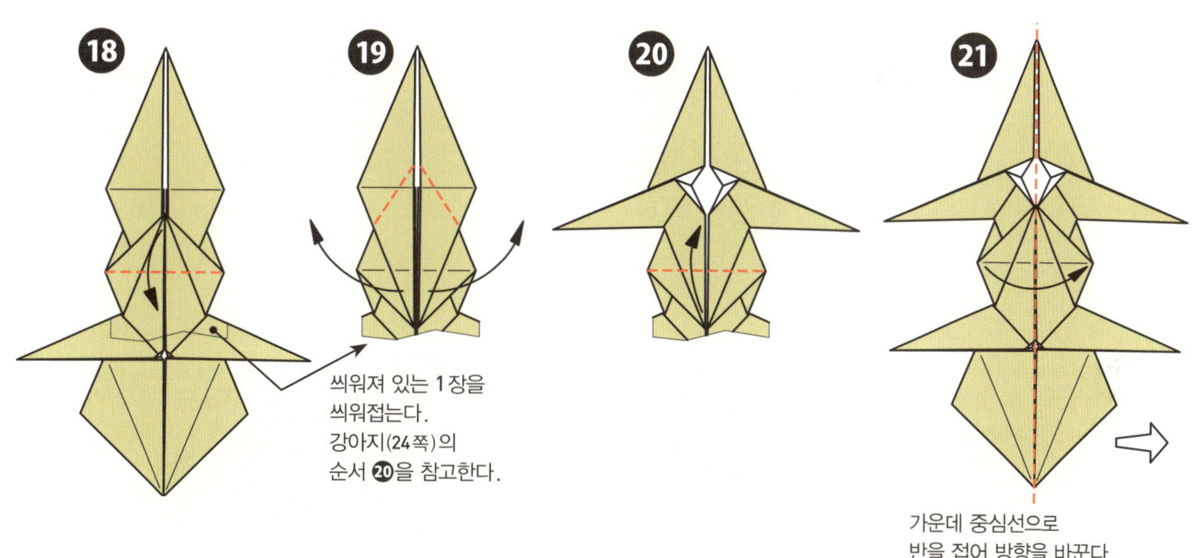

풀먹이기 시작
(보이는 뒷면은 제외)

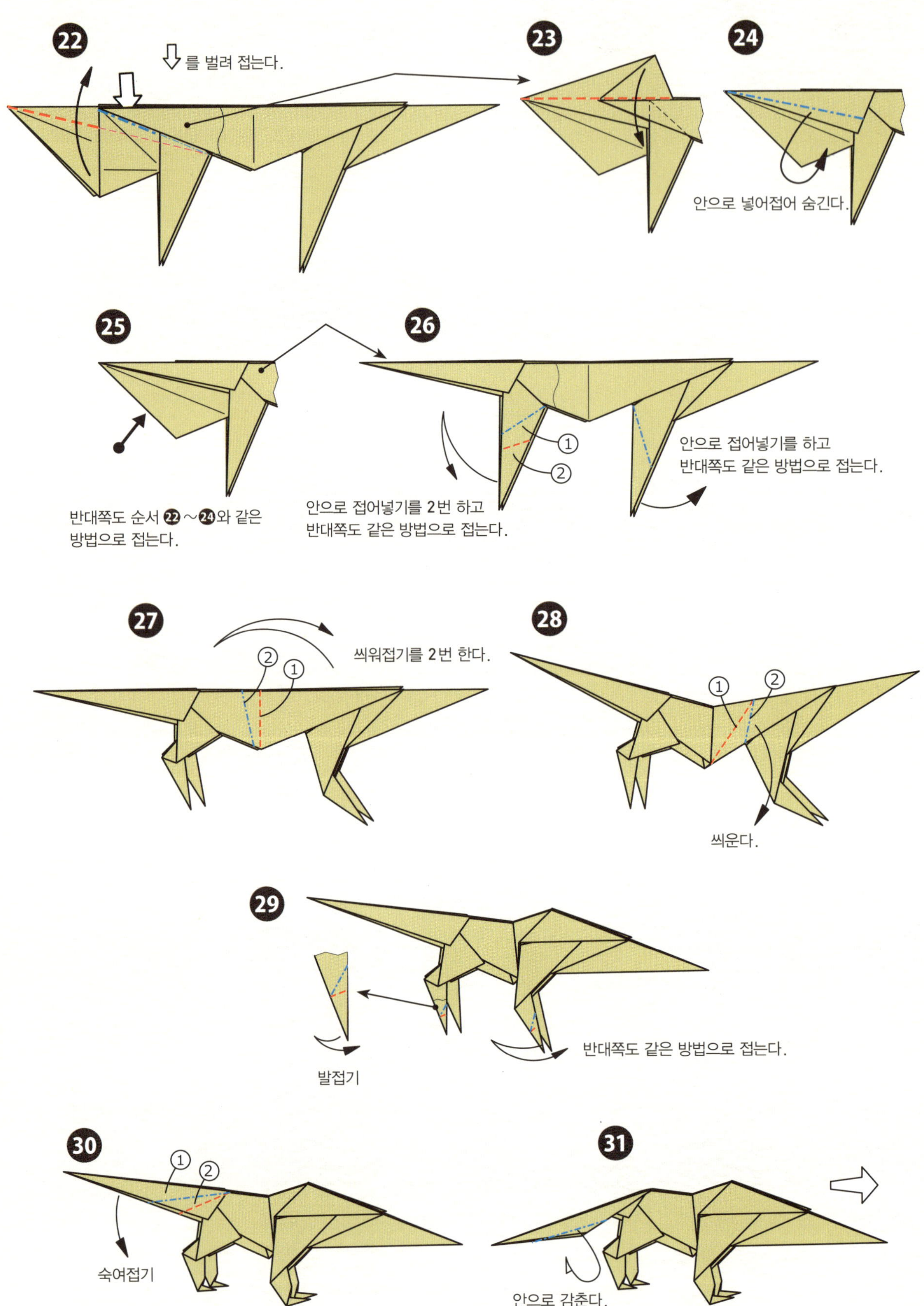
22
를 벌려 접는다.
23
24
안으로 넣어접어 숨긴다.
25
반대쪽도 순서 22~24와 같은 방법으로 접는다.
26
안으로 접어넣기를 2번 하고 반대쪽도 같은 방법으로 접는다.
①
②
안으로 접어넣기를 하고 반대쪽도 같은 방법으로 접는다.
27
씌워접기를 2번 한다.
②
①
28
①
②
씌운다.
29
발접기
반대쪽도 같은 방법으로 접는다.
30
①
②
숙여접기
31
안으로 감춘다.

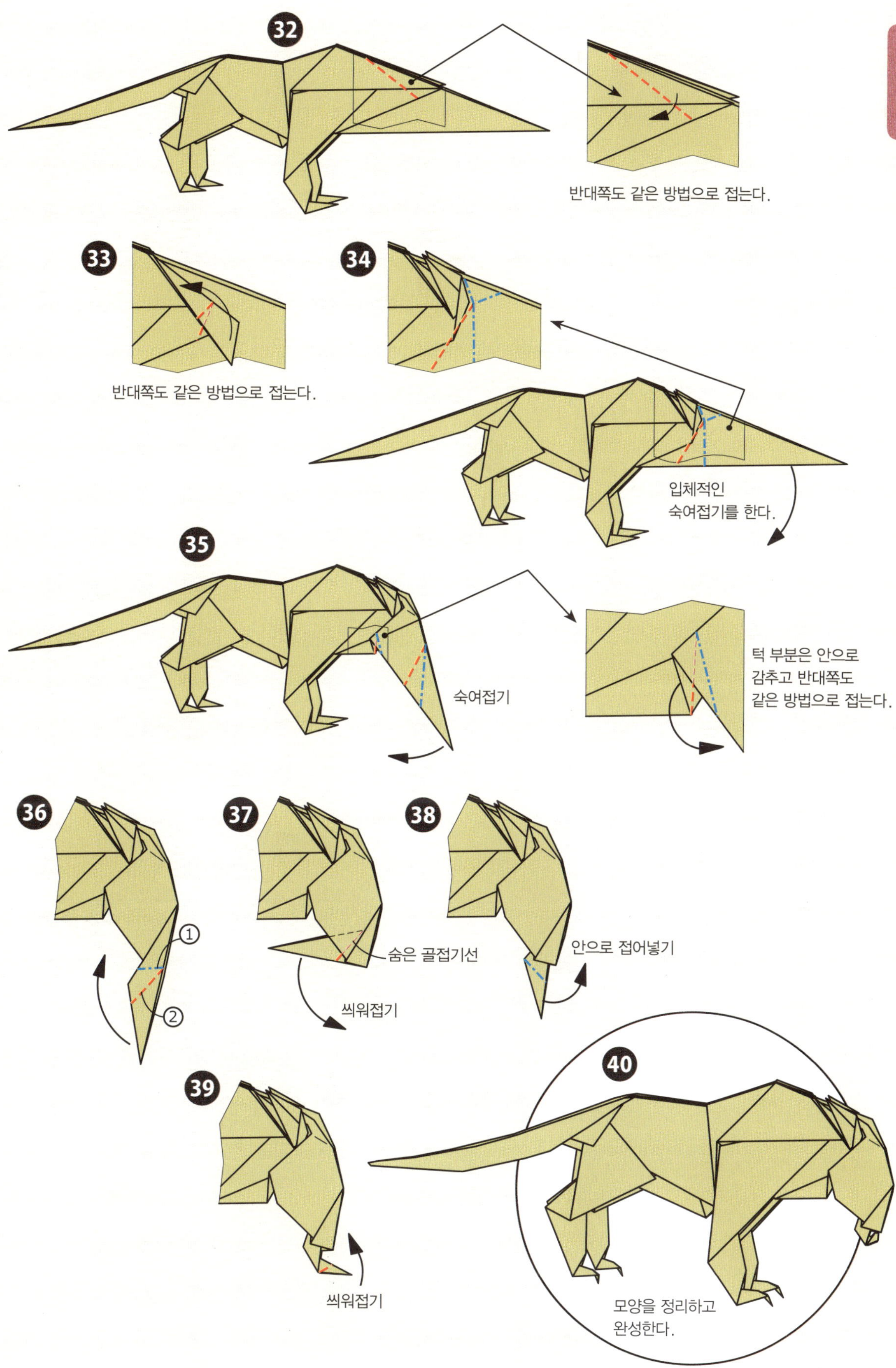
32
반대쪽도 같은 방법으로 접는다.
33
반대쪽도 같은 방법으로 접는다.
34
입체적인
숙여접기를 한다.
35
숙여접기
털 부분은 안으로
감추고 반대쪽도
같은 방법으로 접는다.
36
①
②
37
숨은 골접기선
씌워접기
38
안으로 접어넣기
39
씌워접기
40
모양을 정리하고
완성한다.

★★☆☆☆

곰

★ 준비할 종이 23×23cm 1장

순서 1의 기초접기는 강아지(24쪽)의 순서 14까지와 같으며, 등에 굴절점 2개를 만들어 모양을 잡는 것은 호랑이(32쪽)와 같습니다. 뒷발 사이를 조금 벌려 세웠을 때 몸을 뒤로 젖힌 것처럼 만들고 싶다면, 순서 9에서 숙여접기를 깊게 합니다. 다른 동물도 마찬가지만, 머리가 위로 들리면 작품에 긴장감이 없어지므로 주의합니다.

강아지(24쪽)의 순서 14부터

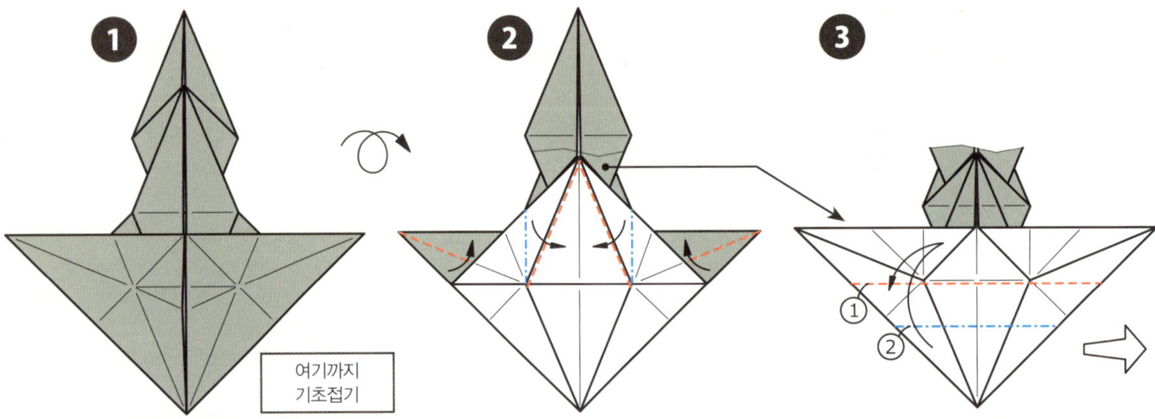

강아지(24쪽)의 순서 ❶~⓮까지와 같은 방법으로 접은 다음 펼친다(단, 종이 보강은 하지 않는다).

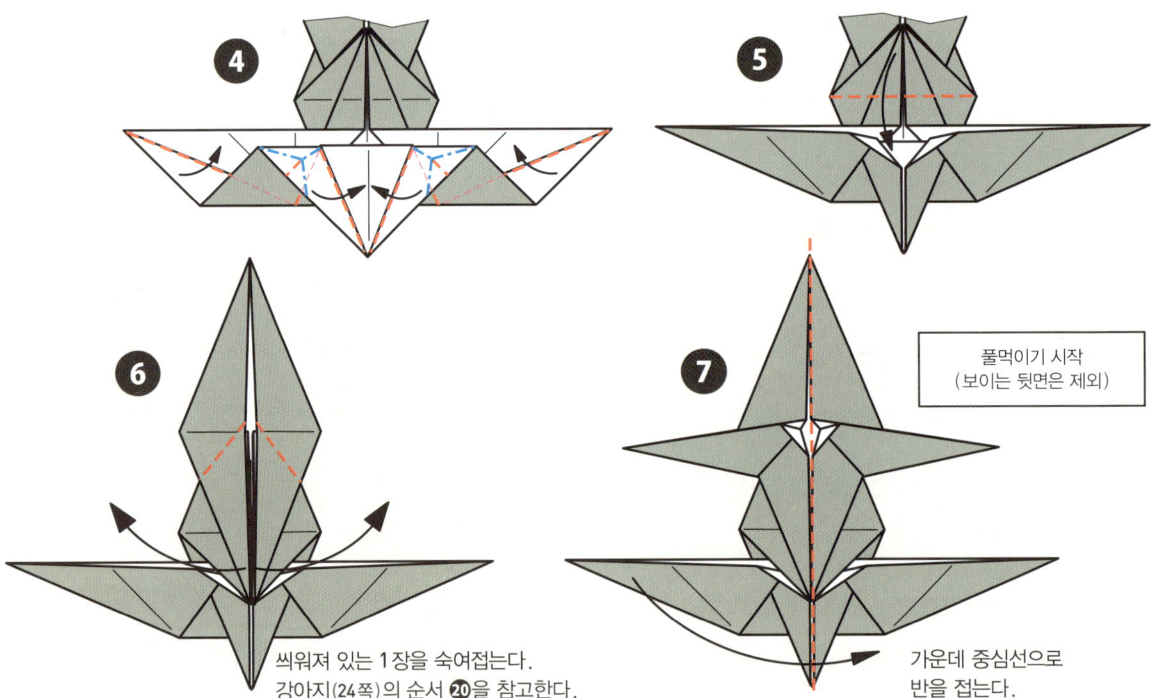

씌워져 있는 1장을 숙여접는다. 강아지(24쪽)의 순서 ⓴을 참고한다.

가운데 중심선으로 반을 접는다.

★★⯪☆☆

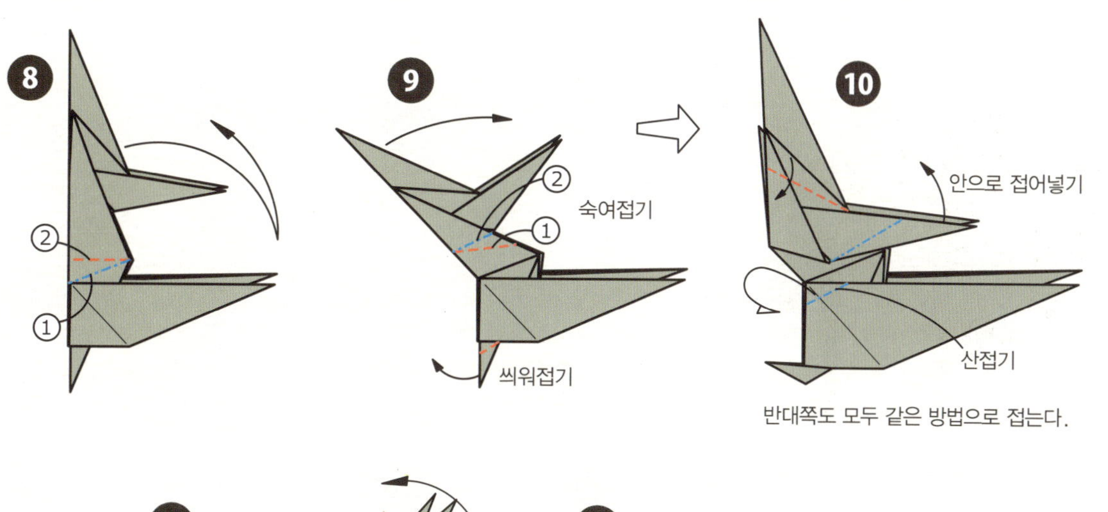

반대쪽도 모두 같은 방법으로 접는다.

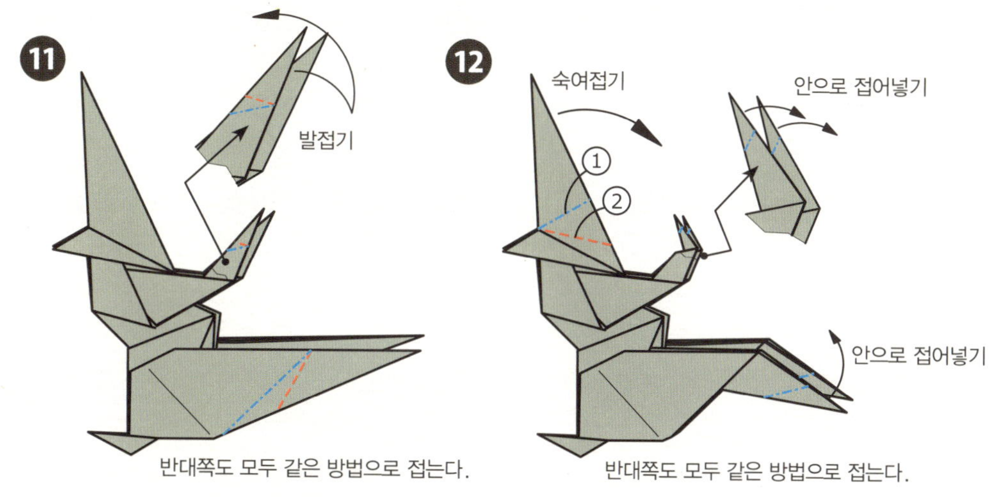

반대쪽도 모두 같은 방법으로 접는다.

반대쪽도 모두 같은 방법으로 접는다.

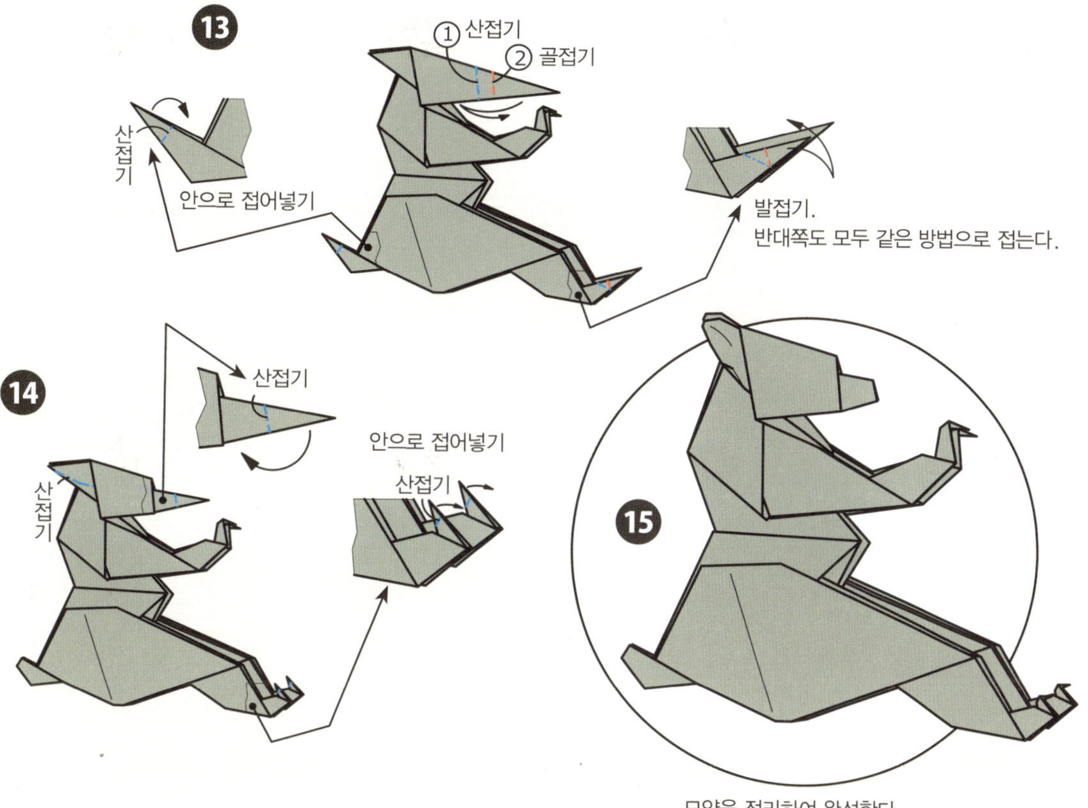

발접기.
반대쪽도 모두 같은 방법으로 접는다.

모양을 정리하여 완성한다.

★★★☆☆

낙타

★ 준비할 종이 31×31cm 1장

뒤의 작업을 쉽게 하기 위해 순서 37에서 본격적으로 풀을 먹이기 전에 일단 순서 14에서 풀을 먹입니다. 사자(28쪽)와 마찬가지로 종이의 뒷면 일부가 겉으로 나오므로 앞뒤 색이 같은 종이로 접는 것이 좋습니다. 머리의 위치가 혹보다 낮지만, 가능한 한 머리가 높아지도록 주의하며 접어야 합니다.

1

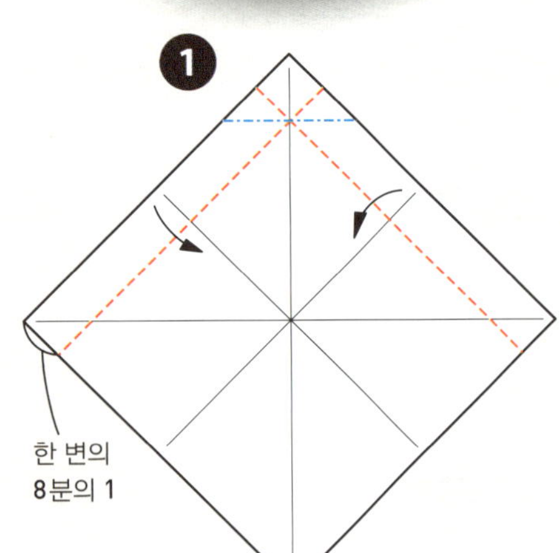

2

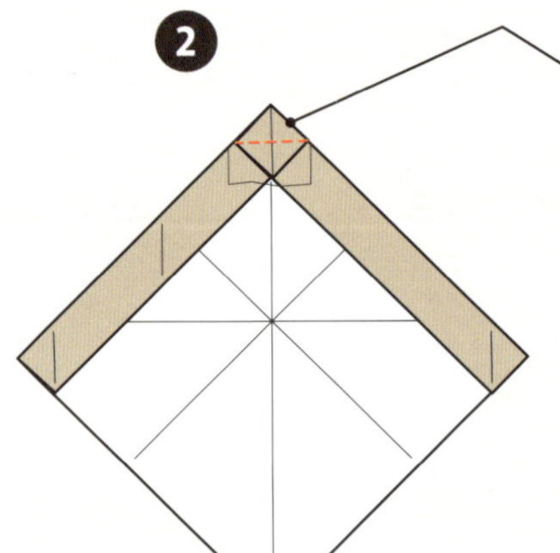

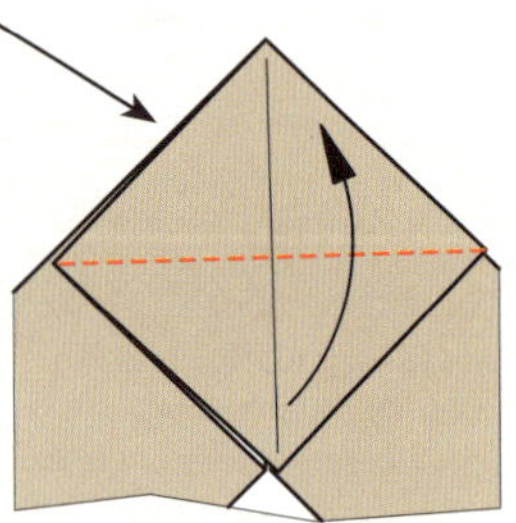

3

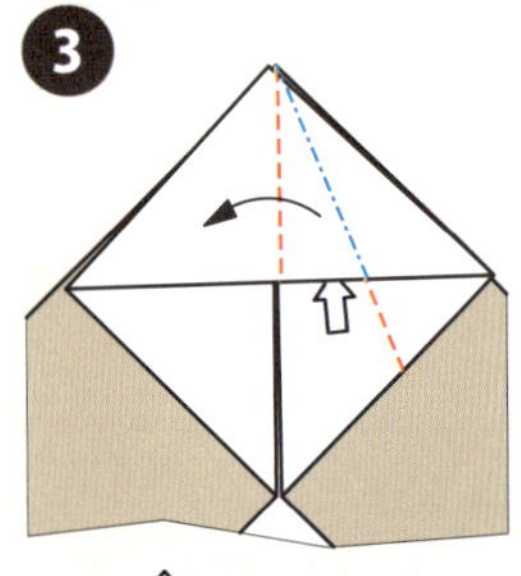

⇧를 벌려 접는다.

4

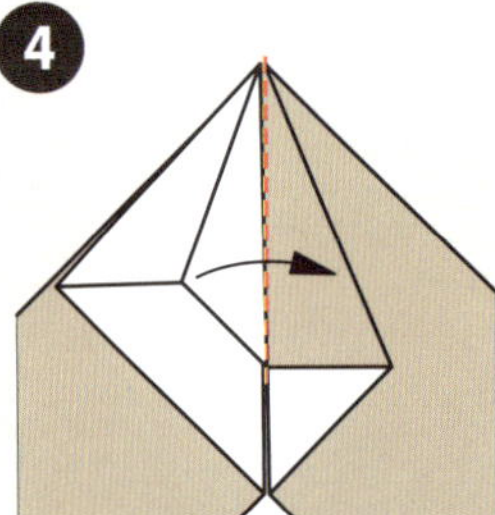

1장만 넘겨 접는다.

5

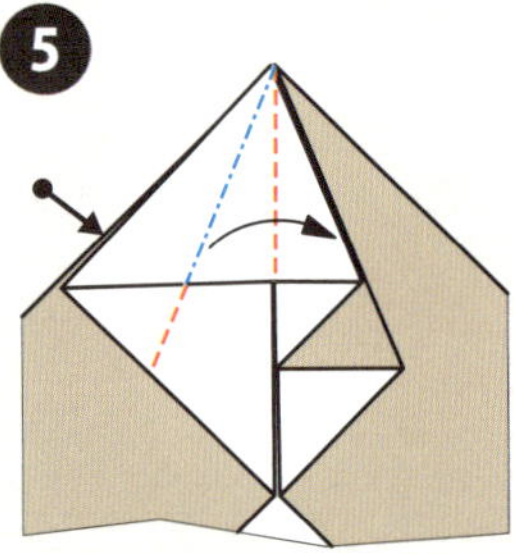

반대쪽도 같은 방법으로 접어 좌우 대칭이 되도록 한다.

6

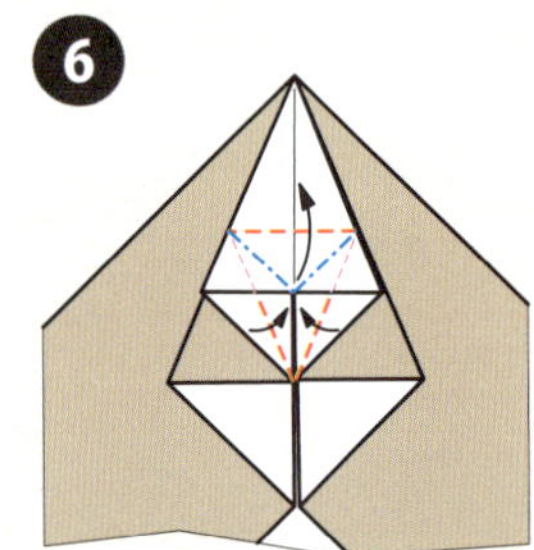

7

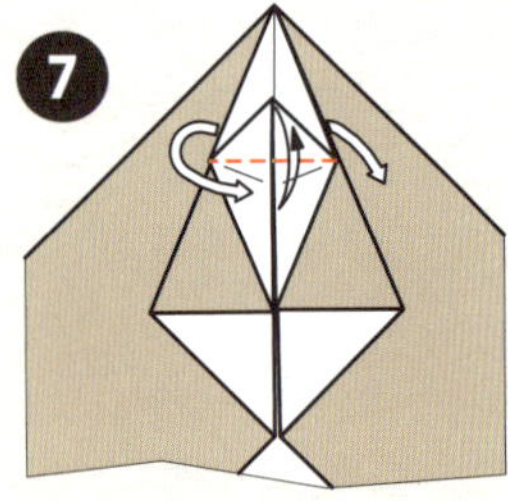

골접기선으로 보조선을 만들어 빼내어접기한다. 장수풍뎅이(78쪽)의 순서 ⓬~⓲을 참고한다.

8

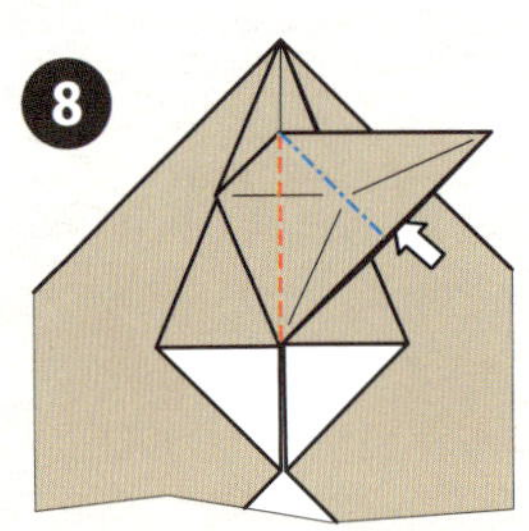

⇦를 벌려 접는다.

9

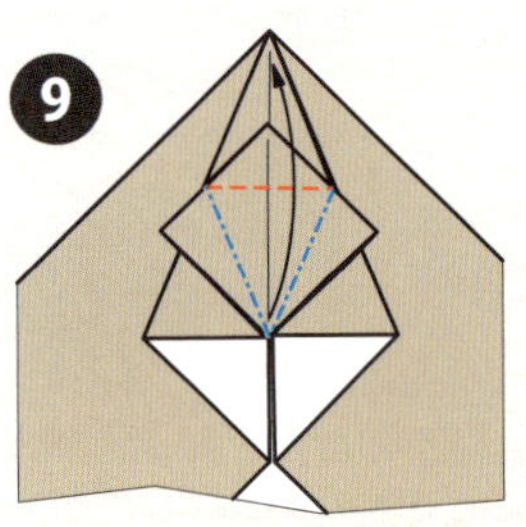

학마름모접기(15쪽)를 한다.

10

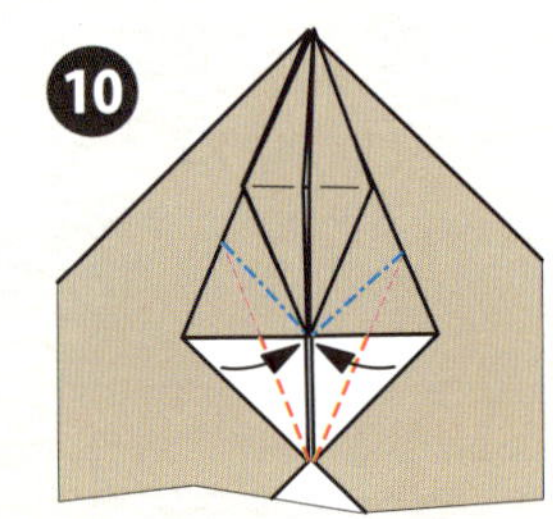

★★★☆☆

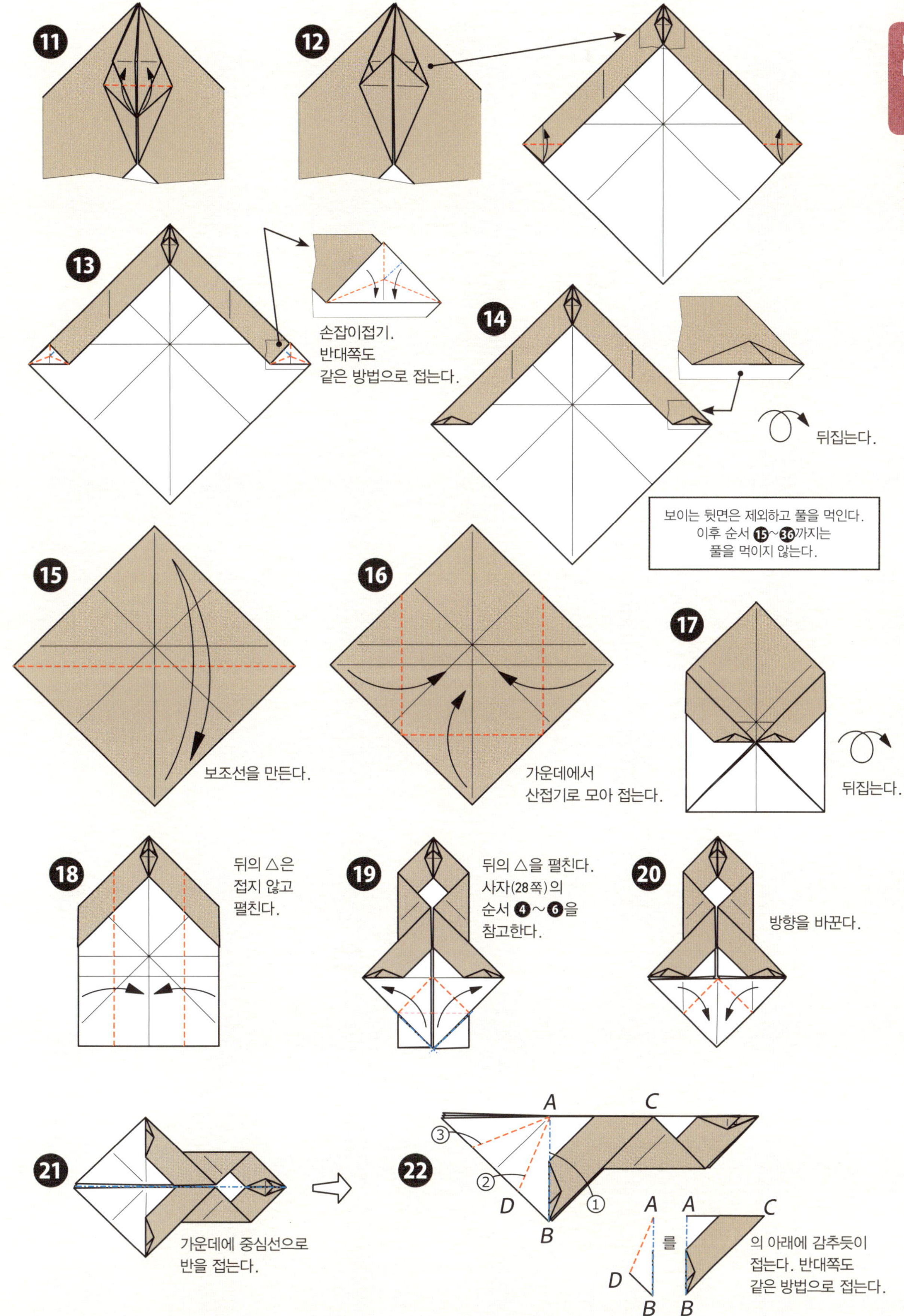
11
12
13
손잡이접기.
반대쪽도
같은 방법으로 접는다.
14
뒤집는다.
보이는 뒷면은 제외하고 풀을 먹인다.
이후 순서 15~36까지는
풀을 먹이지 않는다.
15
보조선을 만든다.
16
가운데에서
산접기로 모아 접는다.
17
뒤집는다.
18
뒤의 △은
접지 않고
펼친다.
19
뒤의 △을 펼친다.
사자(28쪽)의
순서 4~6을
참고한다.
20
방향을 바꾼다.
21
가운데에 중심선으로
반을 접는다.
22
A
C
③
②
D
①
B
A
A
C
를
의 아래에 감추듯이
접는다. 반대쪽도
같은 방법으로 접는다.
D
B
B

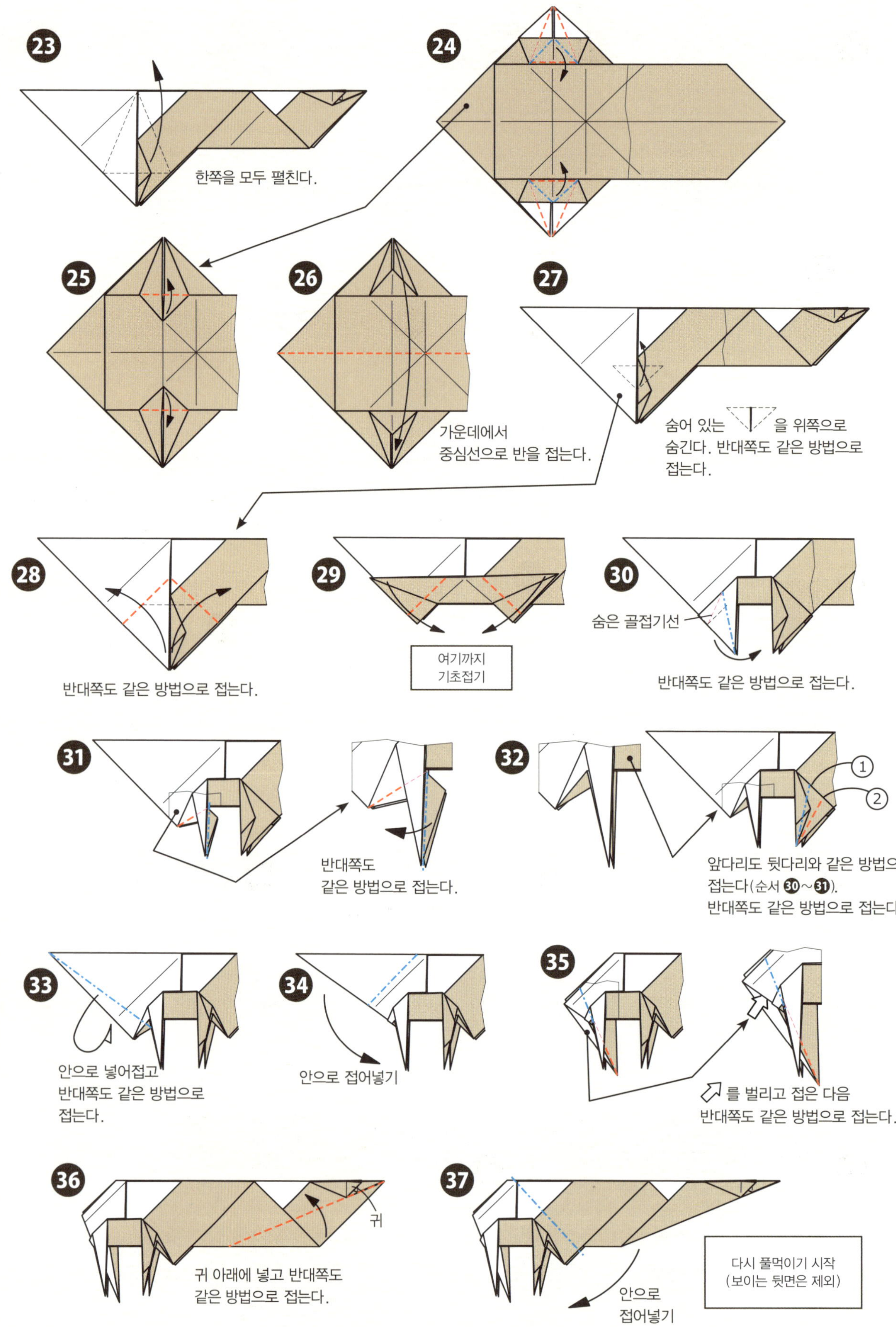
23
한쪽을 모두 펼친다.
24
25
26
가운데에서
중심선으로 반을 접는다.
27
숨어 있는 을 위쪽으로
숨긴다. 반대쪽도 같은 방법으로
접는다.
28
반대쪽도 같은 방법으로 접는다.
29
여기까지
기초접기
30
숨은 골접기선
반대쪽도 같은 방법으로 접는다.
31
반대쪽도
같은 방법으로 접는다.
32
1
2
앞다리도 뒷다리와 같은 방법으로
접는다(순서 30~31).
반대쪽도 같은 방법으로 접는다.
33
안으로 넣어접고
반대쪽도 같은 방법으로
접는다.
34
안으로 접어넣기
35
를 벌리고 접은 다음
반대쪽도 같은 방법으로 접는다.
36
귀
귀 아래에 넣고 반대쪽도
같은 방법으로 접는다.
37
안으로
접어넣기
다시 풀먹이기 시작
(보이는 뒷면은 제외)

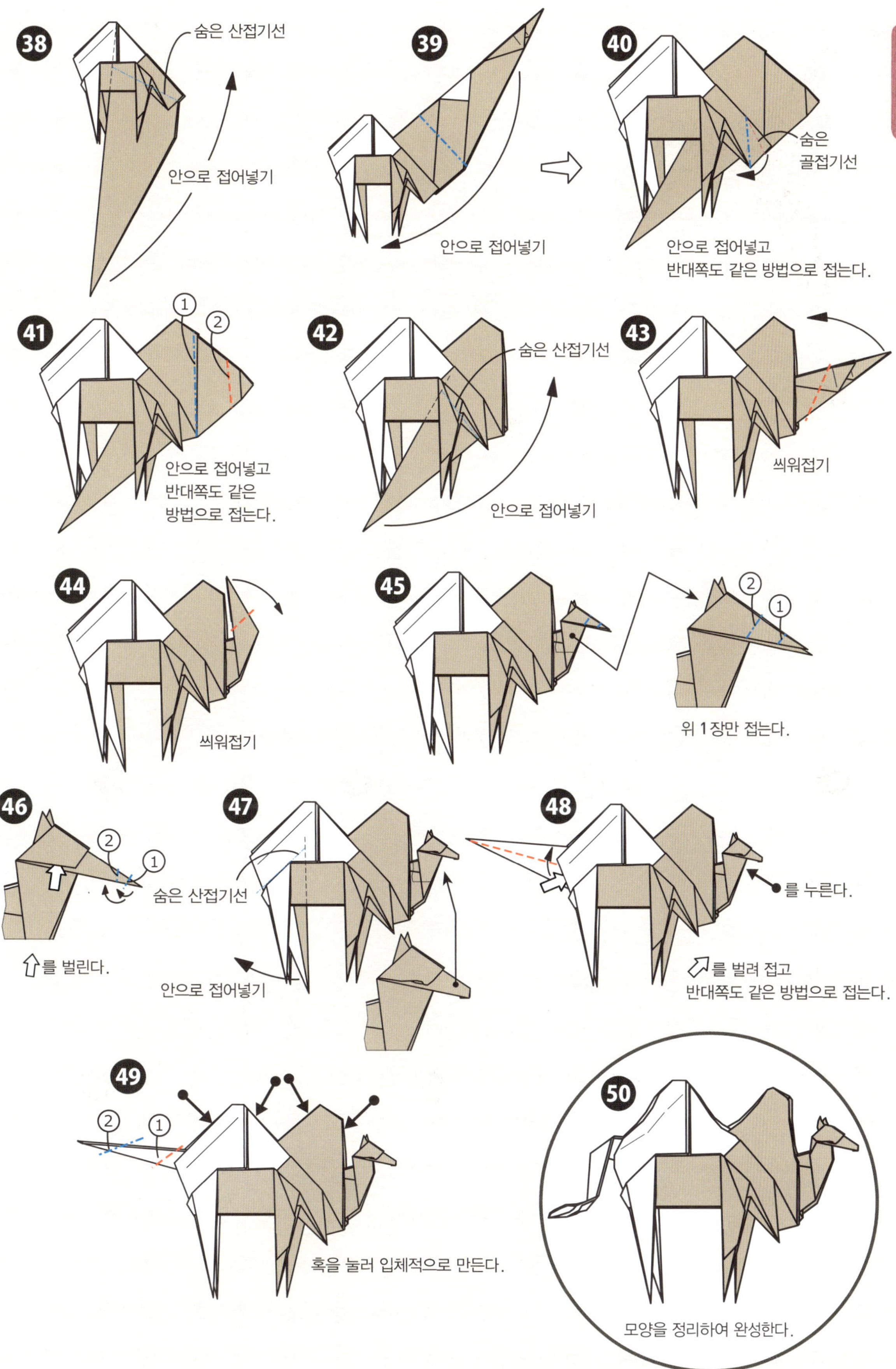
38
숨은 산접기선
안으로 접어넣기
39
안으로 접어넣기
40
숨은 골접기선
안으로 접어넣고 반대쪽도 같은 방법으로 접는다.
41
①
②
안으로 접어넣고 반대쪽도 같은 방법으로 접는다.
42
숨은 산접기선
안으로 접어넣기
43
씌워접기
44
씌워접기
45
②
①
위 1장만 접는다.
46
②
①
숨은 산접기선
⇧를 벌린다.
47
안으로 접어넣기
48
●를 누른다.
⇧를 벌려 접고 반대쪽도 같은 방법으로 접는다.
49
②
①
혹을 눌러 입체적으로 만든다.
50
모양을 정리하여 완성한다.

★★★★☆

말

★ 준비할 종이 31×31cm 1장

머리 등 조금 어려운 부분이 있지만, 완성하면 매우 근사한 작품이 됩니다. 마지막에 모양을 정리할 때, 머리를 끄집어내 가능한 한 길게 하여 전체의 균형을 잡는 것이 중요합니다. 뒷다리는 순서 37에서 가늘게 접기를 할 때 최대한 높게 올리는 것이 요령입니다.

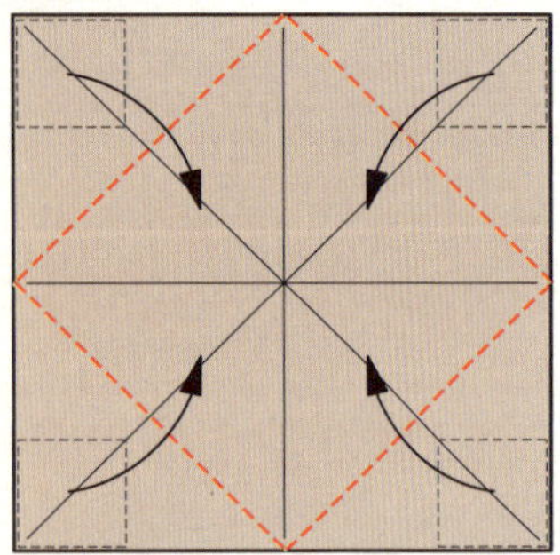

뒷면의 귀퉁이 4개를 보강한다(16쪽).
가운데로 모아접는다.

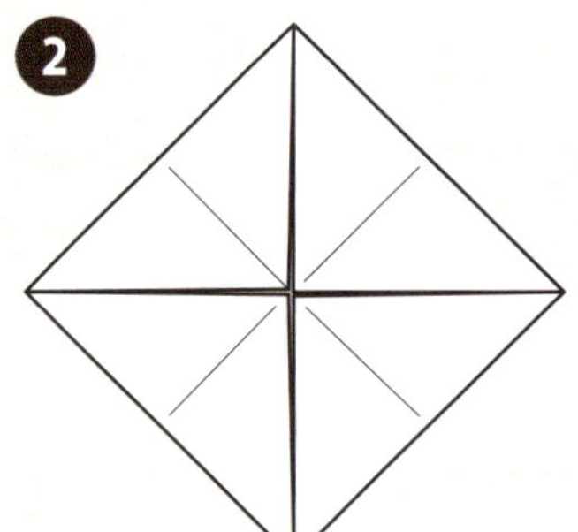

뒤집는다.

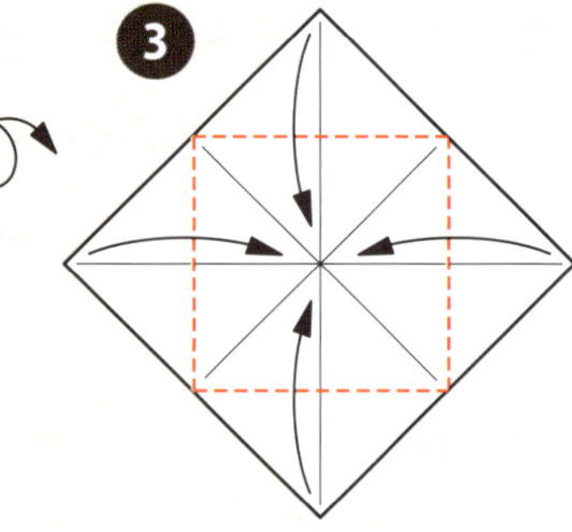

가운데로 모아접는다.

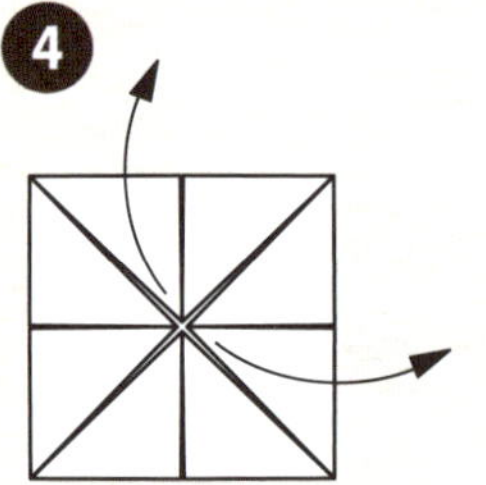

2장을 원래대로 펼친다.

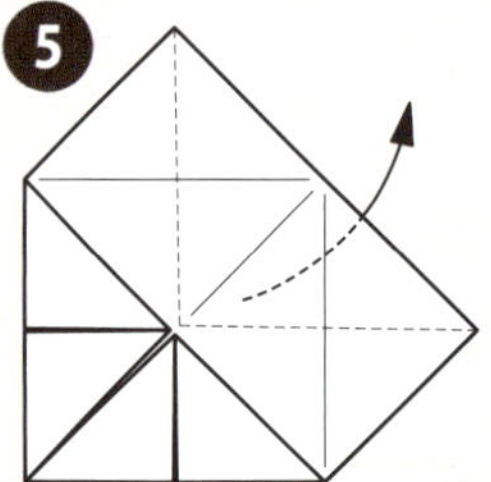

뒤의 1장을 펼친다.

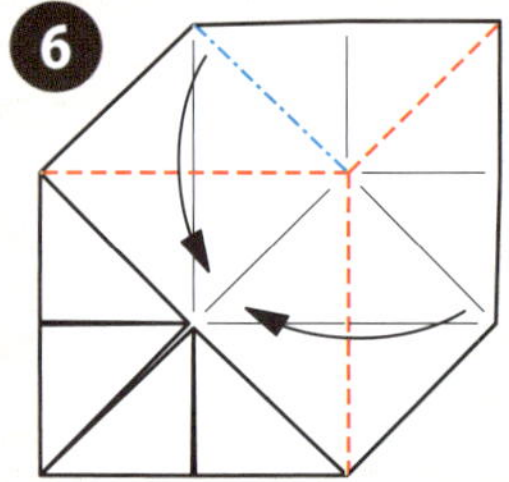

⇨를 벌려 접는다.

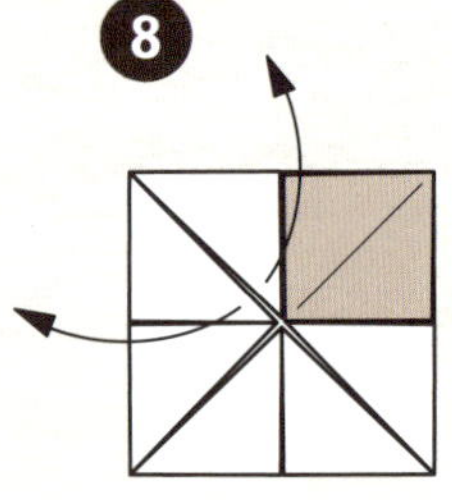

나머지 세 곳도 순서 ❹~❼과 같은 방법으로 접는다.

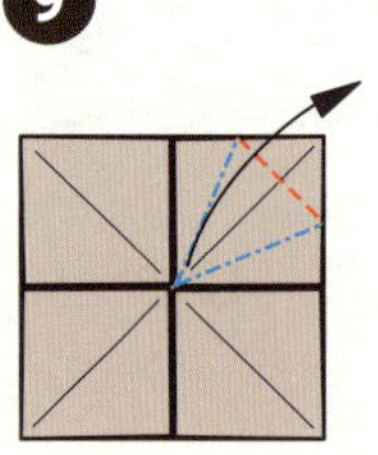

학마름모접기(15쪽)를 한다.

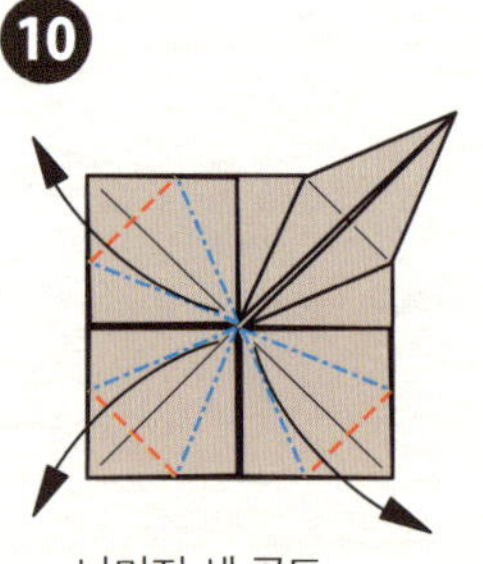

나머지 세 곳도 같은 방법으로 접는다.

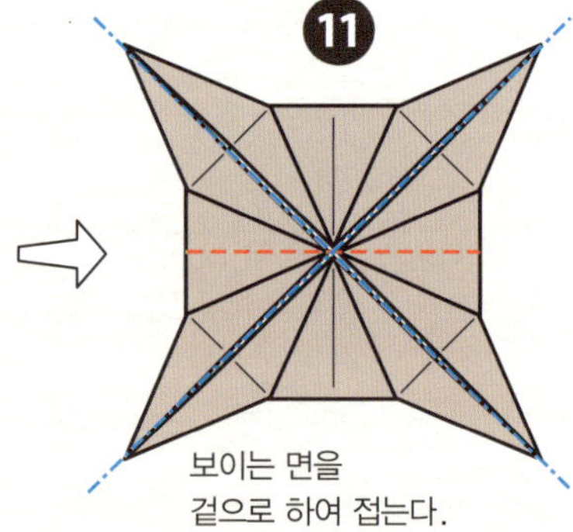

보이는 면을 겉으로 하여 접는다.

여기까지 기초접기

1장만 겉을 펼친다.

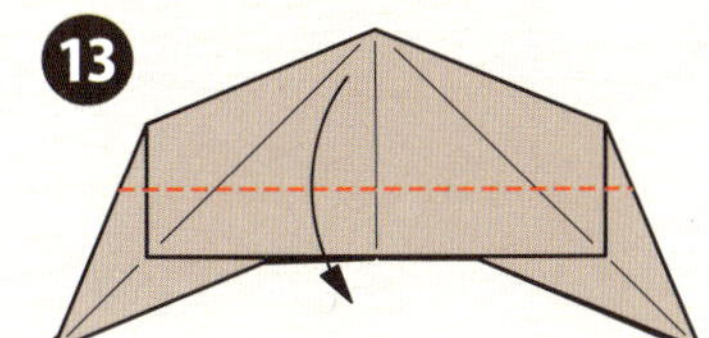

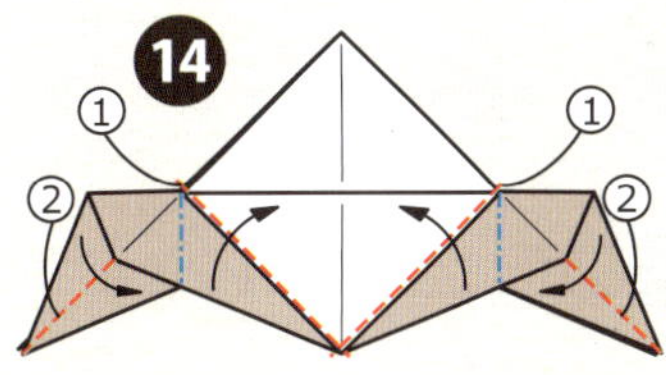

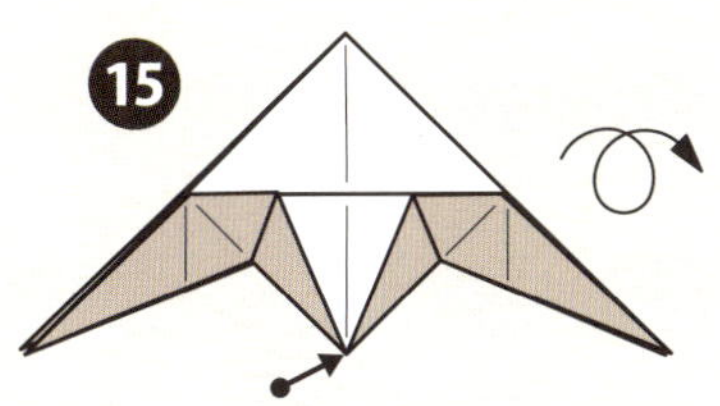

부분이 꼬리가 된다.
뒤집는다.

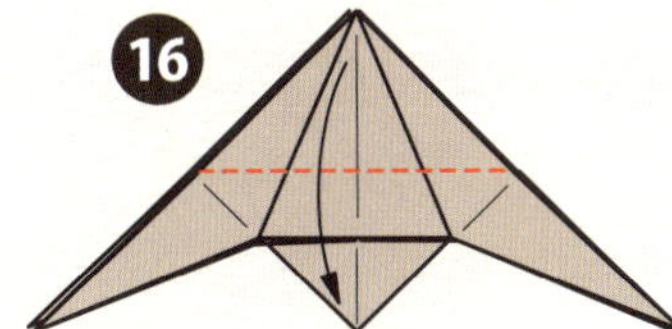

1장만 내려 접는다.

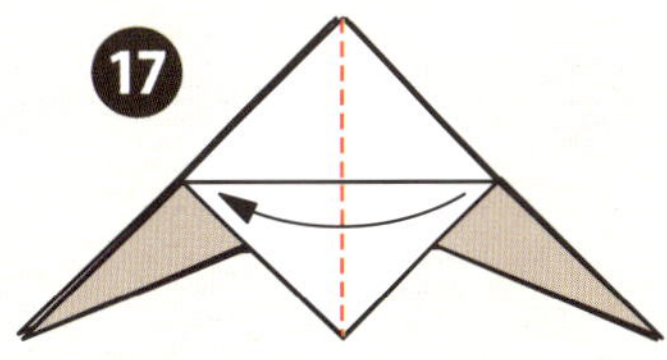

1장만 겉을 펼친다.
반대쪽도 같은 방법으로 접는다.

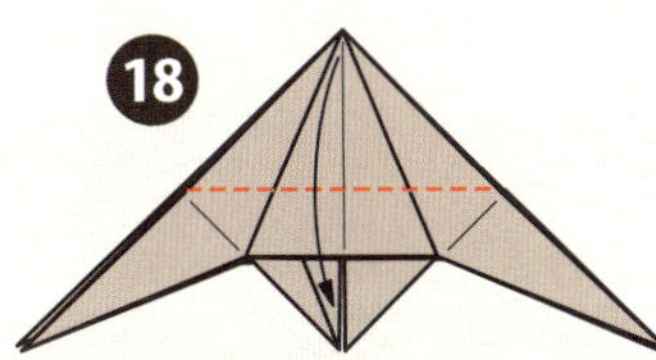

순서 ⑯과 같이 1장만 내려 접는다.
반대쪽도 같은 방법으로 접는다.

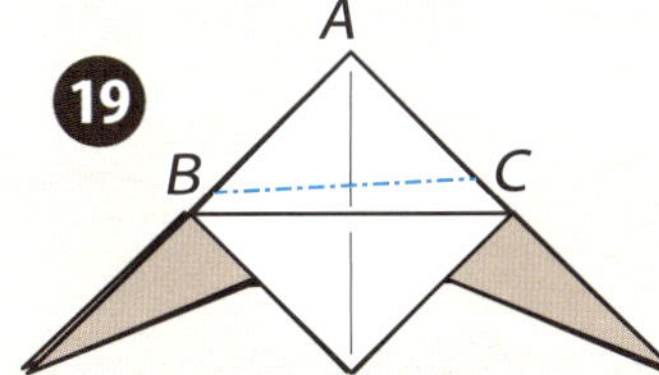

*ABC*를 함몰접기한다.

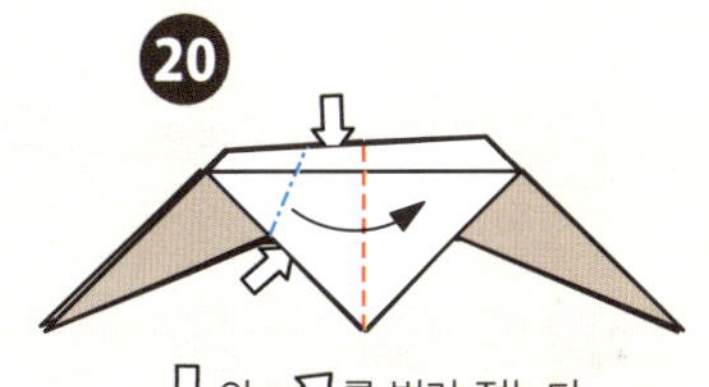

⇩와 ⇗를 벌려 접는다.

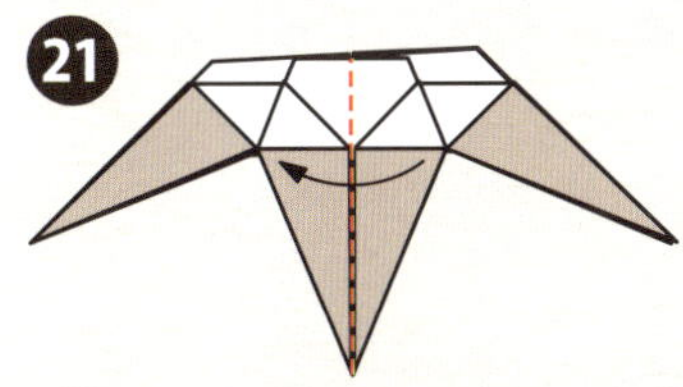

1장만 겉을 펼친다.

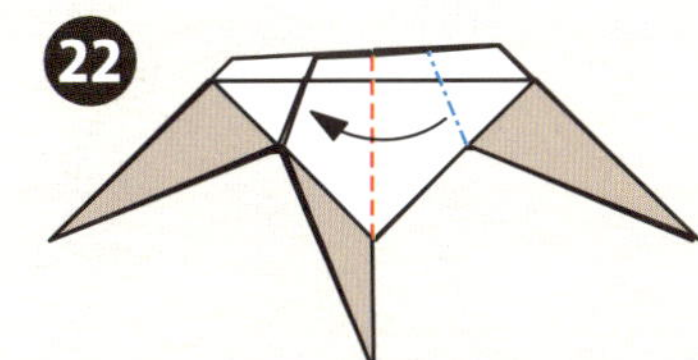

나머지 세 곳도 순서 ⑳~㉑과
같은 방법으로 접는다.

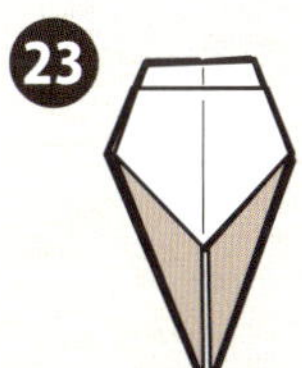

순서 ⑳까지를 다시 접는다.

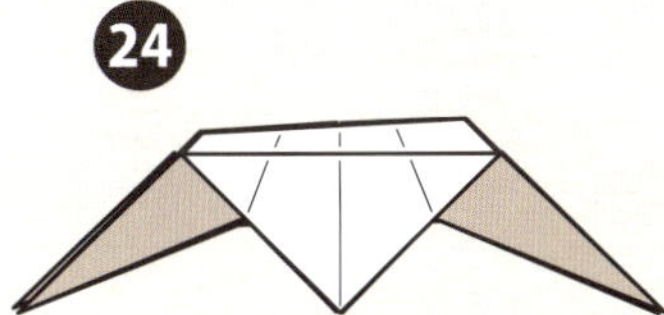

순서 ⑯과 ⑱에서 내려 접은
3장을 원래대로 되돌린다.

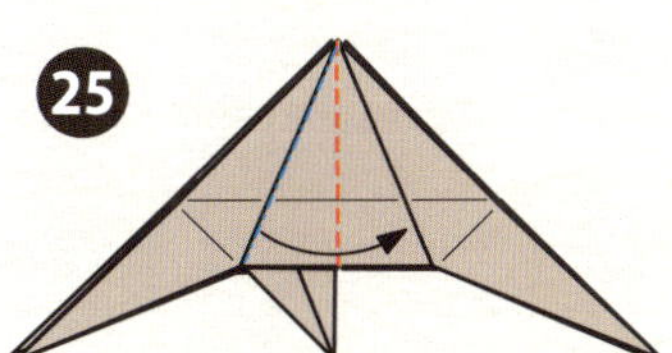

3장을 올린 상태에서
순서 ⑳~㉒를 접는다.

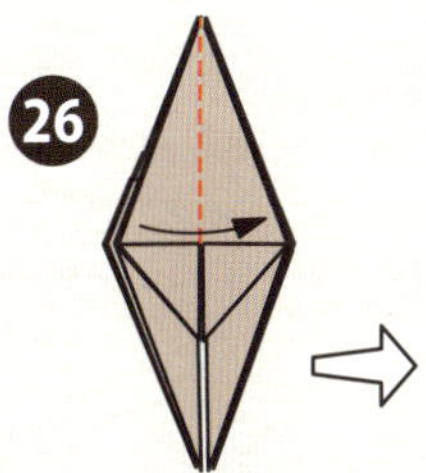

3장의 겉은 넘긴다.

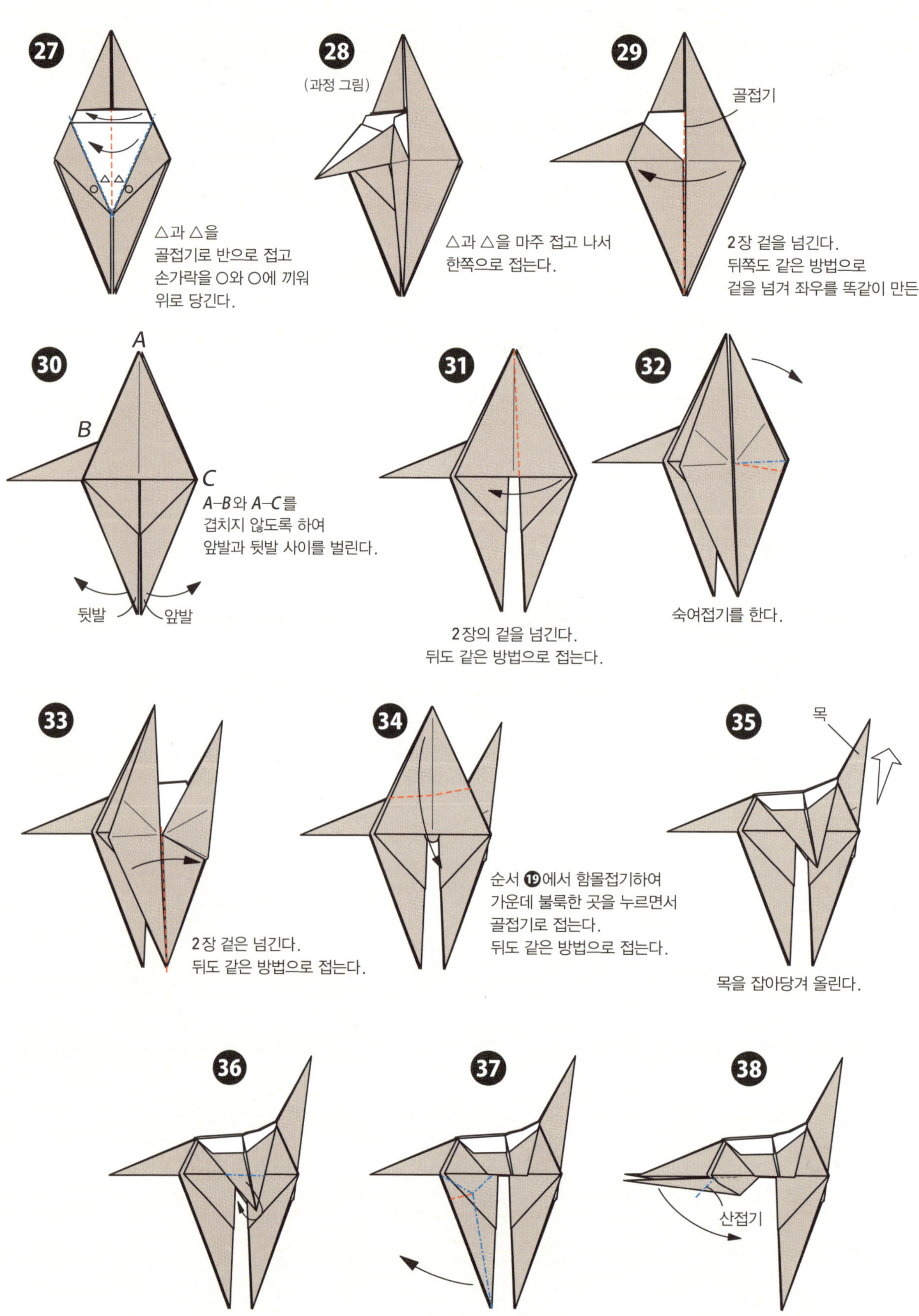
27
△과 △을
골접기로 반으로 접고
손가락을 ○와 ○에 끼워
위로 당긴다.
28
(과정 그림)
△과 △을 마주 접고 나서
한쪽으로 접는다.
29
골접기
2장 겉을 넘긴다.
뒤쪽도 같은 방법으로
겉을 넘겨 좌우를 똑같이 만든다.
30
A
B
C
A–B와 A–C를
겹치지 않도록 하여
앞발과 뒷발 사이를 벌린다.
뒷발
앞발
31
2장의 겉을 넘긴다.
뒤도 같은 방법으로 접는다.
32
숙여접기를 한다.
33
2장 겉은 넘긴다.
뒤도 같은 방법으로 접는다.
34
순서 ⓳에서 함몰접기하여
가운데 불룩한 곳을 누르면서
골접기로 접는다.
뒤도 같은 방법으로 접는다.
35
목
목을 잡아당겨 올린다.
36
안에 넣어접는다.
반대쪽도 같은 방법으로 접는다.
37
최대한 위로 올려 가늘게 접는다.
반대쪽도 같은 방법으로 접는다.
38
산접기
안으로 접어넣고
반대쪽도 같은 방법으로 접는다.

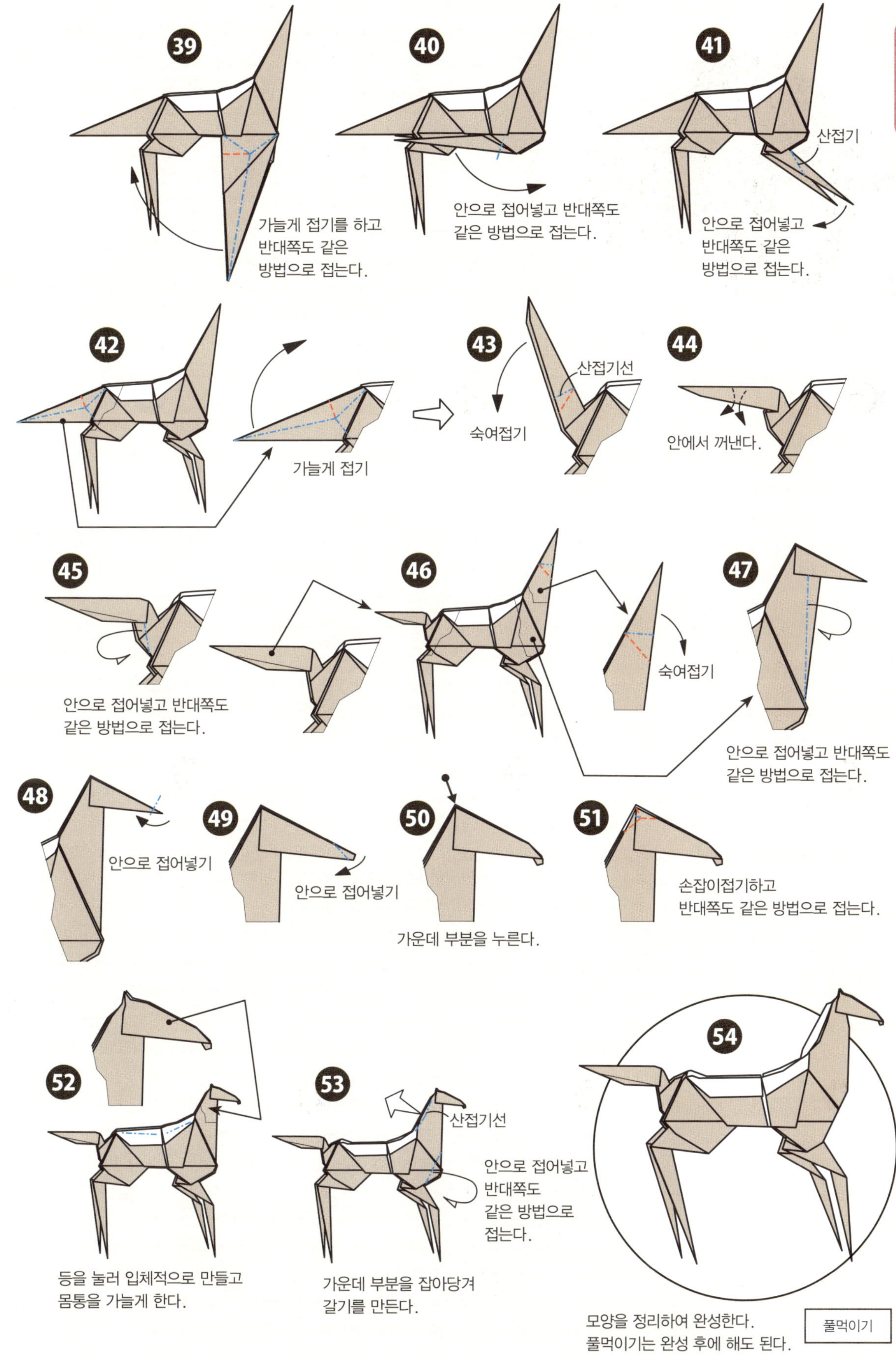
39
가늘게 접기를 하고
반대쪽도 같은
방법으로 접는다.
40
안으로 접어넣고 반대쪽도
같은 방법으로 접는다.
41
산접기
안으로 접어넣고
반대쪽도 같은
방법으로 접는다.
42
가늘게 접기
43
산접기선
숙여접기
44
안에서 꺼낸다.
45
안으로 접어넣고 반대쪽도
같은 방법으로 접는다.
46
숙여접기
47
안으로 접어넣고 반대쪽도
같은 방법으로 접는다.
48
안으로 접어넣기
49
안으로 접어넣기
50
가운데 부분을 누른다.
51
손잡이접기하고
반대쪽도 같은 방법으로 접는다.
52
등을 눌러 입체적으로 만들고
몸통을 가늘게 한다.
53
산접기선
안으로 접어넣고
반대쪽도
같은 방법으로
접는다.
가운데 부분을 잡아당겨
갈기를 만든다.
54
모양을 정리하여 완성한다.
풀먹이기는 완성 후에 해도 된다.
풀먹이기

★★★★☆

맘모스

★ 준비할 종이(그러데이션 있는 종이) 45×45cm 1장

이 기초접기(순서 21)는 맘모스의 긴 상아를 표현하기 위해 개발해 낸 방법입니다. 머리가 지나치게 커지지 않도록 접는 것이 포인트인데, 순서 22를 깊게 접으면 (순서 23에서 머리 외형선과 몸통 △의 밑변이 평행을 이루는 정도) 잘될 것입니다. 상아가 최대한 길게 보이도록 순서 34에서 상아의 뿌리를 일부 뒷면이 보일 정도로 당겨서 접어 보세요.

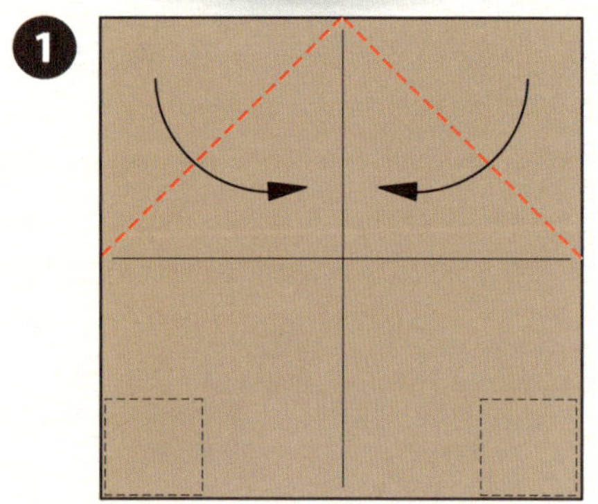

뒷면의 귀퉁이 2개를 보강한다(16쪽).

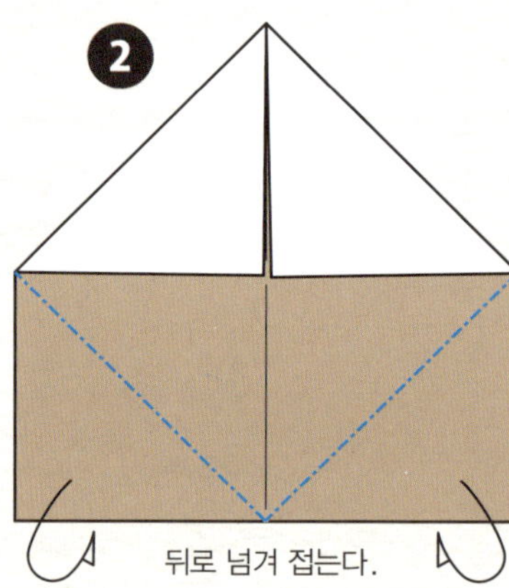

뒤로 넘겨 접는다.

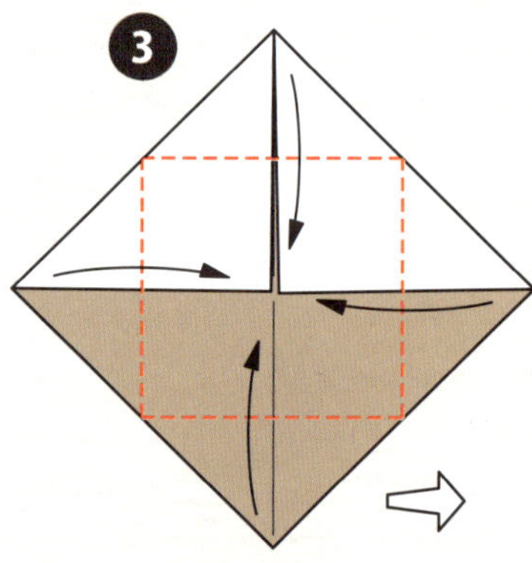

가운데로 모아접는다.

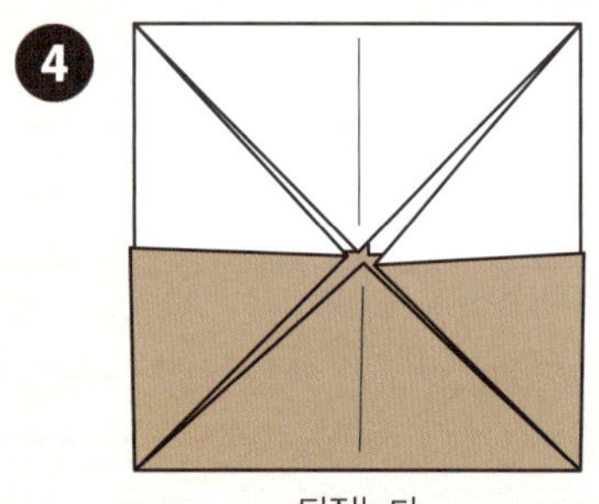

뒤집는다.

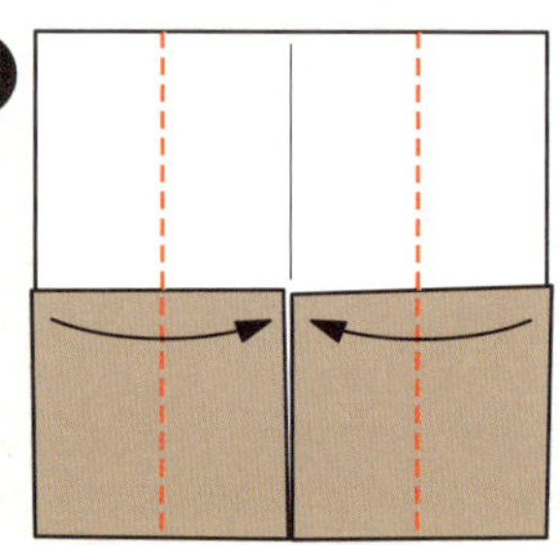

뒤의 △은 접지 않고 펼친다.

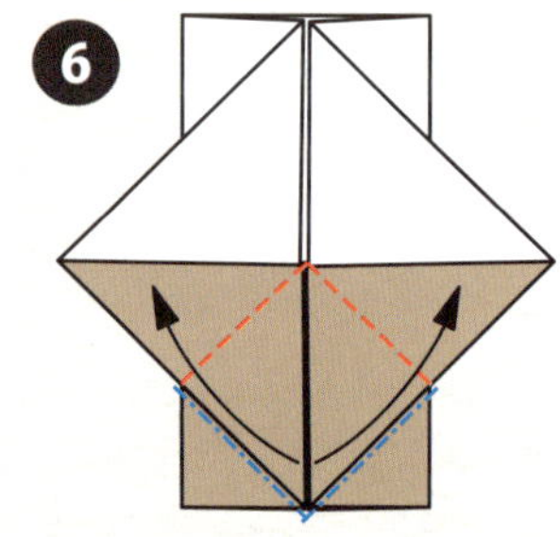

뒤의 △은 접지 않고 펼친다.
사자(28쪽)의 순서 ❹~❻과 같은 방법으로 접는다.

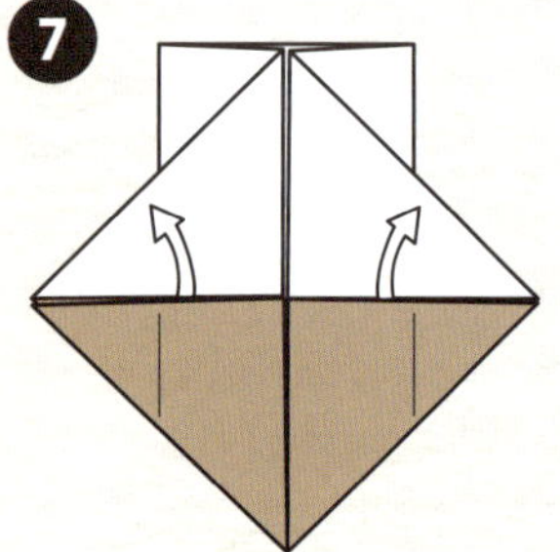

안에 접혀 있는 부분을 꺼낸다.

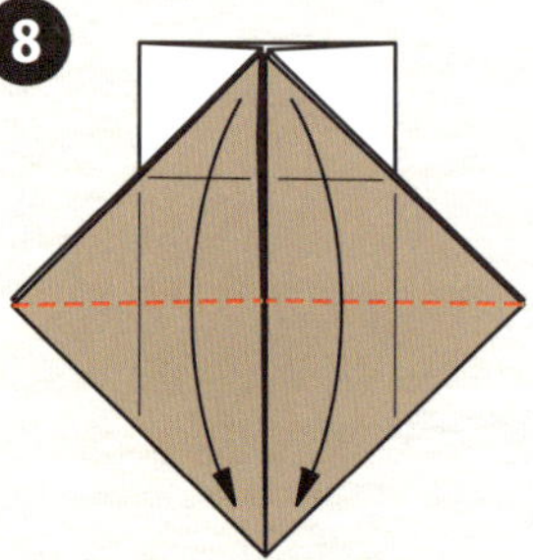

1장만 다시 접는다.

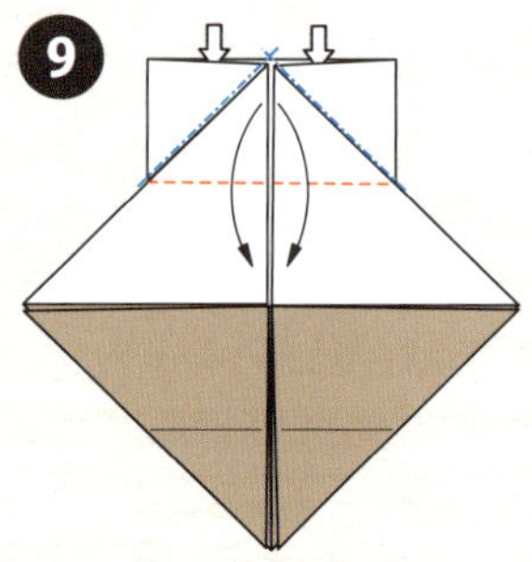

⇩를 벌려 접는다.

★★★★☆

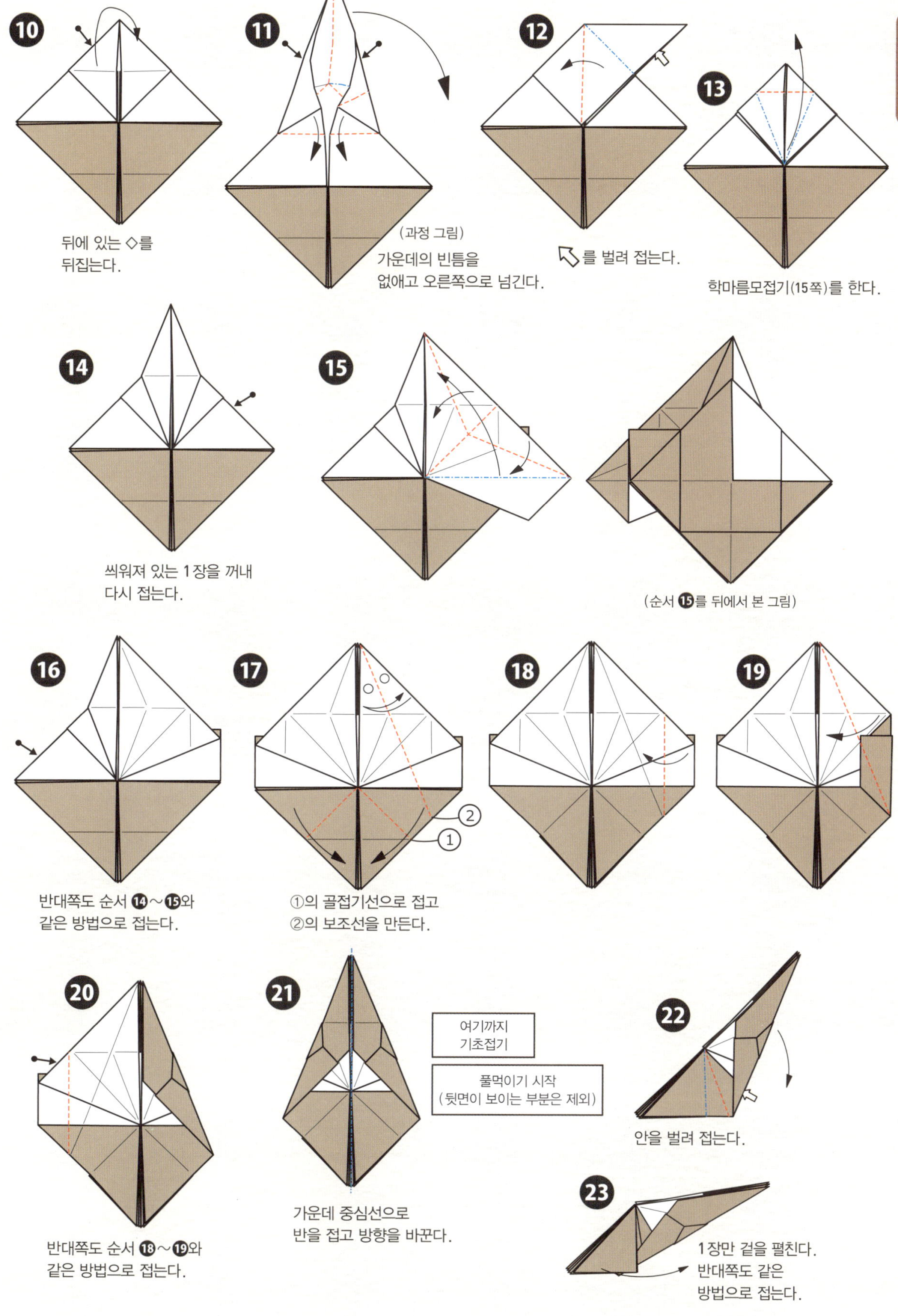
10
뒤에 있는 ◇를
뒤집는다.
11
(과정 그림)
가운데의 빈틈을
없애고 오른쪽으로 넘긴다.
12
를 벌려 접는다.
13
학마름모접기(15쪽)를 한다.
14
씌워져 있는 1장을 꺼내
다시 접는다.
15
(순서 15를 뒤에서 본 그림)
16
반대쪽도 순서 14~15와
같은 방법으로 접는다.
17
①의 골접기선으로 접고
②의 보조선을 만든다.
18
19
20
반대쪽도 순서 18~19와
같은 방법으로 접는다.
21
가운데 중심선으로
반을 접고 방향을 바꾼다.
여기까지
기초접기
풀먹이기 시작
(뒷면이 보이는 부분은 제외)
22
안을 벌려 접는다.
23
1장만 겉을 펼친다.
반대쪽도 같은
방법으로 접는다.

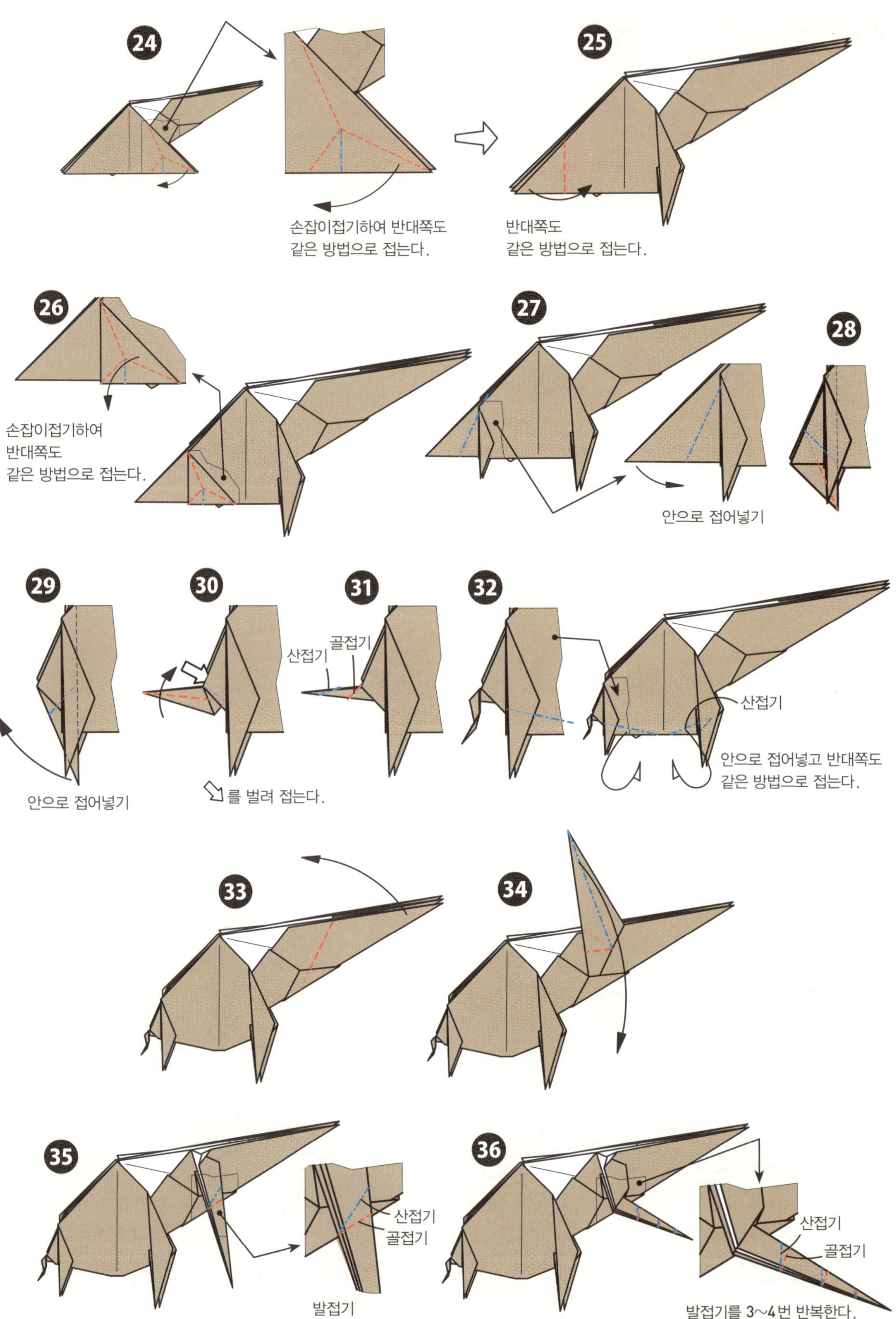
24
25
손잡이접기하여 반대쪽도
같은 방법으로 접는다.
반대쪽도
같은 방법으로 접는다.
26
손잡이접기하여
반대쪽도
같은 방법으로 접는다.
27
28
안으로 접어넣기
29
30
31
32
안으로 접어넣기
를 벌려 접는다.
산접기
골접기
산접기
안으로 접어넣고 반대쪽도
같은 방법으로 접는다.
33
34
35
36
산접기
골접기
발접기
산접기
골접기
발접기를 3~4번 반복한다.

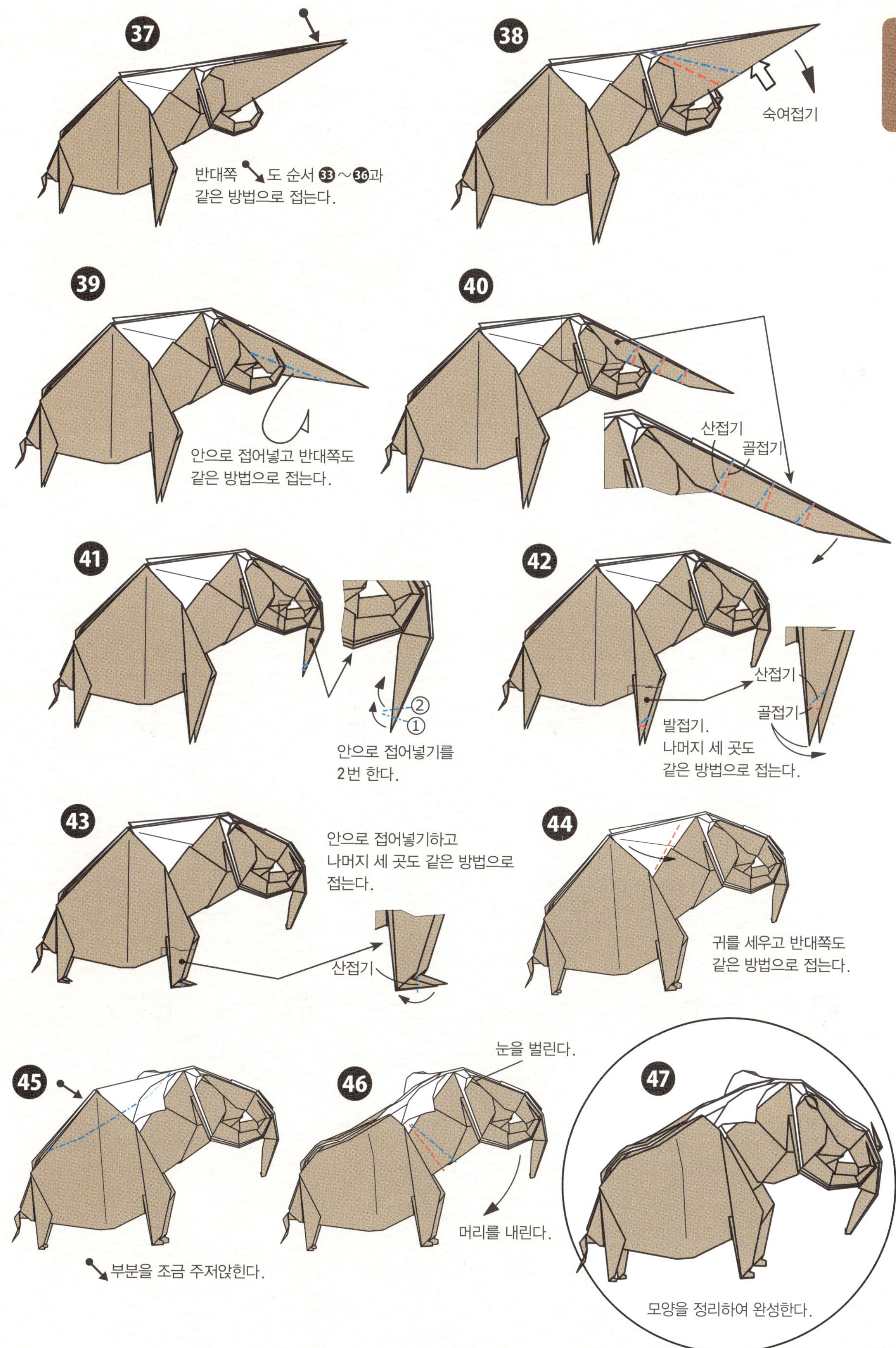
37
반대쪽 도 순서 33~36과
같은 방법으로 접는다.
38
숙여접기
39
안으로 접어넣고 반대쪽도
같은 방법으로 접는다.
40
산접기
골접기
41
①
②
안으로 접어넣기를
2번 한다.
42
산접기
골접기
발접기.
나머지 세 곳도
같은 방법으로 접는다.
43
안으로 접어넣기하고
나머지 세 곳도 같은 방법으로
접는다.
산접기
44
귀를 세우고 반대쪽도
같은 방법으로 접는다.
45
부분을 조금 주저앉힌다.
46
눈을 벌린다.
머리를 내린다.
47
모양을 정리하여 완성한다.

★★★★☆

페가수스

★ 준비할 종이 45×45cm 1장

뒷다리와 머리 부분의 종이가 두꺼워지므로 될 수 있으면 얇은 종이로 접는 것이 좋습니다. 기초접기 과정이 많은 부분을 차지하므로 그림대로 정확하게 접으세요. 몸통이 길어지면 정교해 보이지 않으므로 순서 62에서 뒷다리의 길이를 결정할 때 주의해야 합니다.

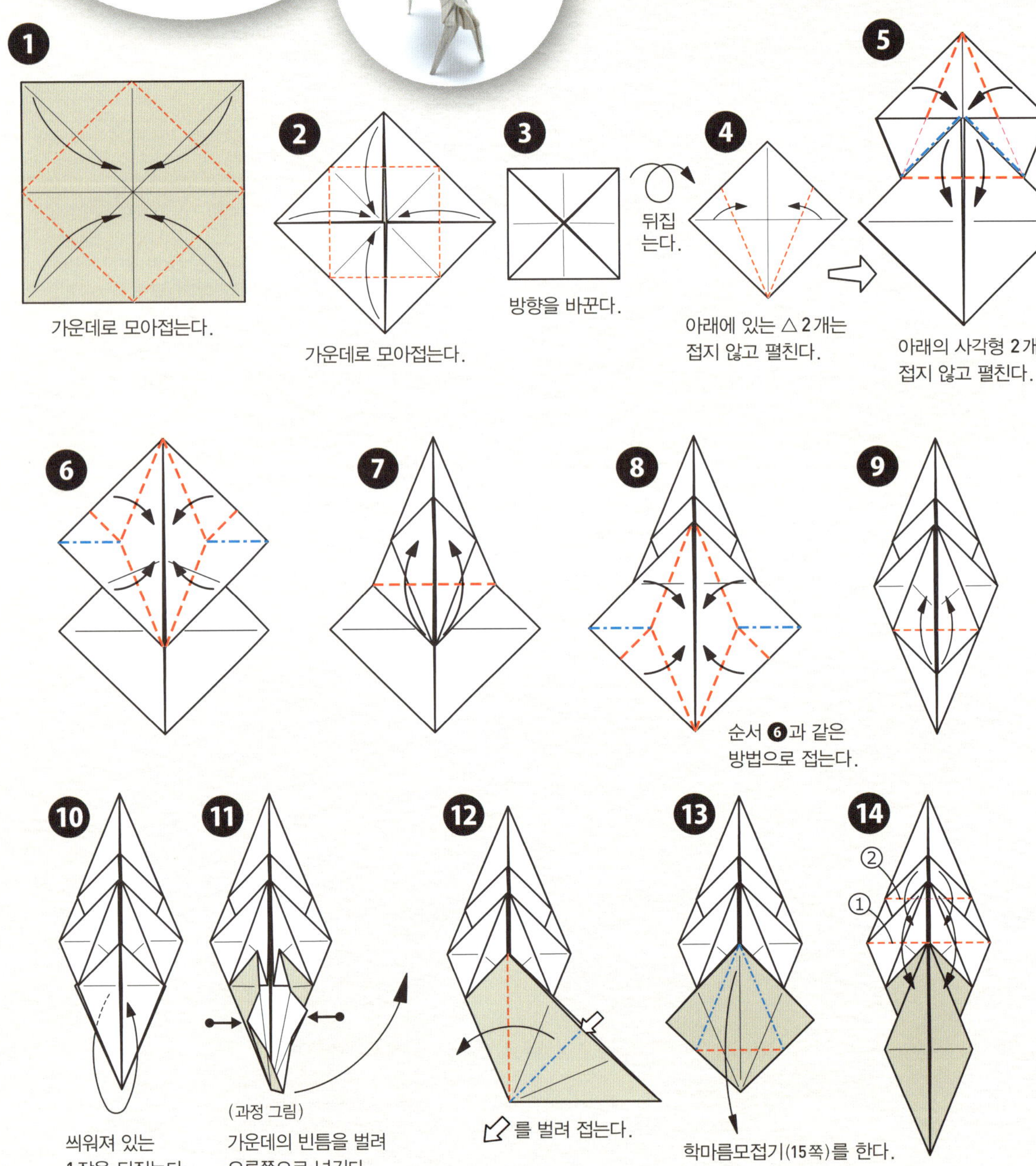

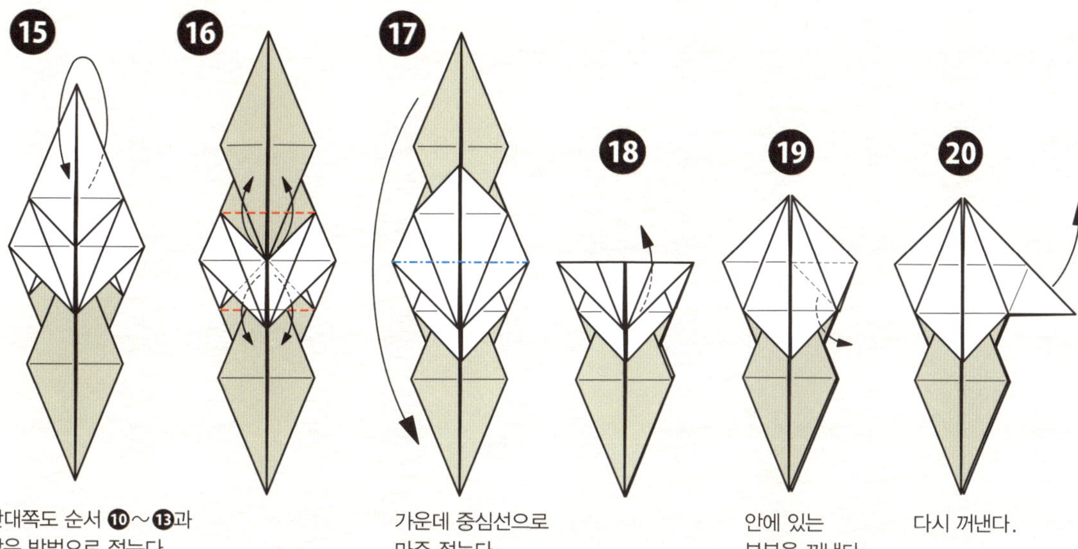

반대쪽도 순서 ⑩~⑬과 같은 방법으로 접는다.

가운데 중심선으로 마주 접는다.

안에 있는 부분을 꺼낸다.

다시 꺼낸다.

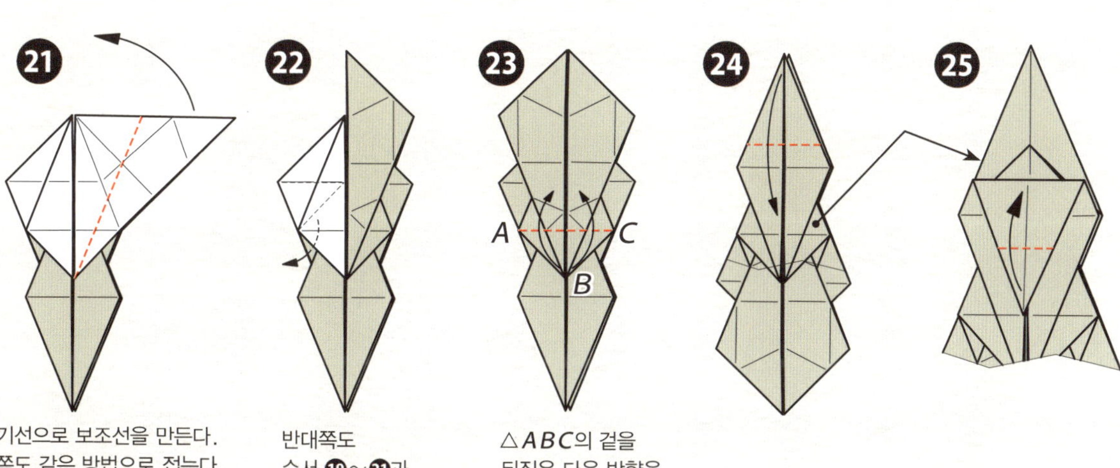

골접기선으로 보조선을 만든다. 반대쪽도 같은 방법으로 접는다. 골접기선을 만들면 씌워접기한다.

반대쪽도 순서 ⑲~㉑과 같은 방법으로 접는다.

△*ABC*의 겉을 뒤집은 다음 방향을 바꾼다.

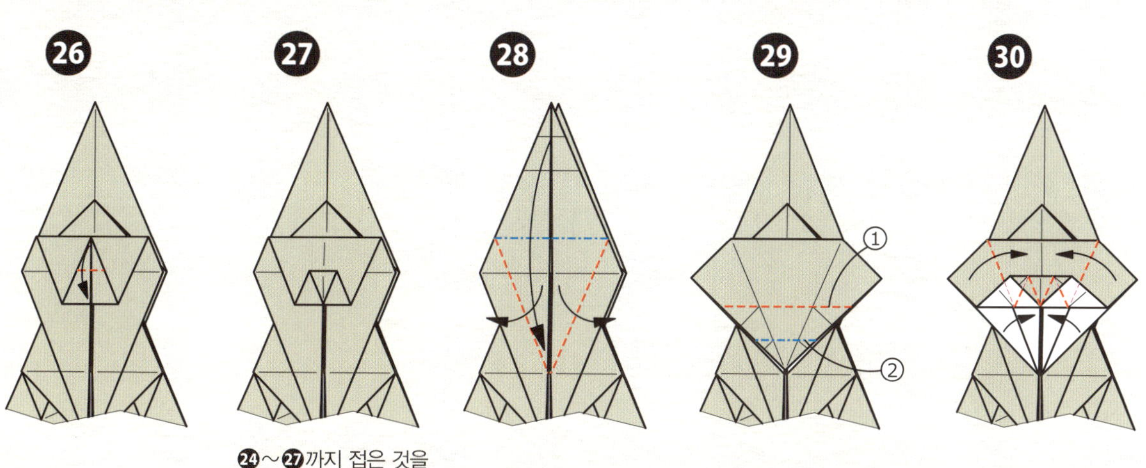

㉔~㉗까지 접은 것을 다시 펼친다.

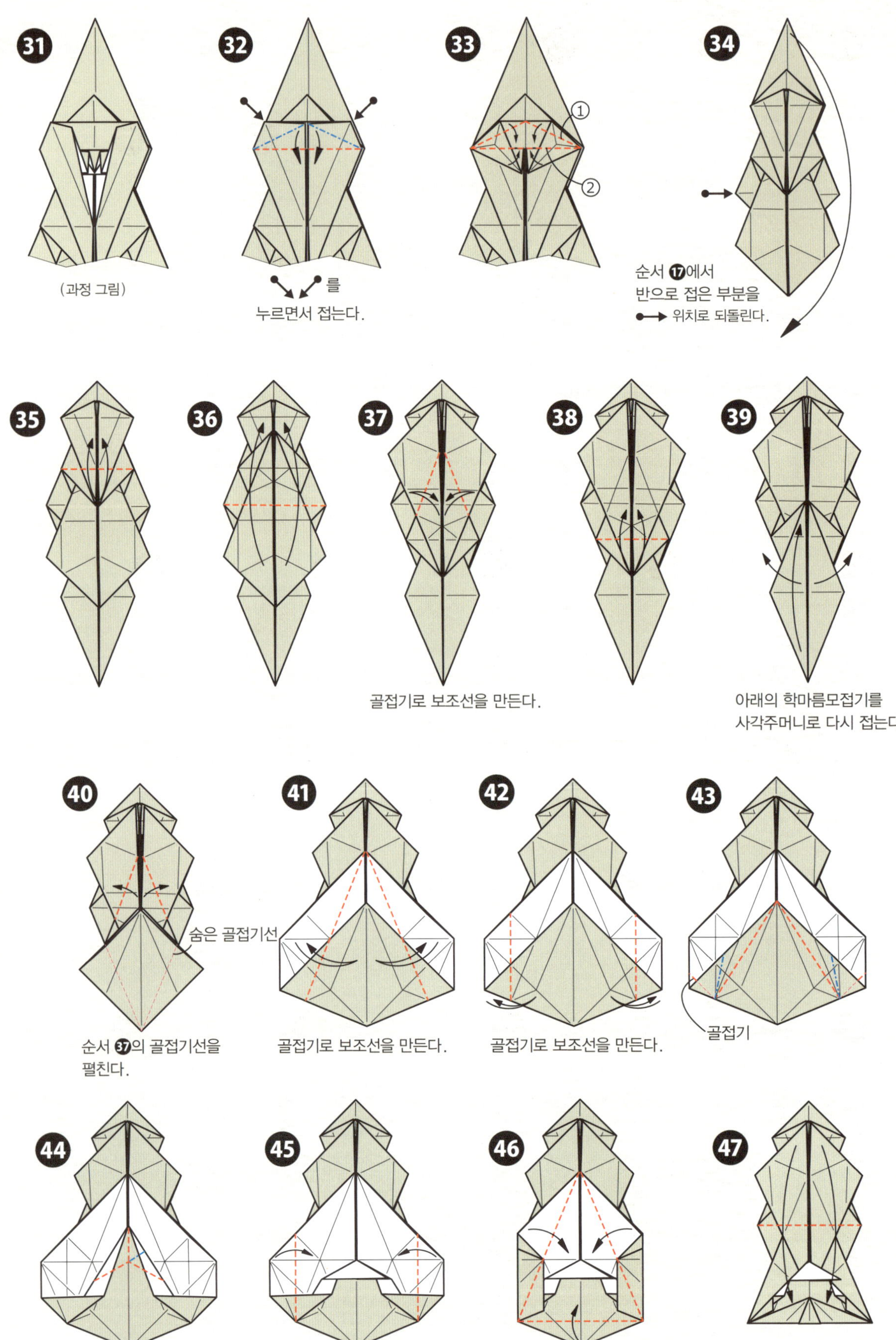
31
(과정 그림)
32
를
누르면서 접는다.
33
①
②
34
순서 ⑰에서
반으로 접은 부분을
위치로 되돌린다.
35
36
37
골접기로 보조선을 만든다.
38
39
아래의 학마름모접기를
사각주머니로 다시 접는다.
40
숨은 골접기선
순서 ㊲의 골접기선을
펼친다.
41
골접기로 보조선을 만든다.
42
골접기로 보조선을 만든다.
43
골접기
44
손잡이접기
45
46
47

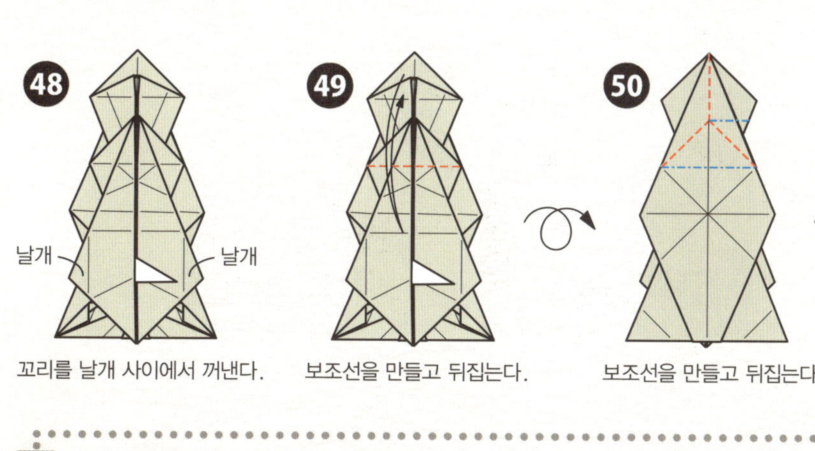

꼬리를 날개 사이에서 꺼낸다.

보조선을 만들고 뒤집는다.

보조선을 만들고 뒤집는다.

순서 51을 접는 모습

순서 52의 모양이 된다.

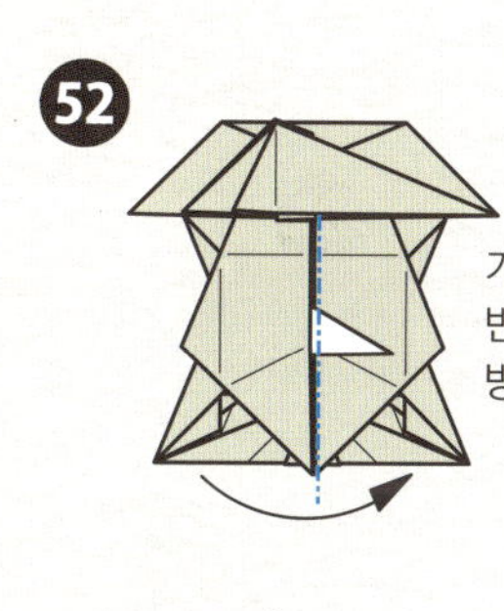

가운데 중심선을 반으로 접고 방향을 바꾼다.

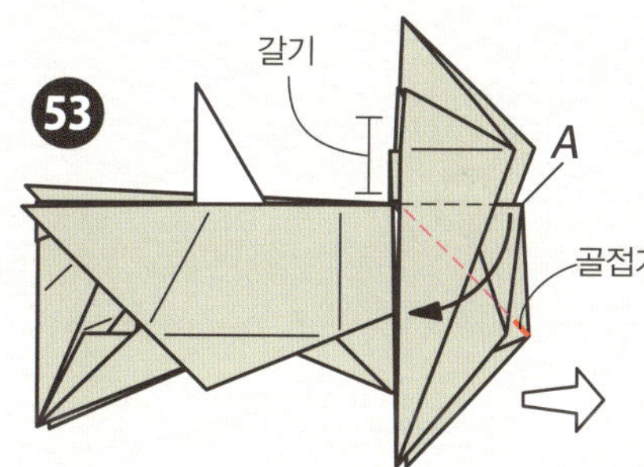

모서리 *A*를 안으로 접어넣고 내린다.

여기까지 기초접기

풀먹이기 시작
(순서 56에서 보이는 뒷면과 순서 31에서 접은 갈기 부분을 제외한 뒷면에 풀을 먹인다.)

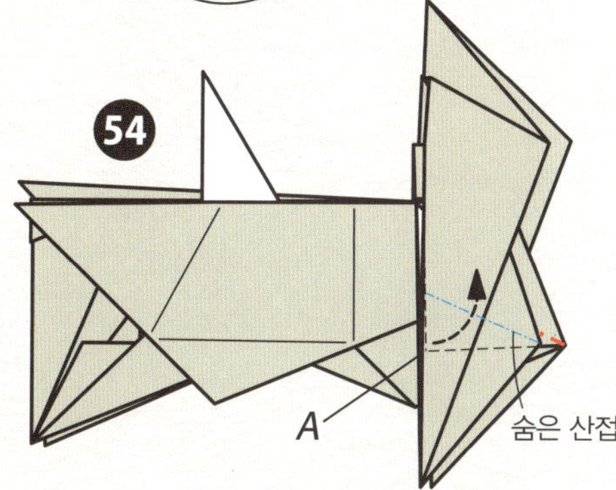

모서리 *A*를 안으로 접어넣으며 올린다.

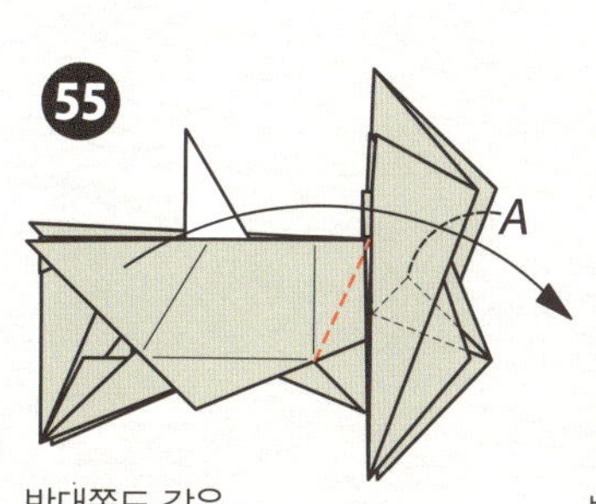

반대쪽도 같은 방법으로 접는다.

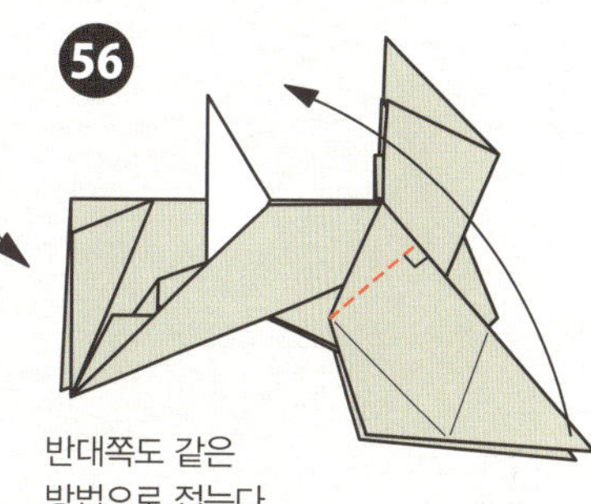

반대쪽도 같은 방법으로 접는다.

57

안으로 접어넣고 반대쪽도 같은 방법으로 접는다.

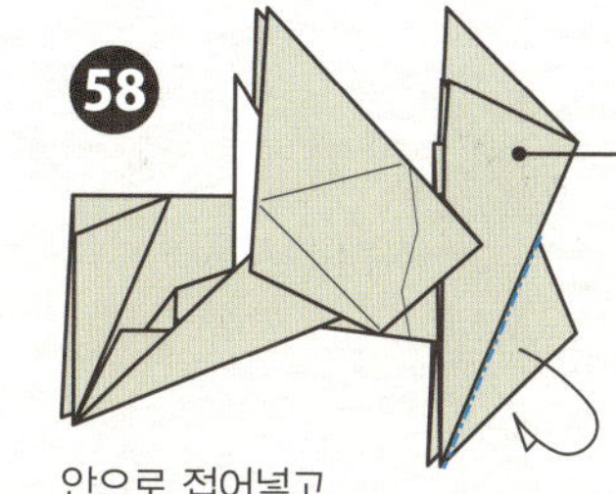

안으로 접어넣고 반대쪽도 같은 방법으로 접는다.

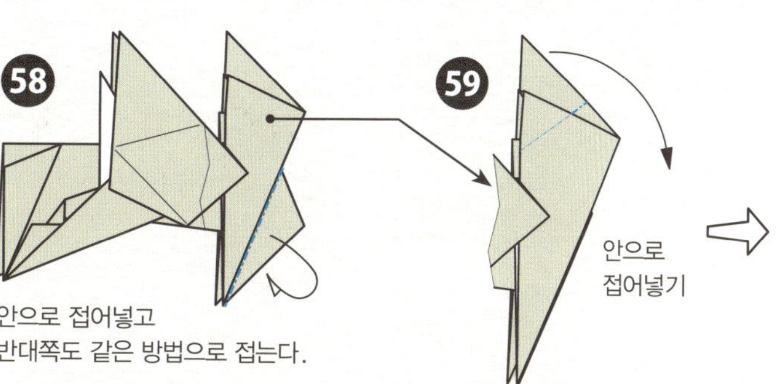

안으로 접어넣기

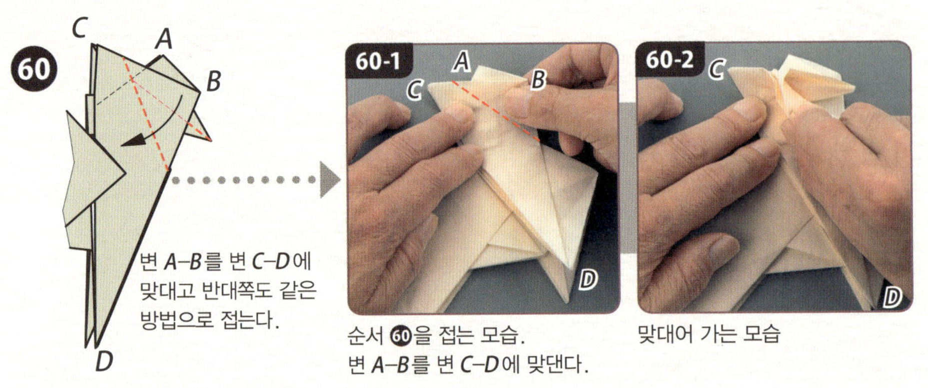

변 *A–B*를 변 *C–D*에 맞대고 반대쪽도 같은 방법으로 접는다.

순서 ⑥⓪을 접는 모습.
변 *A–B*를 변 *C–D*에 맞댄다.

맞대어 가는 모습

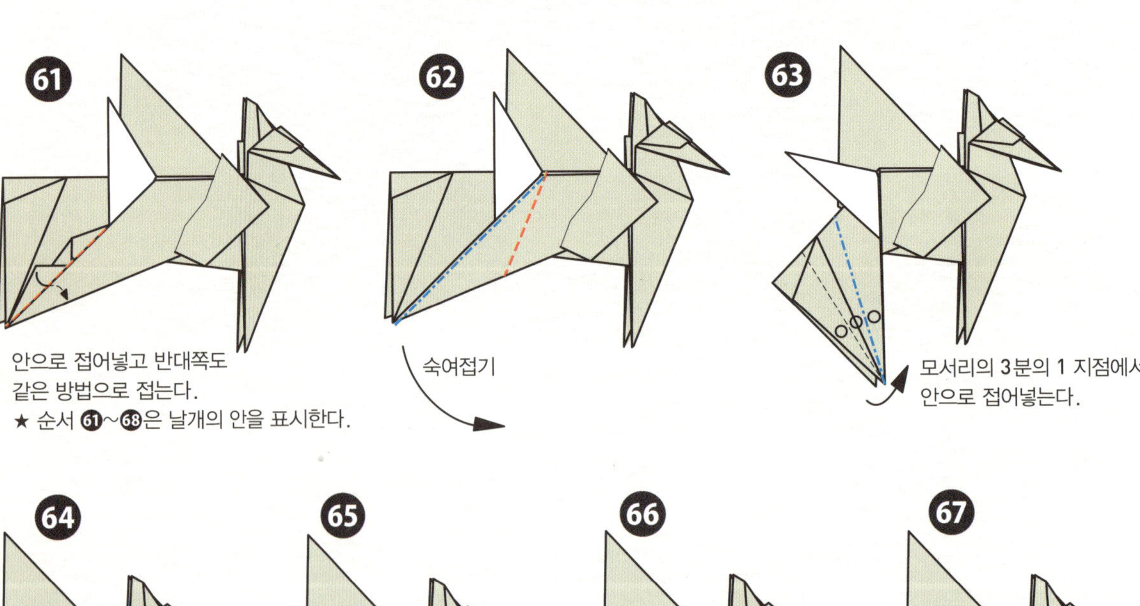

안으로 접어넣고 반대쪽도 같은 방법으로 접는다.
★ 순서 ⑥①~⑥⑧은 날개의 안을 표시한다.

숙여접기

모서리의 3분의 1 지점에서 안으로 접어넣는다.

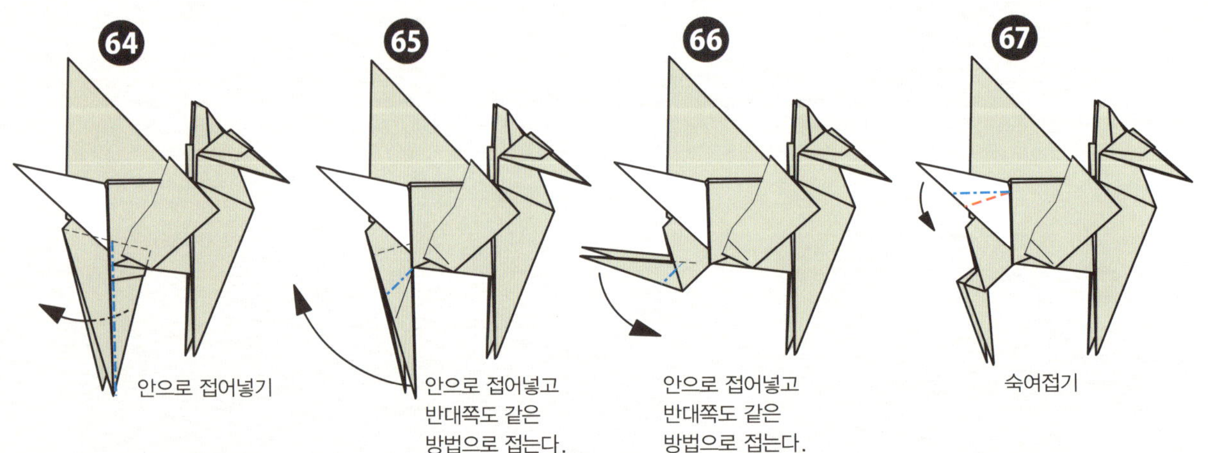

안으로 접어넣기

안으로 접어넣고 반대쪽도 같은 방법으로 접는다.

안으로 접어넣고 반대쪽도 같은 방법으로 접는다.

숙여접기

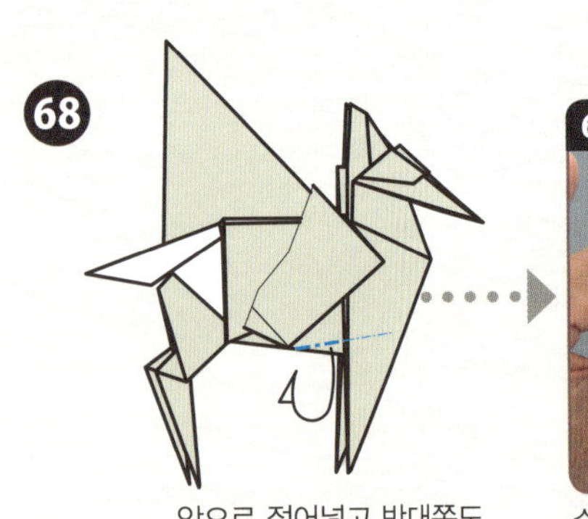

안으로 접어넣고 반대쪽도 같은 방법으로 접는다.

순서 ⑥⑧을 접는 것을 아래에서 본 모습.
앞다리를 벌려 안으로 접어넣는다.

앞다리는 원래대로 되돌린다.

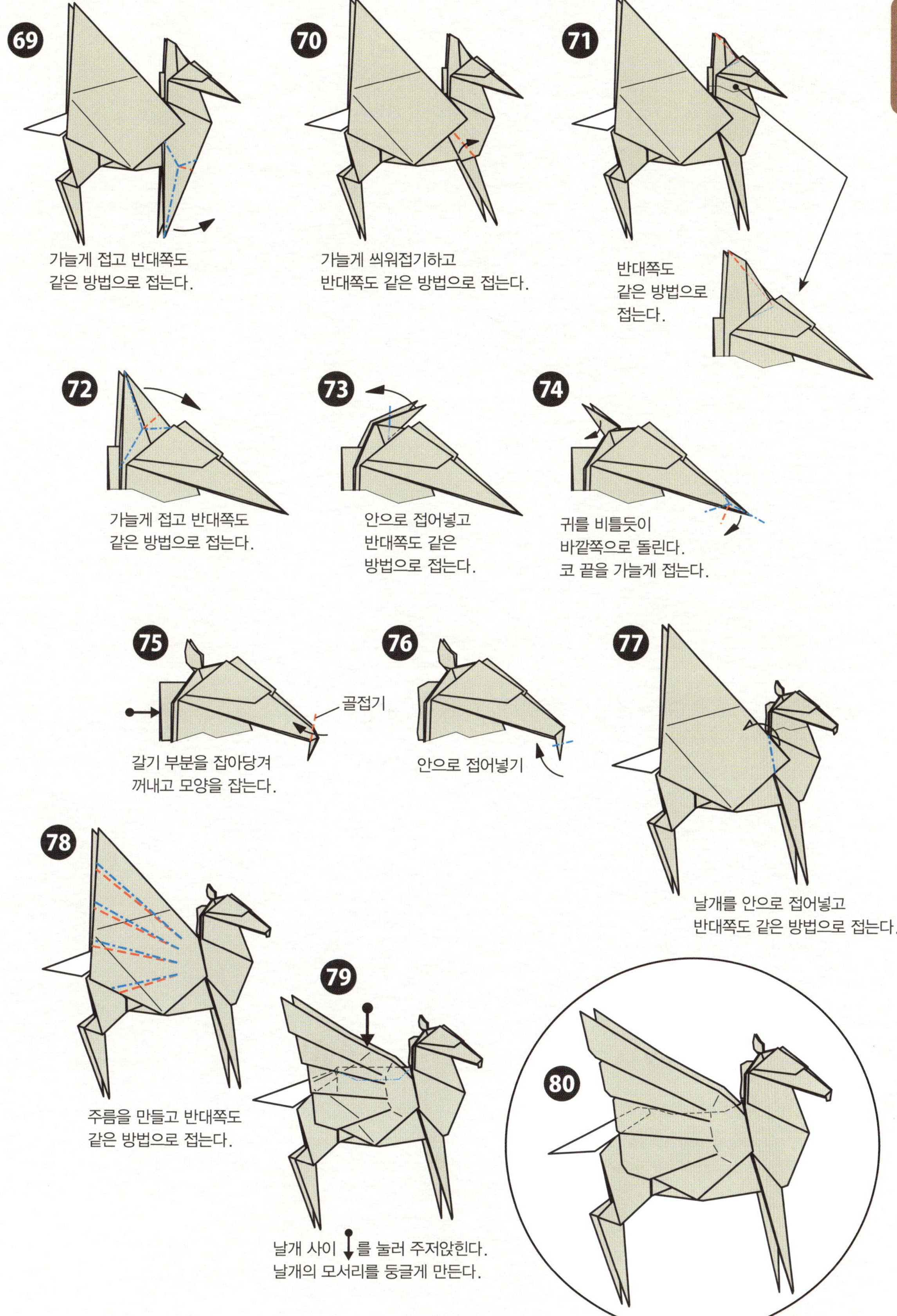
69
가늘게 접고 반대쪽도
같은 방법으로 접는다.
70
가늘게 씌워접기하고
반대쪽도 같은 방법으로 접는다.
71
반대쪽도
같은 방법으로
접는다.
72
가늘게 접고 반대쪽도
같은 방법으로 접는다.
73
안으로 접어넣고
반대쪽도 같은
방법으로 접는다.
74
귀를 비틀듯이
바깥쪽으로 돌린다.
코 끝을 가늘게 접는다.
75
골접기
갈기 부분을 잡아당겨
꺼내고 모양을 잡는다.
76
안으로 접어넣기
77
날개를 안으로 접어넣고
반대쪽도 같은 방법으로 접는다.
78
주름을 만들고 반대쪽도
같은 방법으로 접는다.
79
날개 사이 를 눌러 주저앉힌다.
날개의 모서리를 둥글게 만든다.
80
모양을 정리하여 완성한다.

★★☆☆☆

목도리도마뱀

★ 준비할 종이 22×22cm 1장

완성되면 목도리 부분을 펴서 위협하는 포즈나 땅을 기는 포즈를 만들 수 있습니다. 두 다리로 세울 경우에는 순서 1에서 뒷다리 둘을 보강해야 합니다. 모양을 정리할 때 정면에서 보아 뒷면이 보이도록 목도리 부분을 펼치고 입을 크게 벌리면 왼쪽 사진처럼 위협적인 모습을 갖추게 됩니다.

1

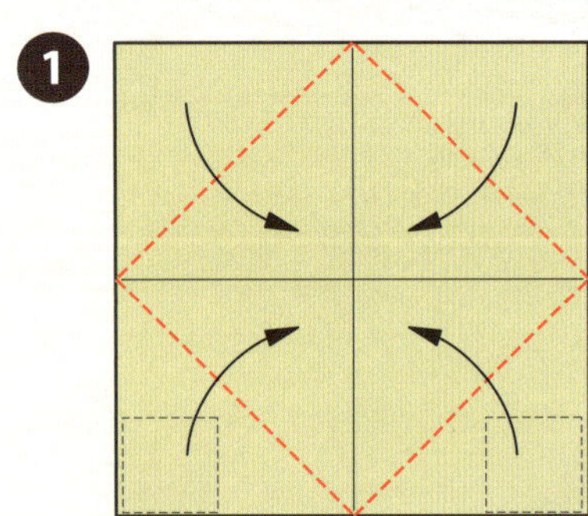

뒷면의 귀퉁이 2개를 보강한다(16쪽). 가운데로 모아접는다.

2 3

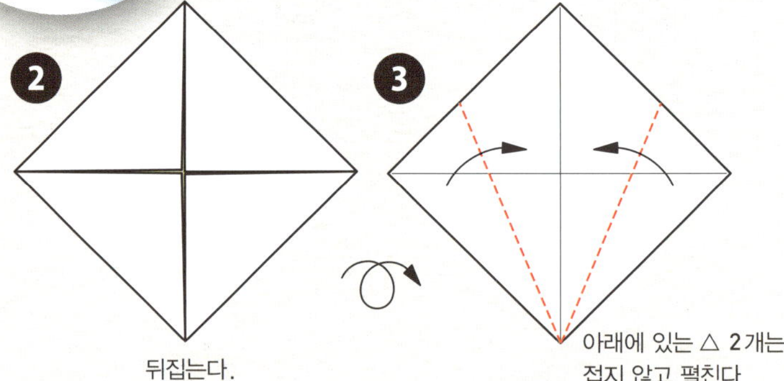

뒤집는다.

아래에 있는 △ 2개는 접지 않고 펼친다.

4 5 6 7

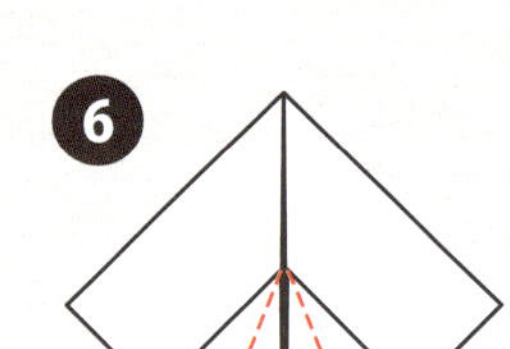

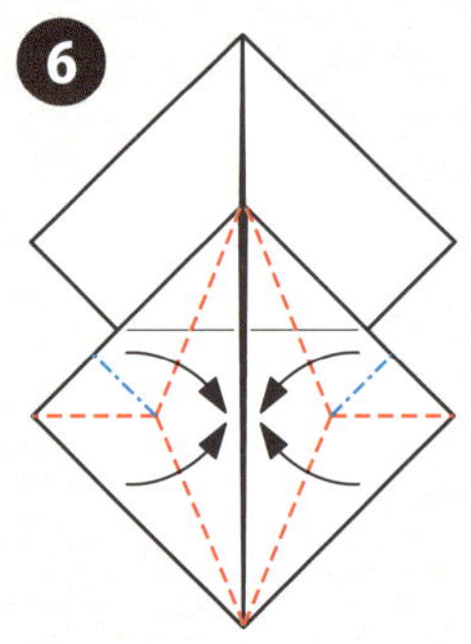

아래의 사각형 2개는 접지 않고 펼친다.

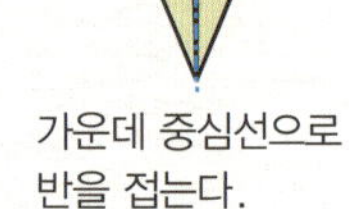

가운데 중심선으로 반을 접는다.

8 9 10 11 12

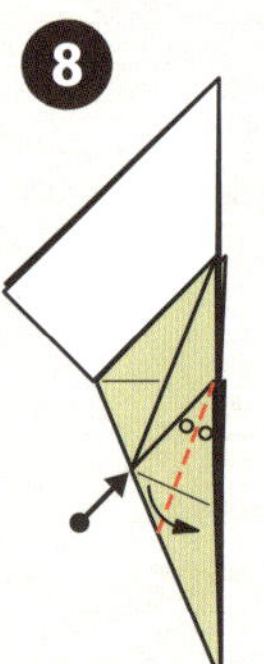

를 누르면서 접는다.

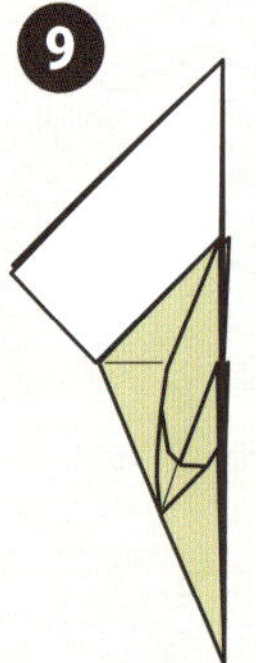

(과정 그림)

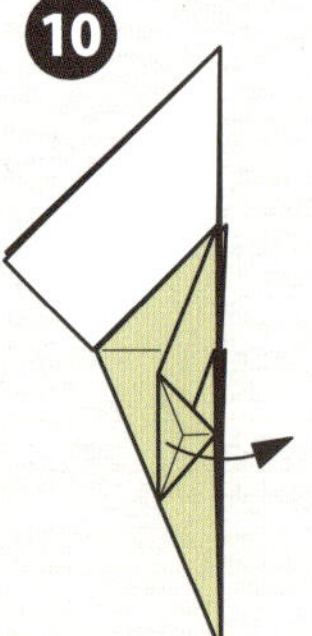

1장만 겉을 넘긴다.

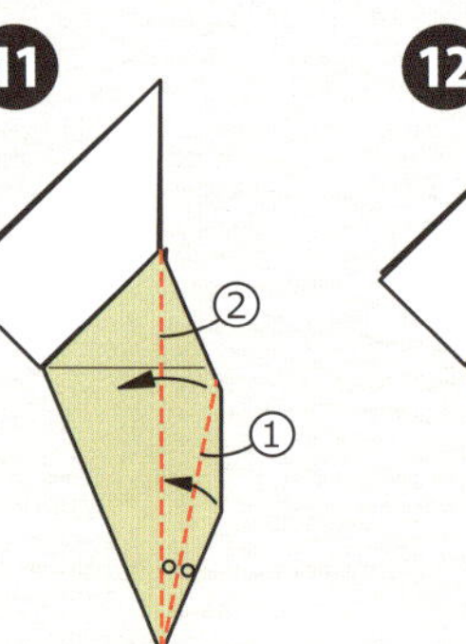

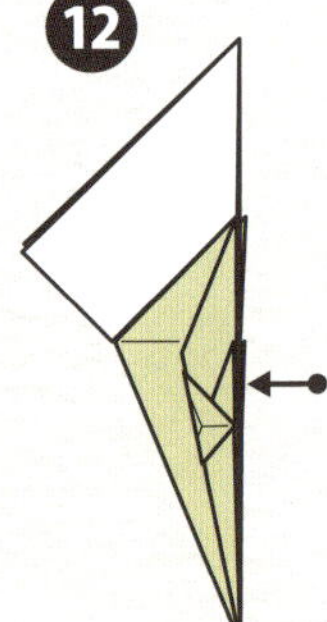

반대쪽도 순서 ❽~⓫과 같은 방법으로 접는다.

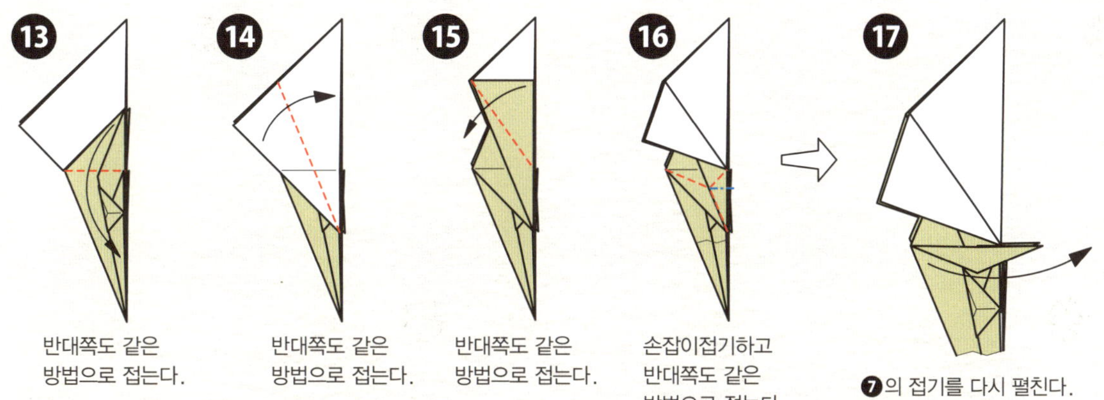

18

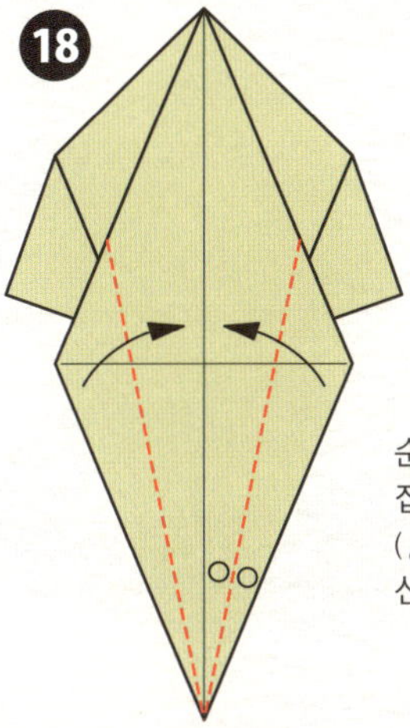

19

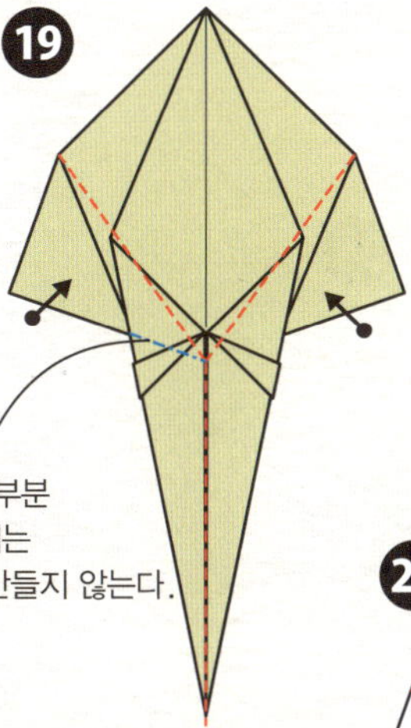

순서 ⓯에서
접은 목도리 부분
(↗ ↖)에는
산접기선을 만들지 않는다.

20

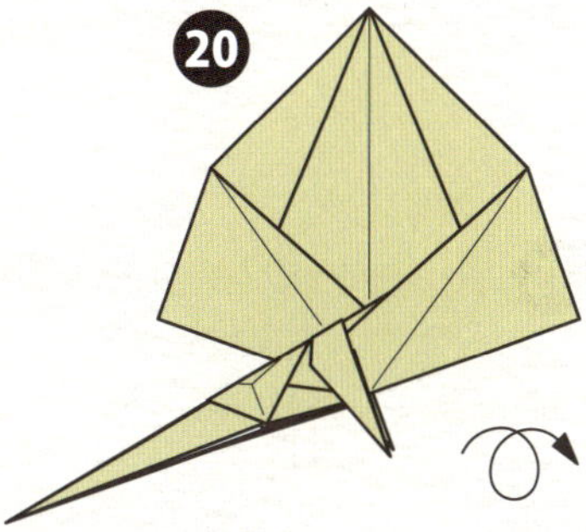

뒤집는다.

21

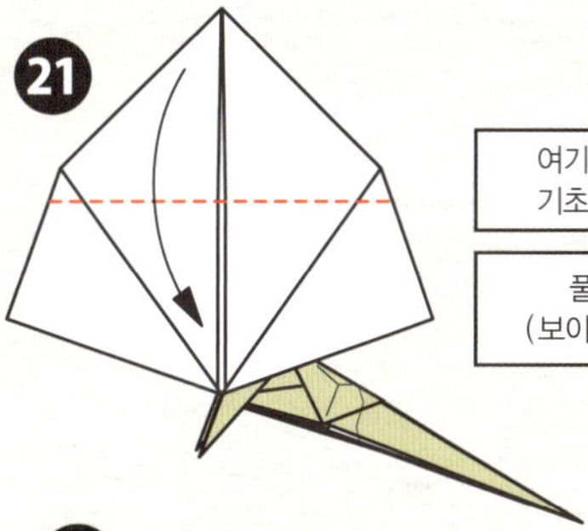

여기까지
기초접기

풀먹이기 시작
(보이는 뒷면은 제외)

22

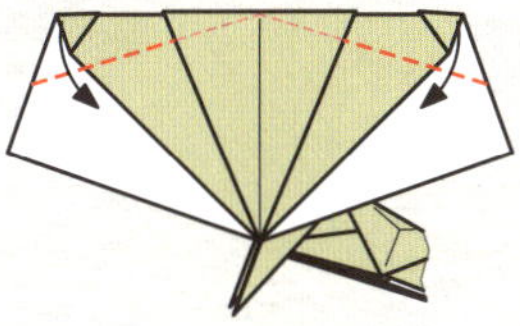

23

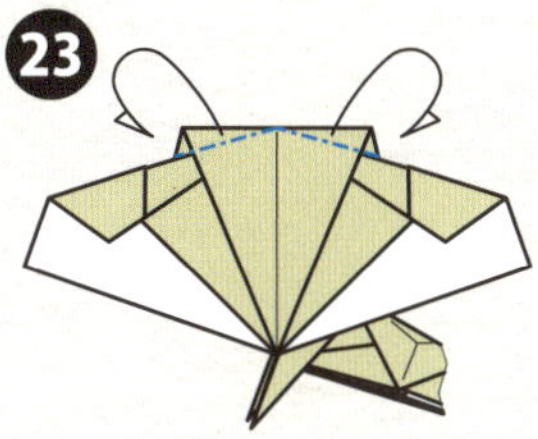

뒤로 넘겨 접는다.

24

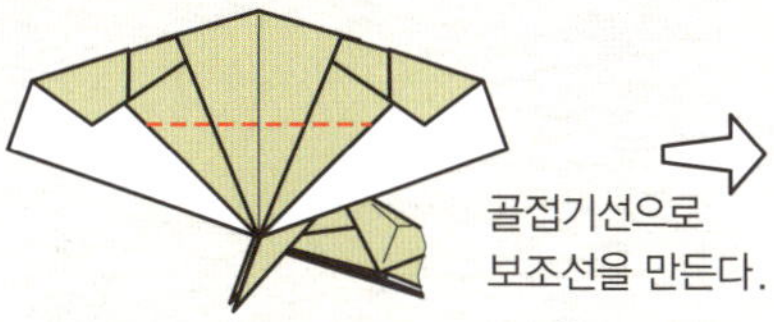

골접기선으로
보조선을 만든다.

25

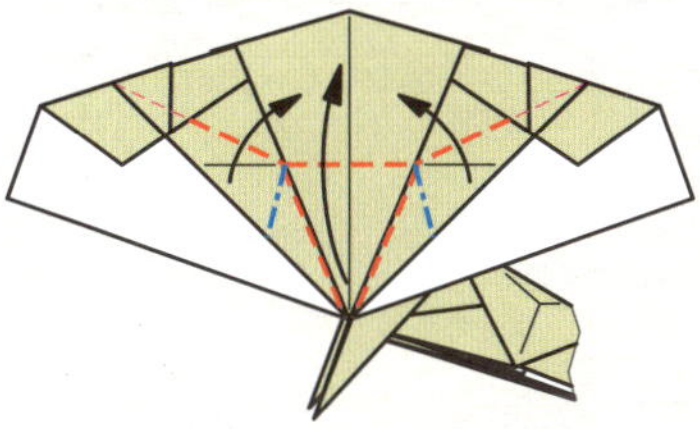

26

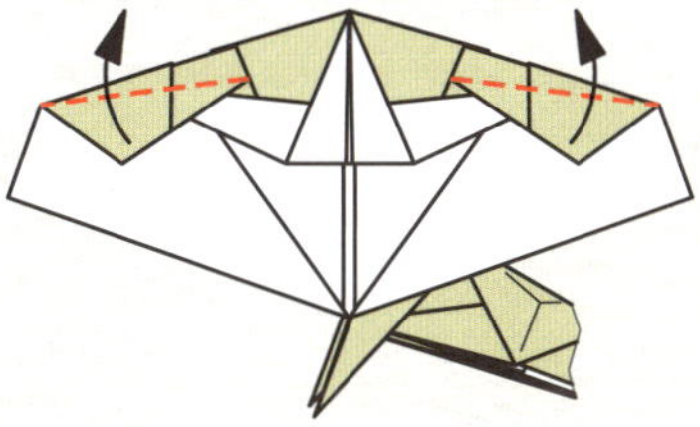

27

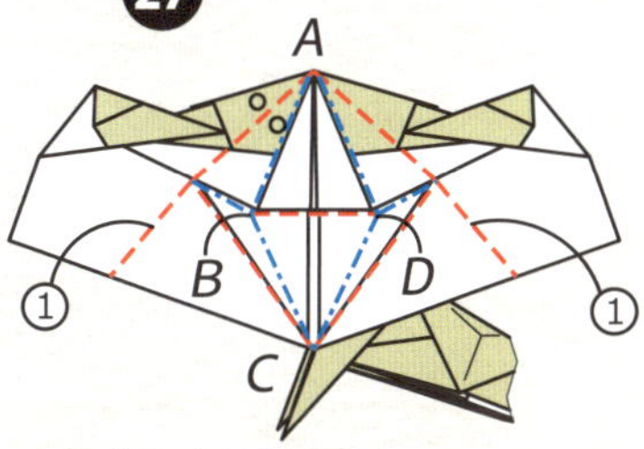

A B C D ① ①

①의 골접기선을 만들고
◇*ABCD* 네 변을 산접기선으로 만들며
*B–D*에 골접기선을 만들어 접는다.

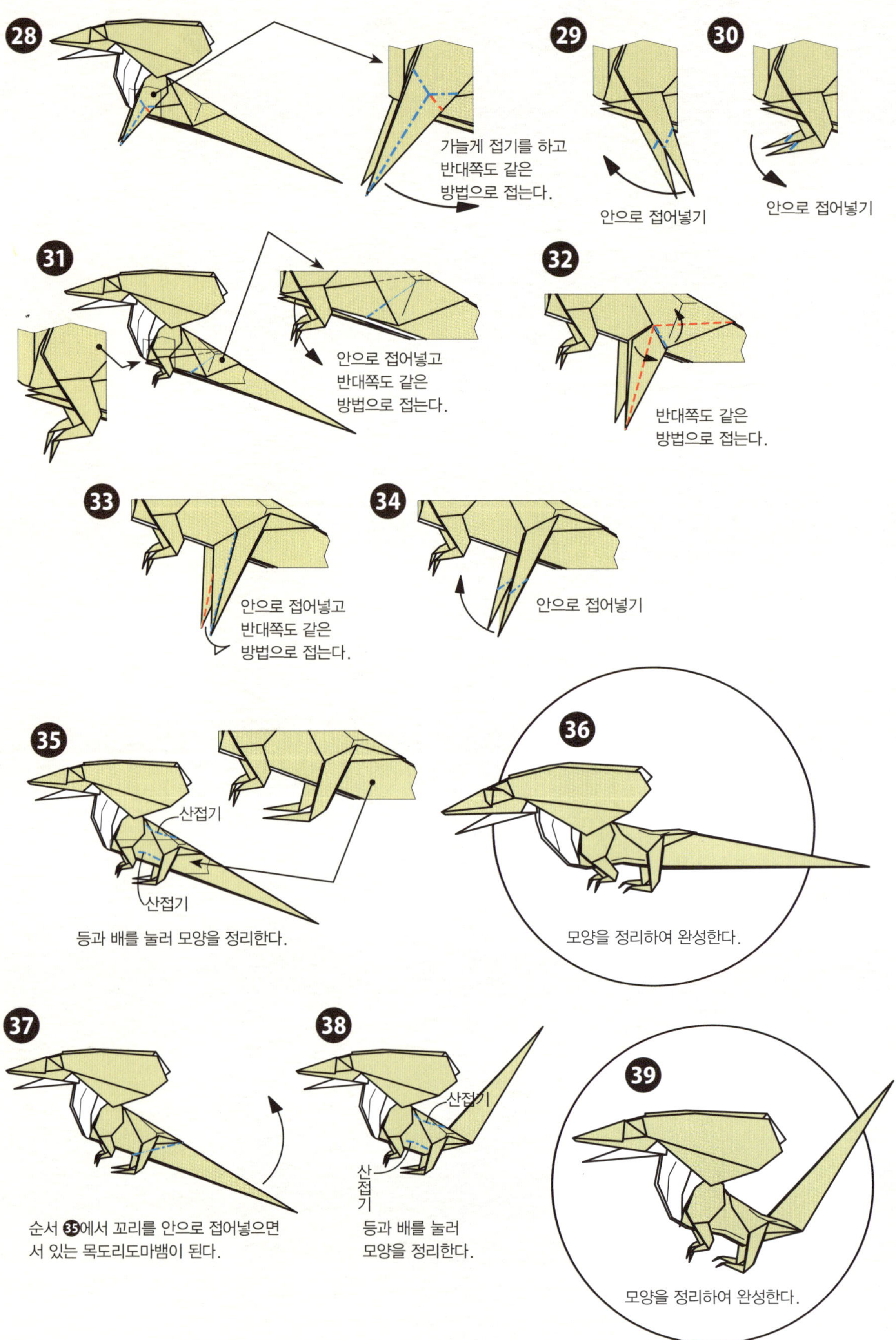
28
가늘게 접기를 하고
반대쪽도 같은
방법으로 접는다.
29
안으로 접어넣기
30
안으로 접어넣기
31
안으로 접어넣고
반대쪽도 같은
방법으로 접는다.
32
반대쪽도 같은
방법으로 접는다.
33
안으로 접어넣고
반대쪽도 같은
방법으로 접는다.
34
안으로 접어넣기
35
산접기
산접기
등과 배를 눌러 모양을 정리한다.
36
모양을 정리하여 완성한다.
37
순서 35에서 꼬리를 안으로 접어넣으면
서 있는 목도리도마뱀이 된다.
38
산접기
산접기
등과 배를 눌러
모양을 정리한다.
39
모양을 정리하여 완성한다.

★★★★☆

개구리

★ 준비할 종이 31×31cm 1장

16등분 뱀의 배접기부터 접어 가는 작품입니다. 뱀의 배접기가 까다롭겠지만, 전개도(109쪽)대로 보조선을 만들면 쉽게 접을 수 있습니다. 눈이 개구리의 특징이므로 반쯤 뜬 상태가 되도록 주의하고, 다리는 두꺼워지지 않도록 해야 합니다. 관절 부분은 자연스럽게 넓어지니까 풀을 먹이는 것이 좋습니다.

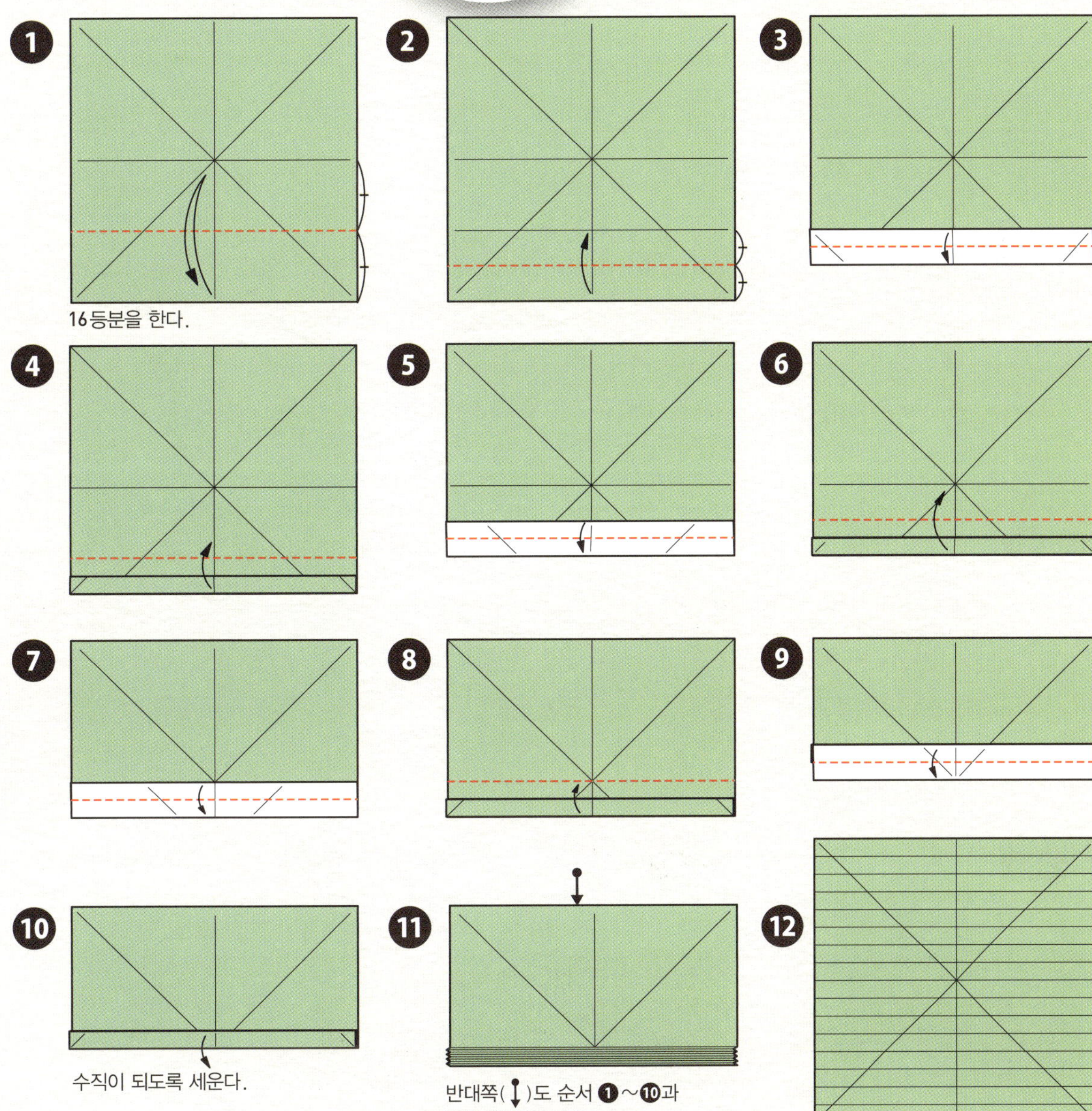

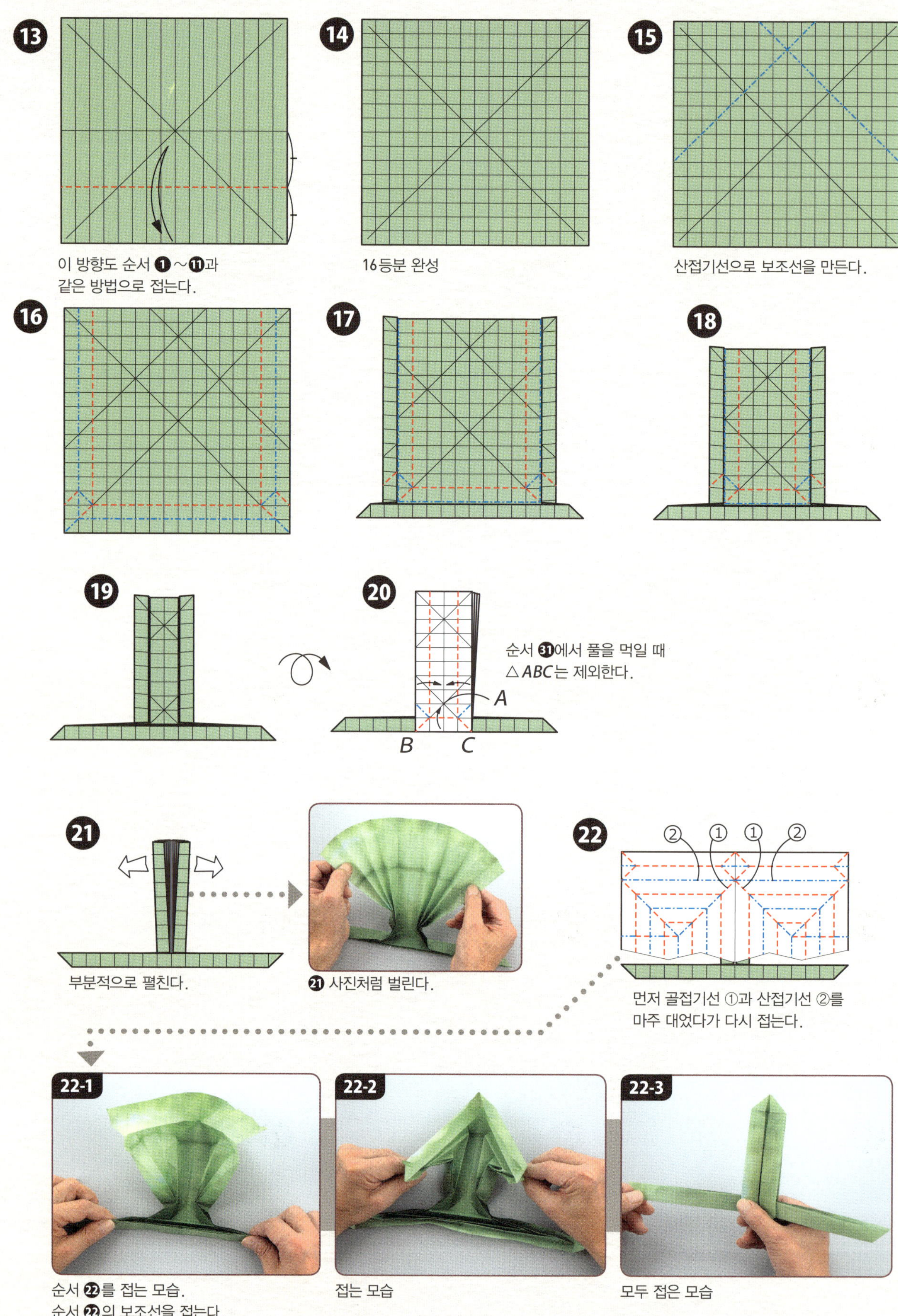

13 이 방향도 순서 ❶~⓫과 같은 방법으로 접는다.

14 16등분 완성

15 산접기선으로 보조선을 만든다.

20 순서 ㉛에서 풀을 먹일 때 △ABC는 제외한다.

21 부분적으로 펼친다.

㉑ 사진처럼 벌린다.

22 먼저 골접기선 ①과 산접기선 ②를 마주 대었다가 다시 접는다.

22-1 순서 ㉒를 접는 모습. 순서 ㉒의 보조선을 접는다.

22-2 접는 모습

22-3 모두 접은 모습

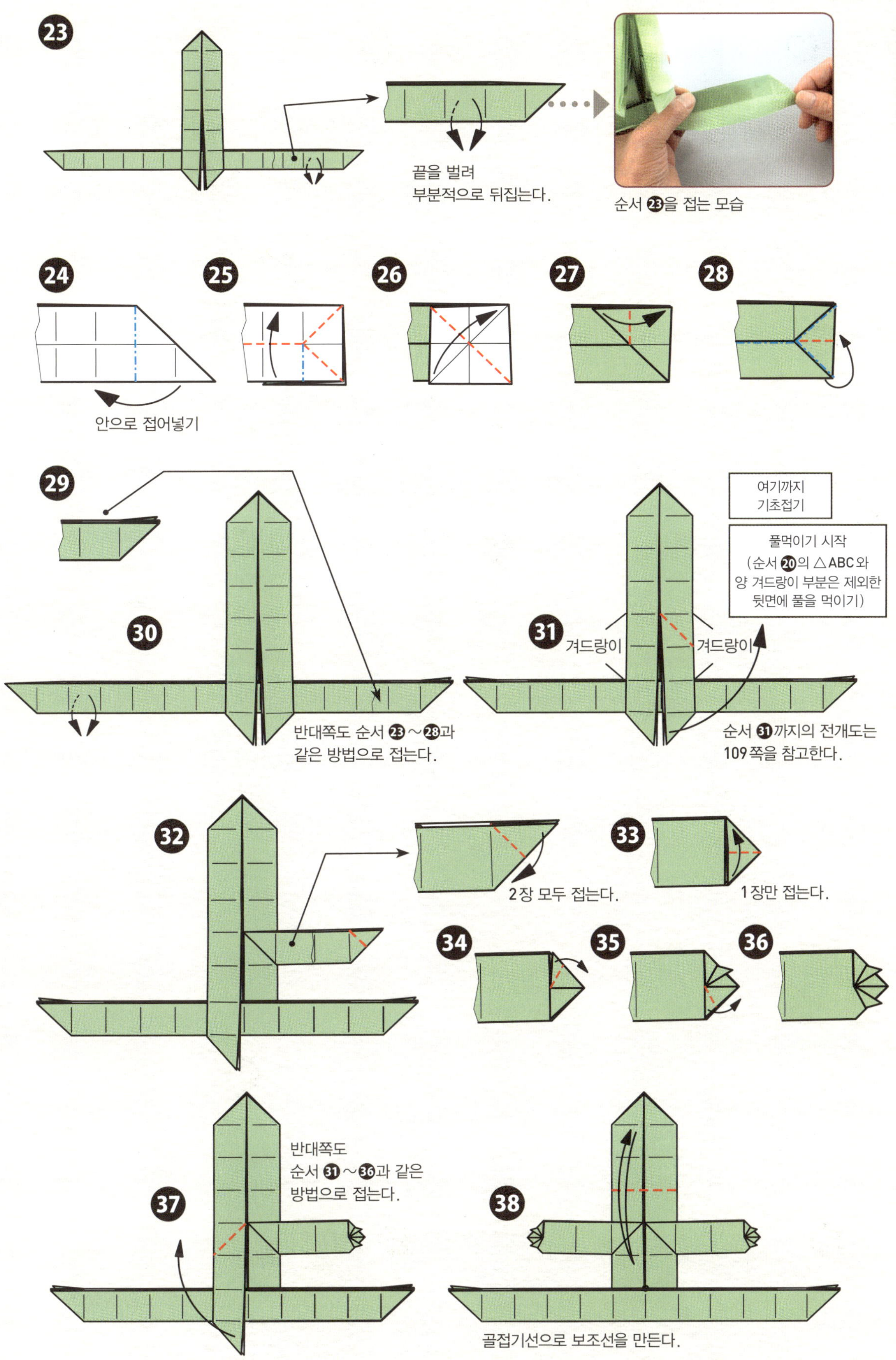
23
끝을 벌려
부분적으로 뒤집는다.
순서 23을 접는 모습
24
안으로 접어넣기
25
26
27
28
29
30
반대쪽도 순서 23~28과
같은 방법으로 접는다.
31
겨드랑이
겨드랑이
여기까지
기초접기
풀먹이기 시작
(순서 20의 △ABC와
양 겨드랑이 부분은 제외한
뒷면에 풀을 먹이기)
순서 31까지의 전개도는
109쪽을 참고한다.
32
2장 모두 접는다.
33
1장만 접는다.
34
35
36
37
반대쪽도
순서 31~36과 같은
방법으로 접는다.
38
골접기선으로 보조선을 만든다.

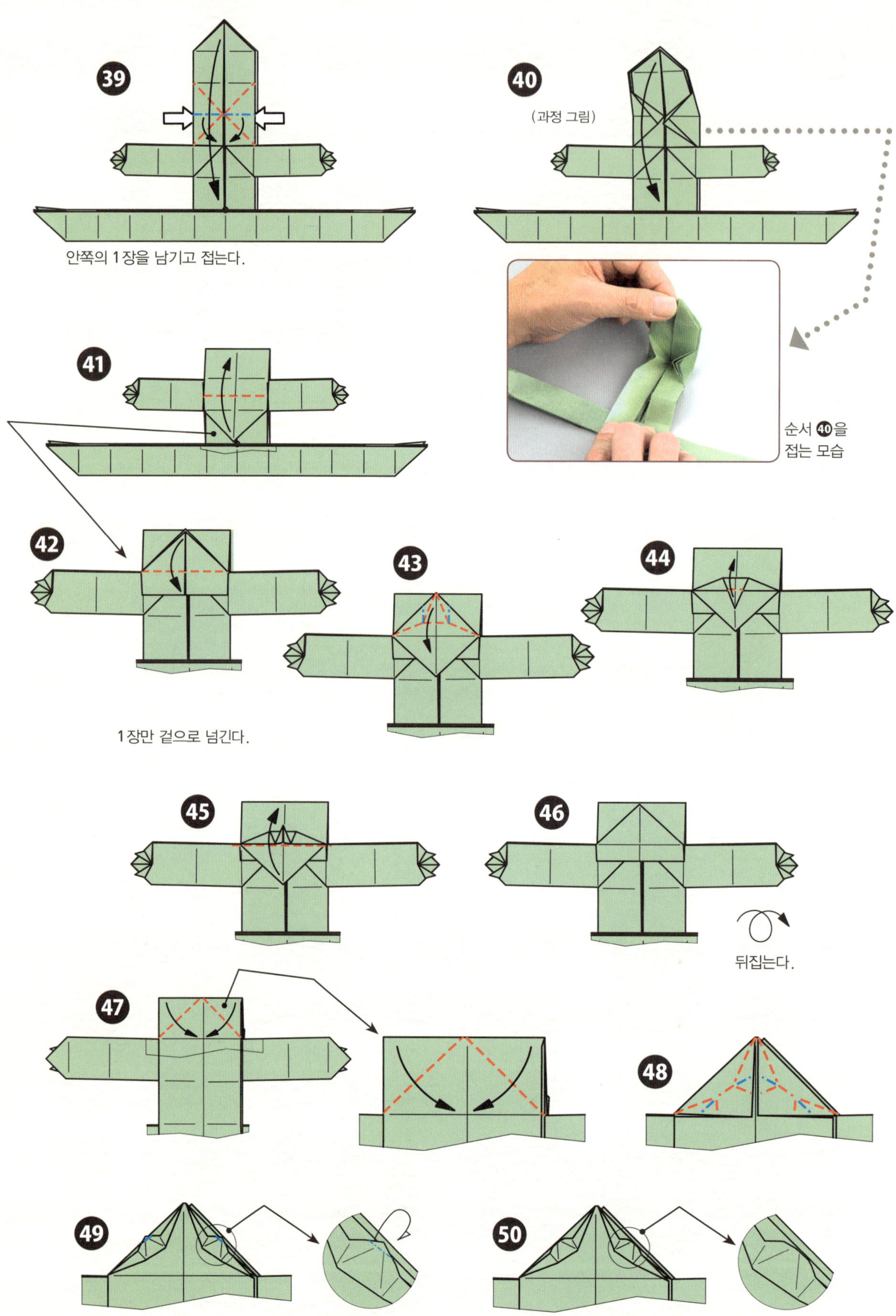
39
안쪽의 1장을 남기고 접는다.
40
(과정 그림)
순서 40을
접는 모습
41
42
1장만 겉으로 넘긴다.
43
44
45
46
뒤집는다.
47
48
49
50

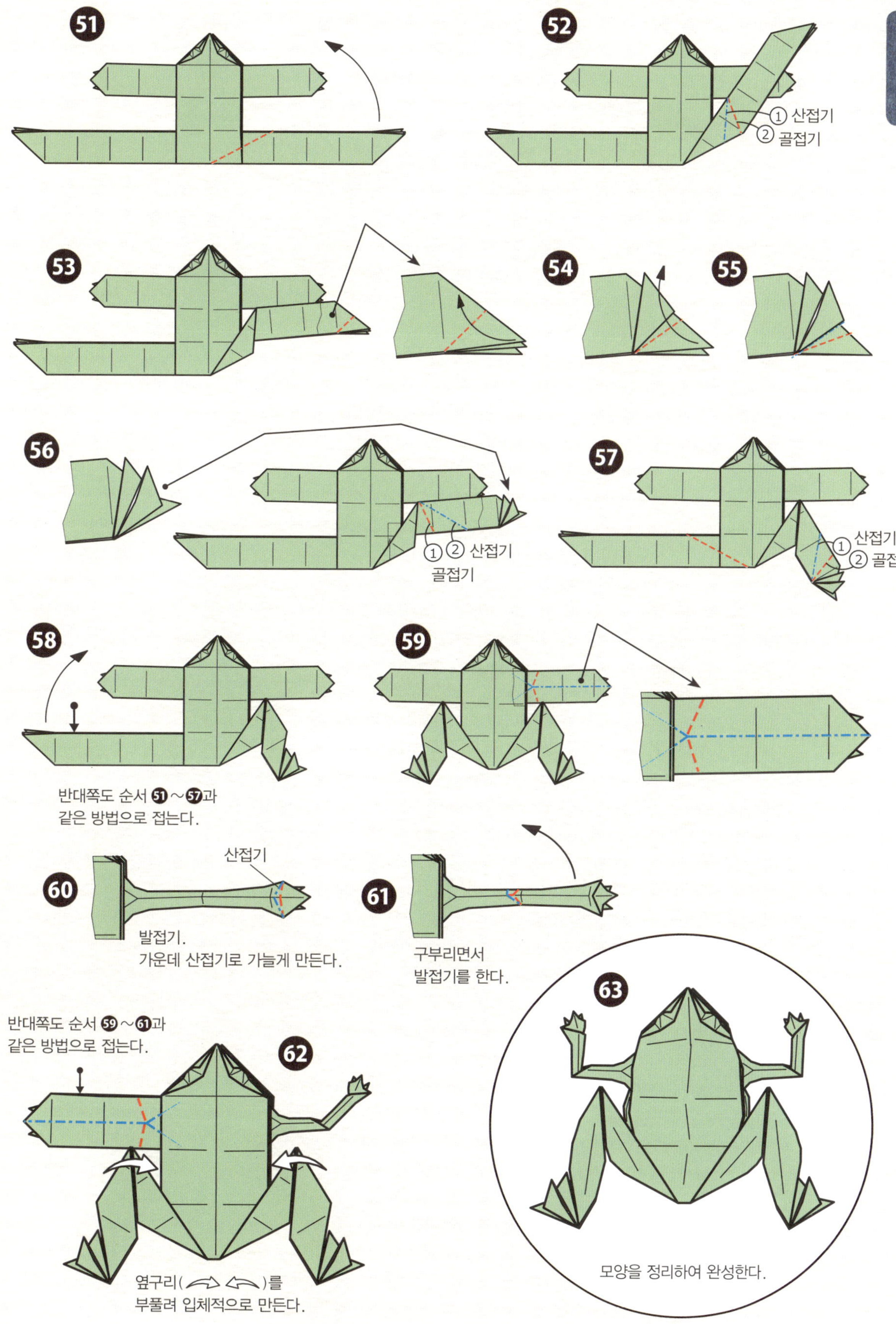
51
52
① 산접기
② 골접기
53
54
55
56
① ② 산접기
골접기
57
① 산접기
② 골접기
58
반대쪽도 순서 51~57과
같은 방법으로 접는다.
59
60
산접기
발접기.
가운데 산접기로 가늘게 만든다.
61
구부리면서
발접기를 한다.
반대쪽도 순서 59~61과
같은 방법으로 접는다.
62
옆구리( )를
부풀려 입체적으로 만든다.
63
모양을 정리하여 완성한다.

★⯪☆☆☆

투구게

★ 준비할 종이 12.5×12.5cm 1장

기초접기(순서 5)까지는 전통적 접기방법인 '물고기접기'가 기본이 됩니다. 비교적 간단한 작품이지만, 완성할 때 곡선의 산접기와 주름을 만들어 입체적으로 만드는 부분이 조금 어렵습니다. 곡선의 산접기는 쥐듯이 하며 만듭니다. 주름 잡은 부분의 외형선은 안으로 숨겨 매끄러운 곡선이 되도록 완성합니다.

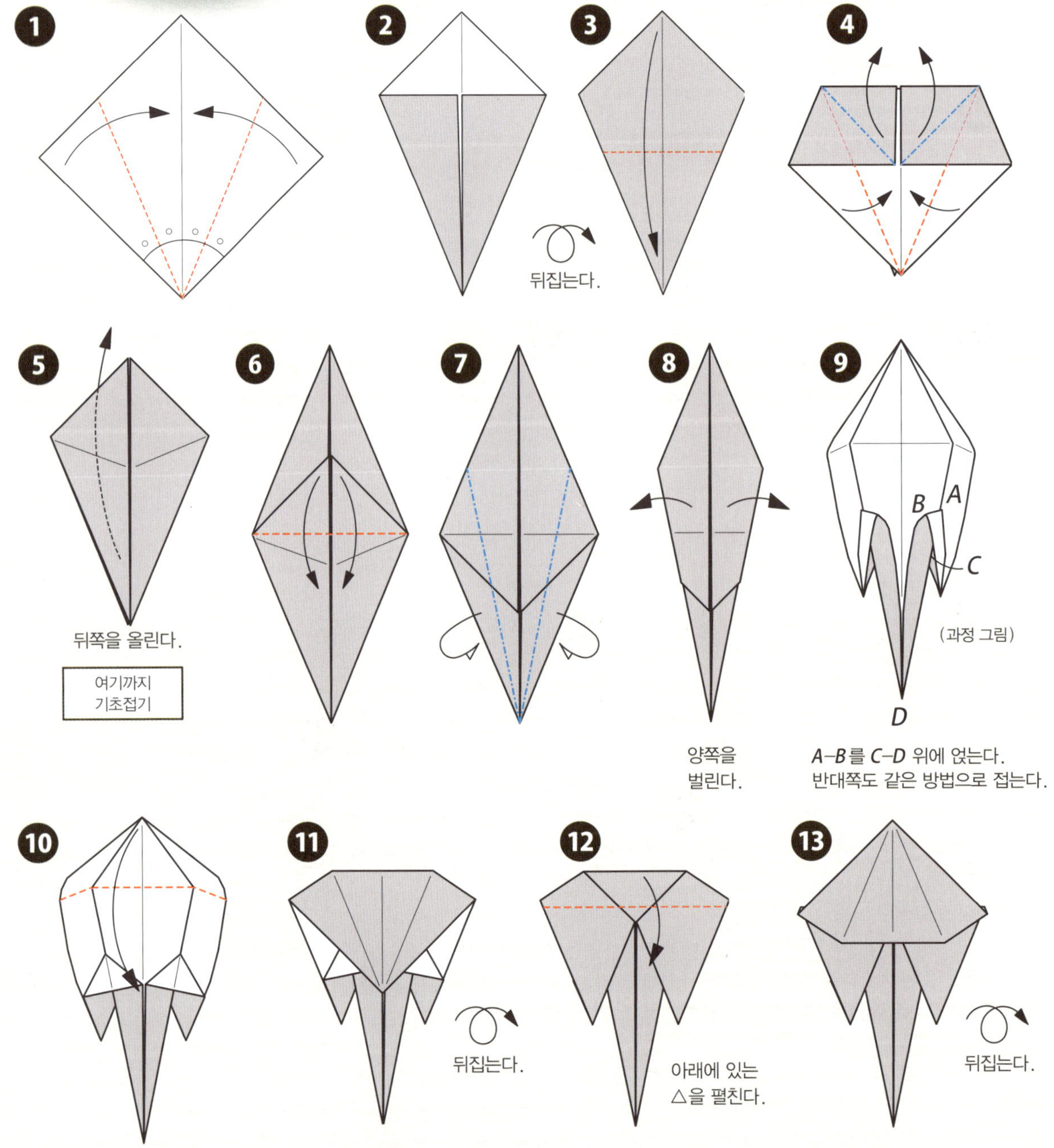

1

2

뒤집는다.

3

4

5

뒤쪽을 올린다.

여기까지 기초접기

6

7

8

양쪽을 벌린다.

9

B A C D

(과정 그림)

A–*B*를 *C*–*D* 위에 얹는다.
반대쪽도 같은 방법으로 접는다.

10

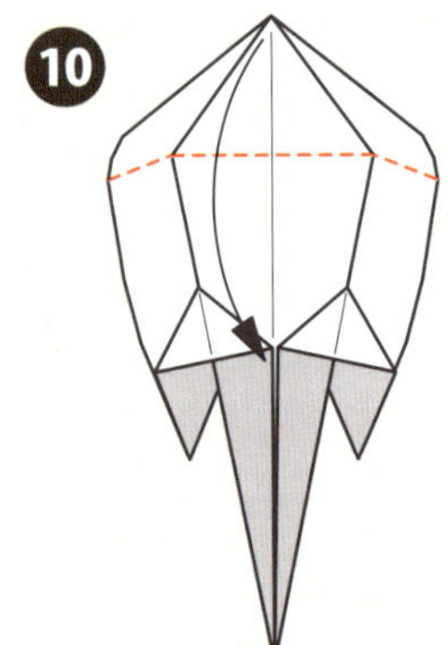

11

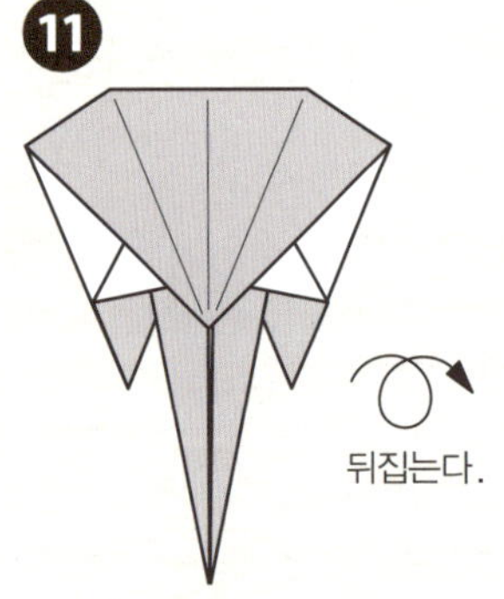

12

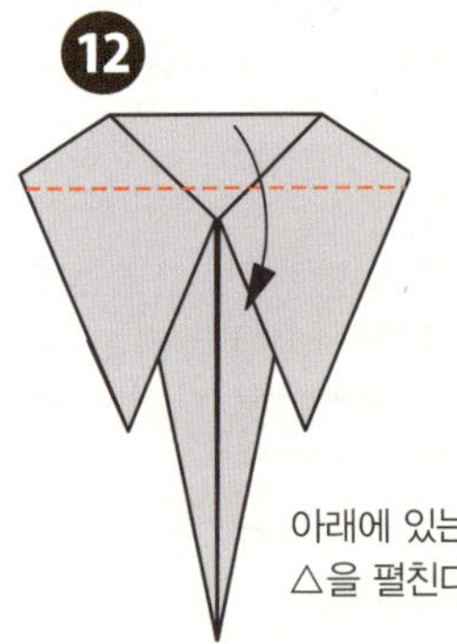

아래에 있는 △을 펼친다.

13

뒤집는다.

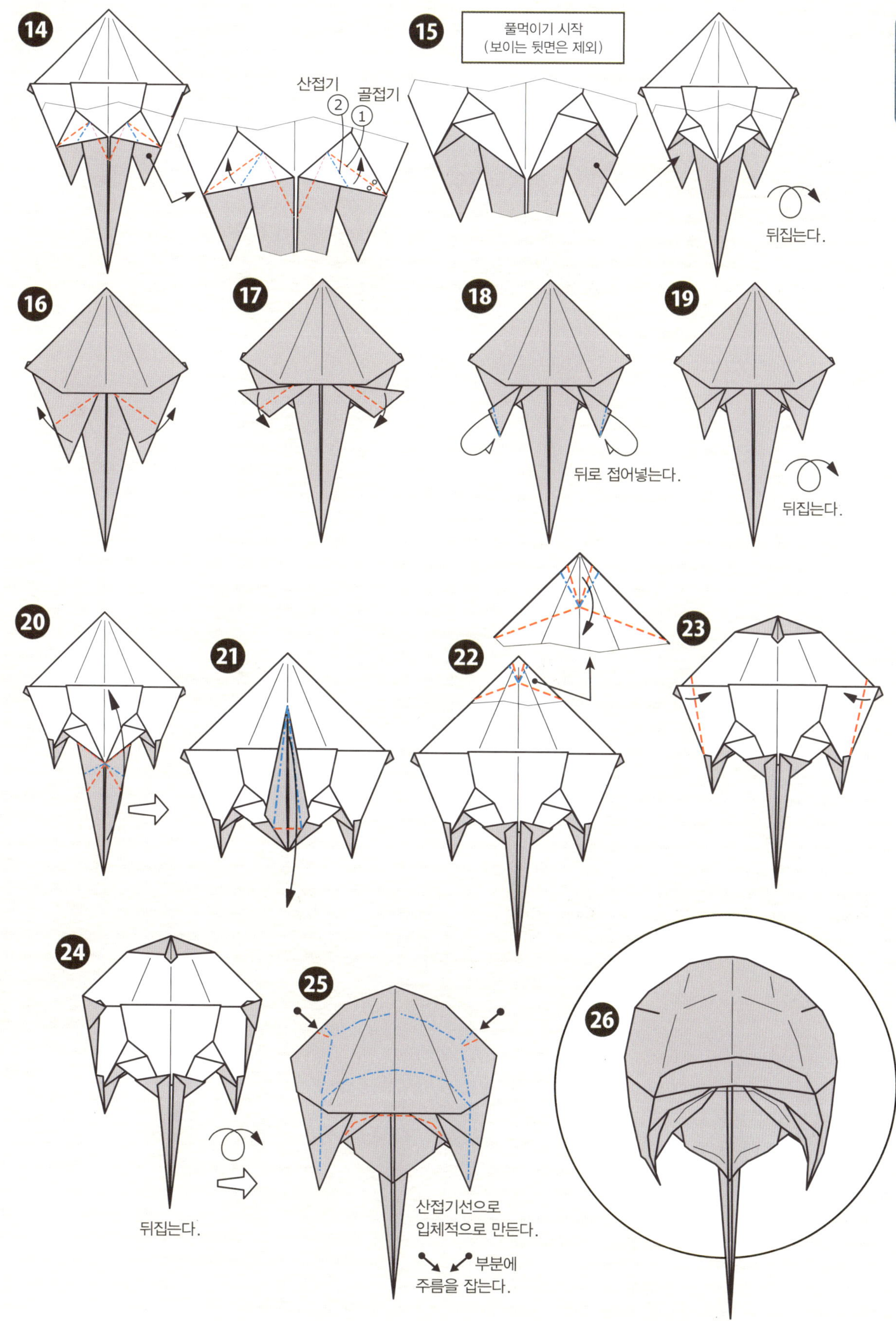
14
15
풀먹이기 시작
(보이는 뒷면은 제외)
산접기
골접기
②
①
뒤집는다.
16
17
18
뒤로 접어넣는다.
19
뒤집는다.
20
21
22
23
24
뒤집는다.
25
산접기선으로
입체적으로 만든다.
부분에
주름을 잡는다.
26
모양을 정리하여 완성한다.

★★☆☆☆

바다거북

★ 준비할 종이 23×23cm 1장

기초접기(순서 2)까지는 말(42쪽)과 같으며 전통적 접기방법인 '테이블 기본형'을 기본으로 합니다. 등껍질 가운데가 종이 1장이 되는 부분이 있기 때문에, 미리 뒷면 가운데에 보강종이를 붙이면 좋습니다(순서 1). 완성할 때 목이 나오는 곳을 양쪽에서 눌러 머리를 부풀리세요. 등의 양쪽에 주름을 잡고 꼬리의 뒤 끝부분 안쪽부터 풀을 먹여 등을 입체적으로 만들면 더욱 완성도 있는 모양이 됩니다.

1 뒷면 그림의 위치에 보강한다(16쪽). 보강 종이는 용지의 5분의 2 크기로 한다.

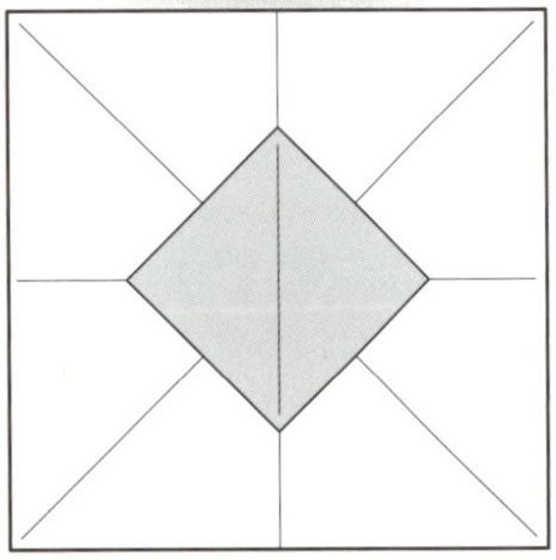

2 말(42쪽)의 순서 ❶~⓫까지와 같은 방법으로 접고 골접기선 부분의 겉을 넘긴다.

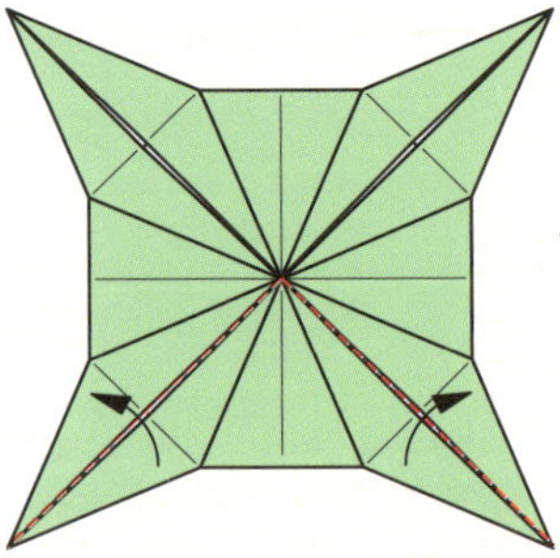

여기까지 기초접기

3

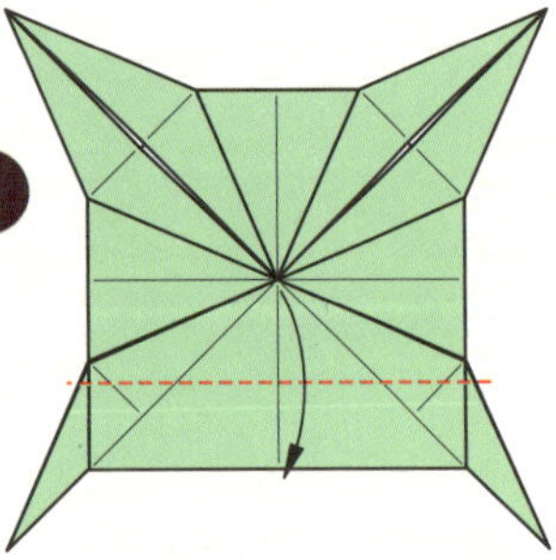

4 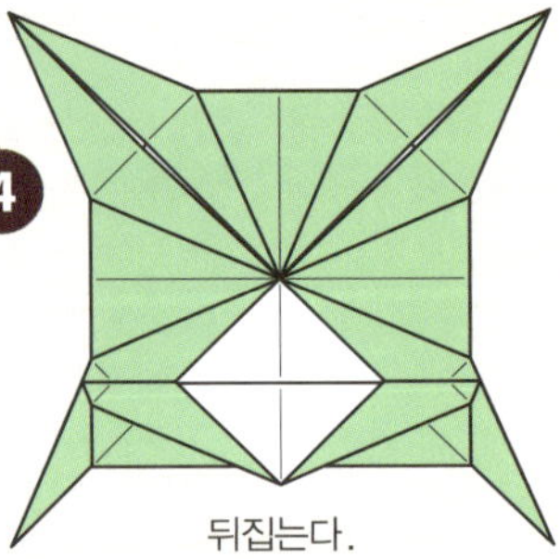 뒤집는다.

5 ↘ ↙를 함몰접기한다.

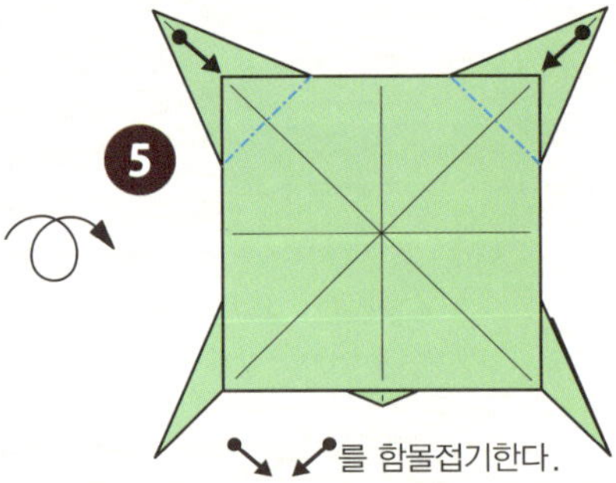

6 안으로 넣어 접는다.

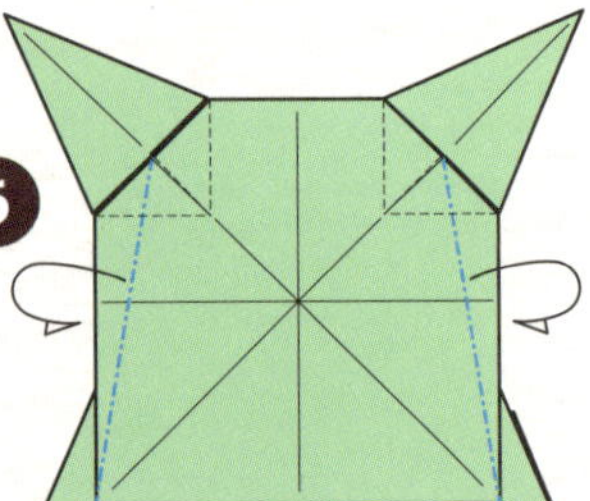

7 뒤집는다.

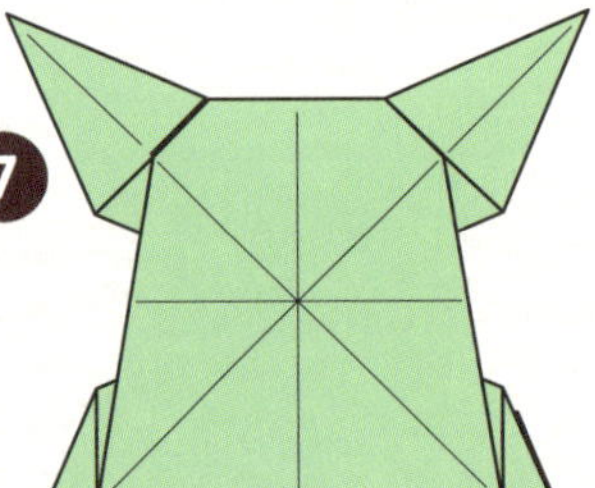

8

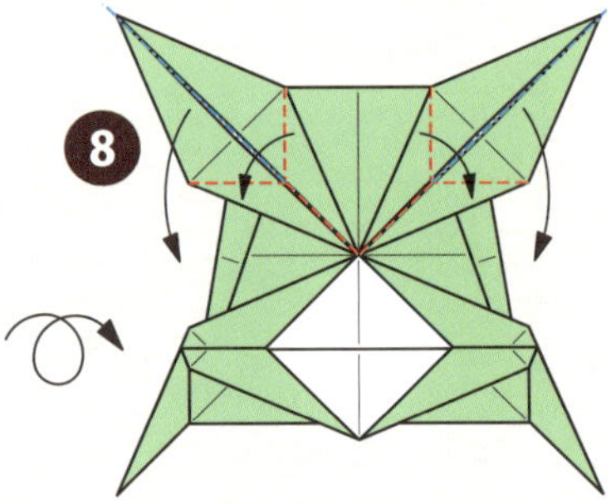

9

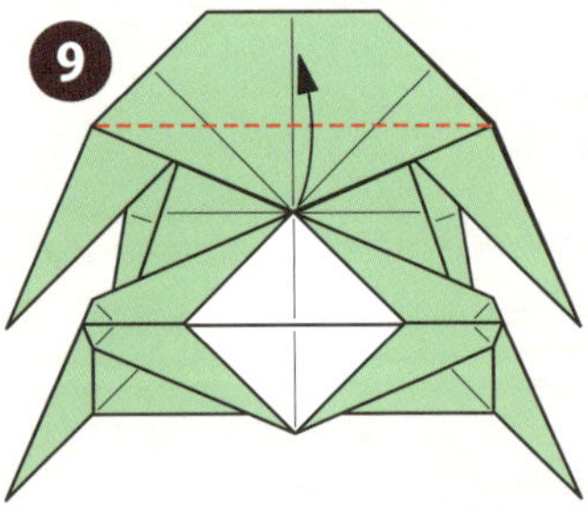

10 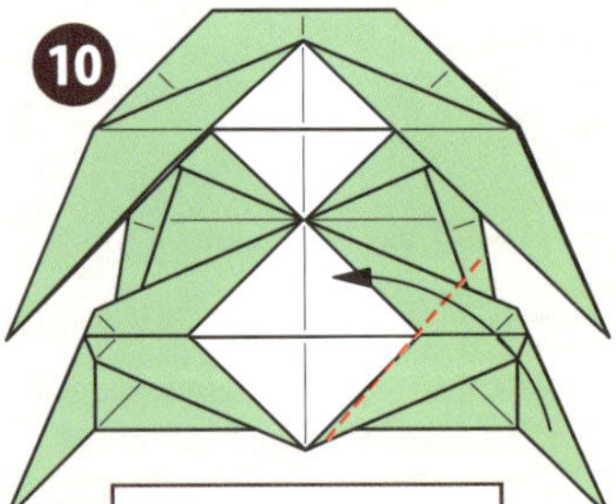 풀먹이기 시작 (보이는 뒷면은 제외)

11

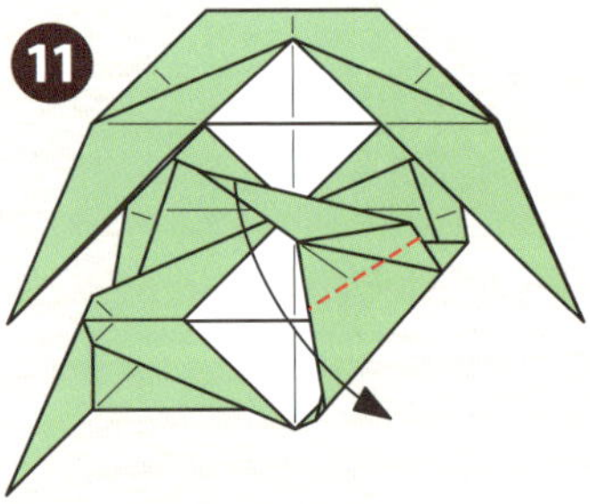

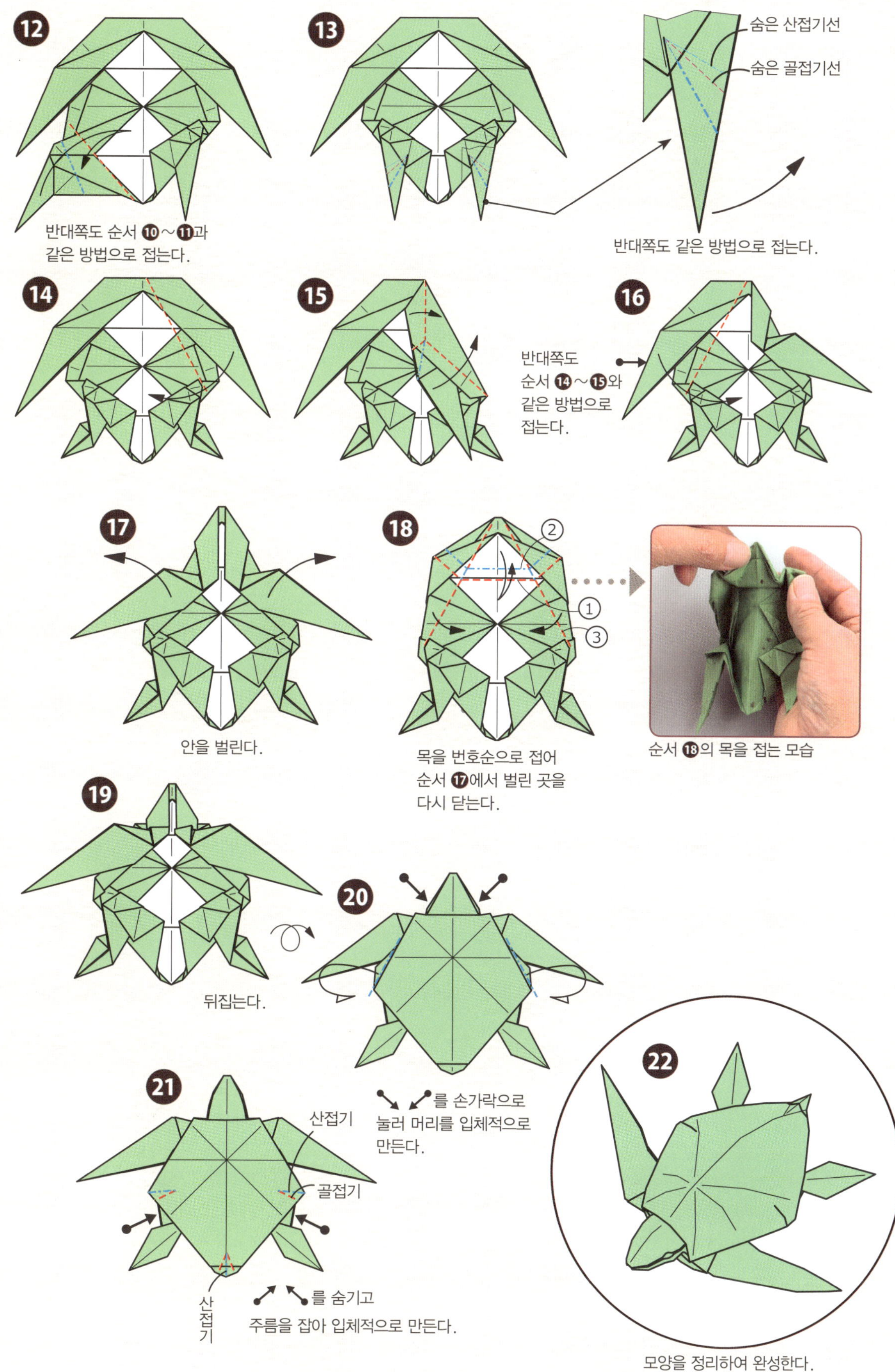
12
반대쪽도 순서 10~11과
같은 방법으로 접는다.
13
숨은 산접기선
숨은 골접기선
반대쪽도 같은 방법으로 접는다.
14
15
반대쪽도
순서 14~15와
같은 방법으로
접는다.
16
17
안을 벌린다.
18
2
1
3
목을 번호순으로 접어
순서 17에서 벌린 곳을
다시 닫는다.
순서 18의 목을 접는 모습
19
뒤집는다.
20
를 손가락으로
눌러 머리를 입체적으로
만든다.
21
산접기
골접기
산접기
를 숨기고
주름을 잡아 입체적으로 만든다.
22
모양을 정리하여 완성한다.

★★★⯪☆

도미

★ 준비할 종이 24×24cm 1장

본격적으로 풀먹이기(순서 25)를 하기 전에 순서 13에서 주름 사이의 빈틈에 풀을 먹입니다. 후반과정에서 주름이 어긋나지 않도록 하기 위해서인데, 그때는 타원으로 표시한 위치의 빈틈에는 풀을 먹이지 않도록 주의해야 합니다. 그림을 참고하여 처음에 접어넣은 등의 길이와 높이, 몸통의 높이 등을 바꾸며 응용하여 다른 종류의 물고기에도 도전해 보세요. 창작의 첫걸음입니다.

1

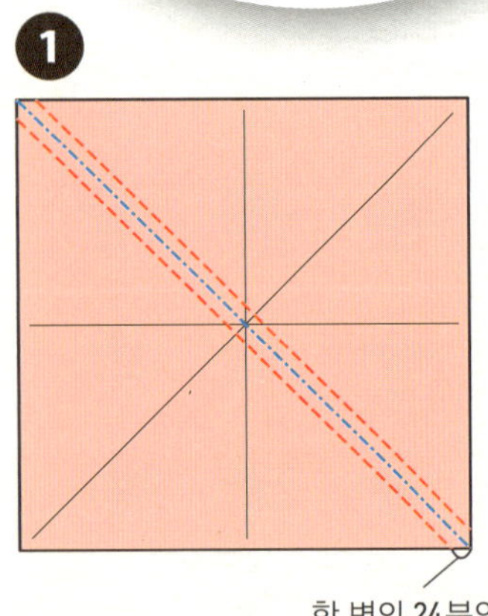

한 변의 24분의 1
(여기에서는 약 1cm)

2

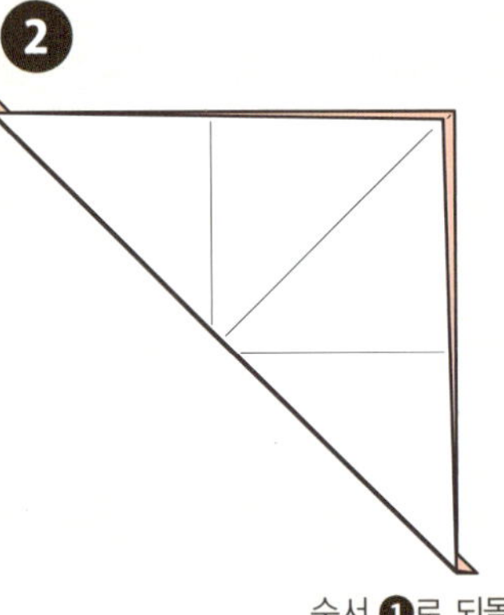

순서 ❶로 되돌린다.

3

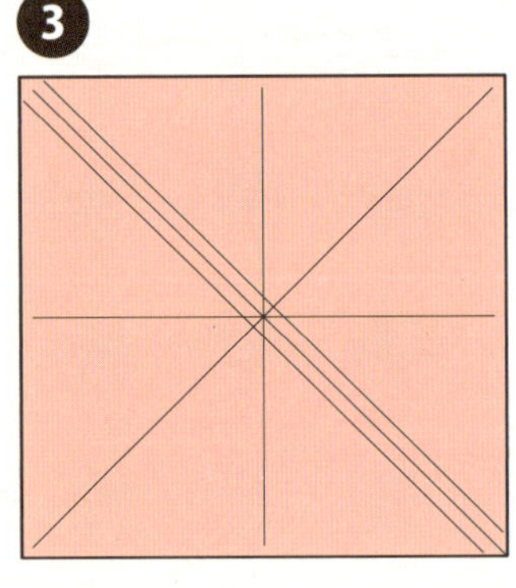

뒤집는다.

4

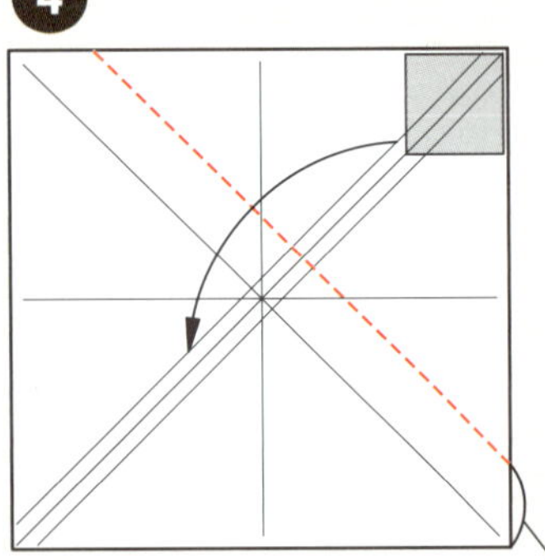

뒷면의 귀퉁이 1개에 보강한다(16쪽).

한 변의 약 6분의 1

5

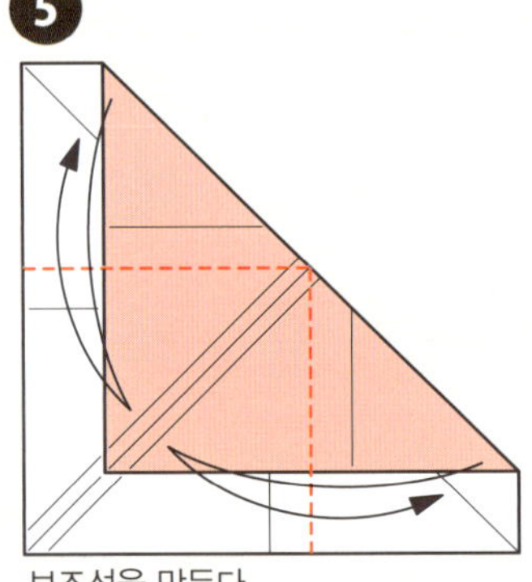

보조선을 만든다.

6

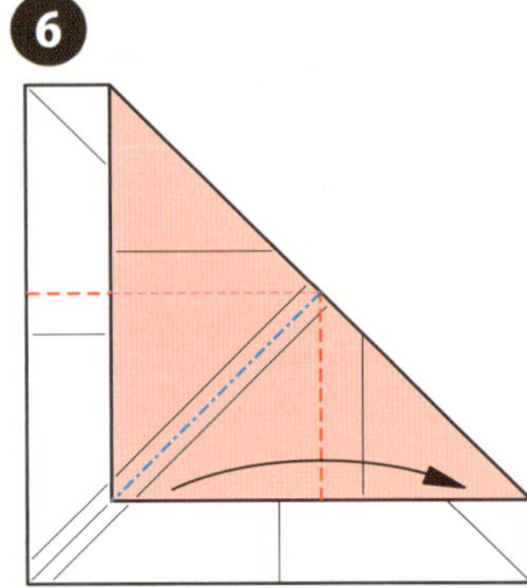

7

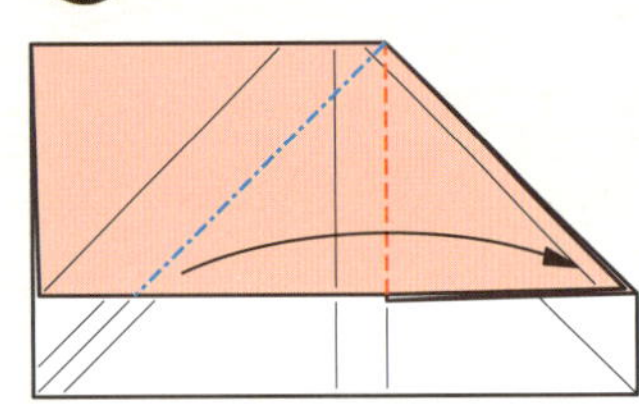

8

벌리면서 숨은 산접기선으로 접는다.

9

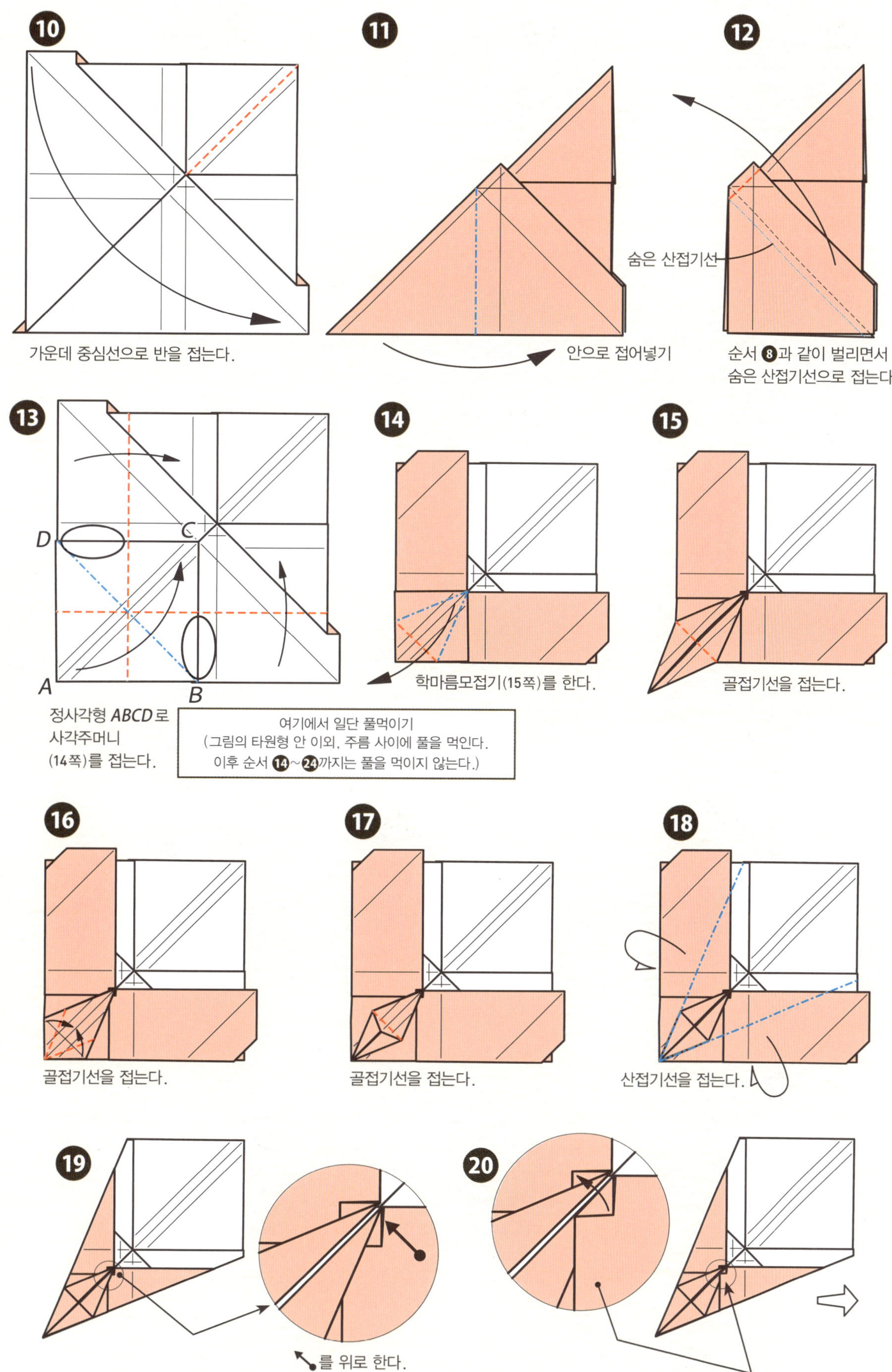
10
가운데 중심선으로 반을 접는다.
11
안으로 접어넣기
12
숨은 산접기선
순서 8과 같이 벌리면서
숨은 산접기선으로 접는다.
13
D
C
A
B
정사각형 ABCD로
사각주머니
(14쪽)를 접는다.
여기에서 일단 풀먹이기
(그림의 타원형 안 이외, 주름 사이에 풀을 먹인다.
이후 순서 14~24까지는 풀을 먹이지 않는다.)
14
학마름모접기(15쪽)를 한다.
15
골접기선을 접는다.
16
골접기선을 접는다.
17
골접기선을 접는다.
18
산접기선을 접는다.
19
를 위로 한다.
20

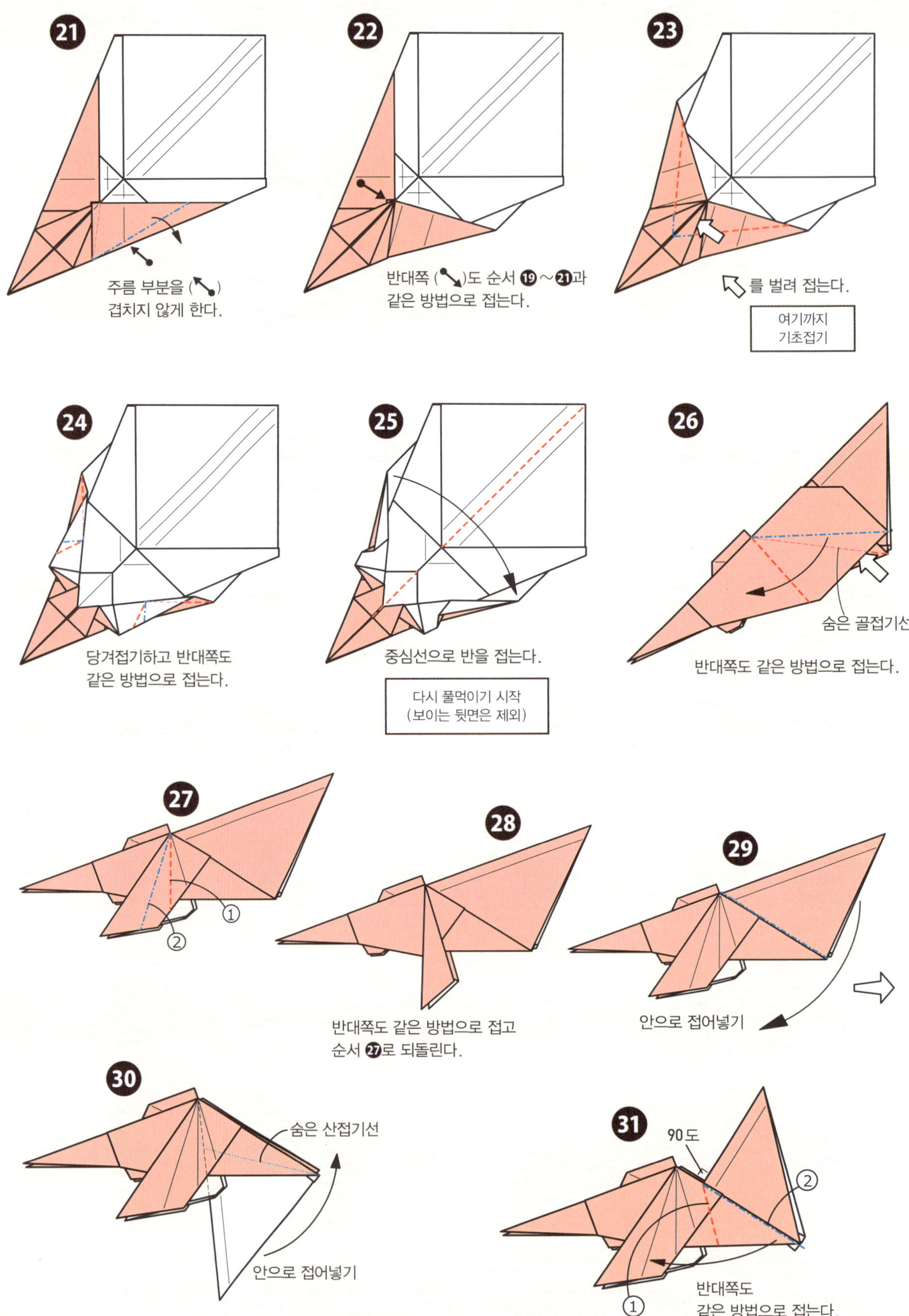
21
주름 부분을 ( )
겹치지 않게 한다.
22
반대쪽 ( )도 순서 19 ~ 21과
같은 방법으로 접는다.
23
를 벌려 접는다.
여기까지
기초접기
24
당겨접기하고 반대쪽도
같은 방법으로 접는다.
25
중심선으로 반을 접는다.
다시 풀먹이기 시작
(보이는 뒷면은 제외)
26
숨은 골접기선
반대쪽도 같은 방법으로 접는다.
27
①
②
28
반대쪽도 같은 방법으로 접고
순서 27로 되돌린다.
29
안으로 접어넣기
30
숨은 산접기선
안으로 접어넣기
31
90도
②
①
반대쪽도
같은 방법으로 접는다.

★★★★☆

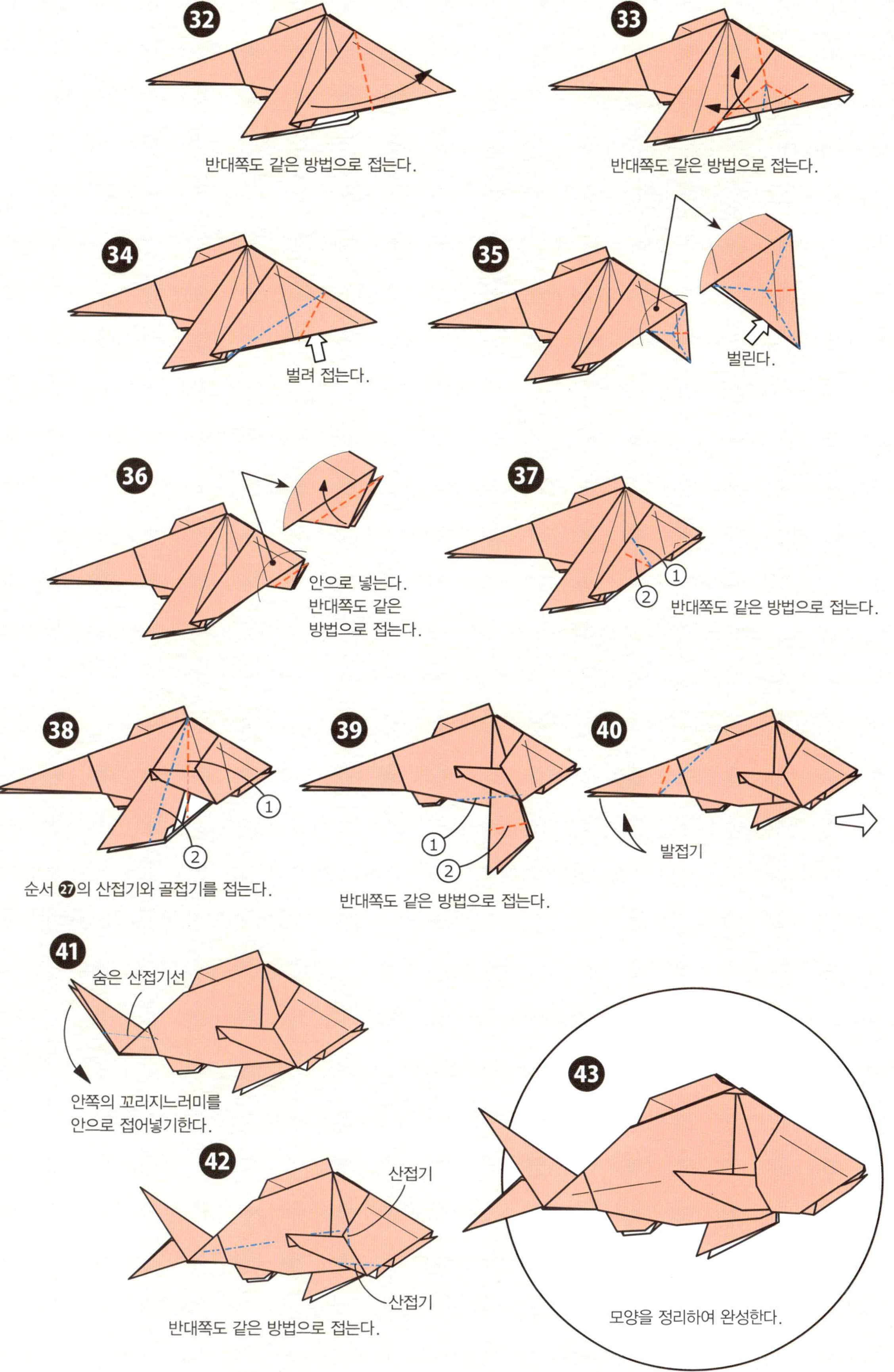
32
반대쪽도 같은 방법으로 접는다.
33
반대쪽도 같은 방법으로 접는다.
34
벌려 접는다.
35
벌린다.
36
안으로 넣는다.
반대쪽도 같은
방법으로 접는다.
37
①
②
반대쪽도 같은 방법으로 접는다.
38
①
②
순서 ㉗의 산접기와 골접기를 접는다.
39
①
②
반대쪽도 같은 방법으로 접는다.
40
발접기
41
숨은 산접기선
안쪽의 꼬리지느러미를
안으로 접어넣기한다.
42
산접기
산접기
반대쪽도 같은 방법으로 접는다.
43
모양을 정리하여 완성한다.

★★☆☆☆

사슴벌레

★ 준비할 종이 16×16cm 2장

이 작품은 2장의 종이를 사용하여 접습니다. 1장으로도 접을 수 있지만 곤충의 다리 6개를 1장으로 만들면, 다리의 굵기 균형이 맞지 않는 경우가 있습니다. 2장으로 접는 방법은 비교적 간단하고 종이의 크기도 1장으로 접을 때의 반 정도면 되는 등 이점이 있습니다. 가슴 부분의 순서 23과 배 부분의 순서 6은 곤충의 다리를 접을 때 자주 이용됩니다.

가슴 부분 접기

1. 사각주머니(14쪽)를 접어 ⇖를 벌려 접는다.

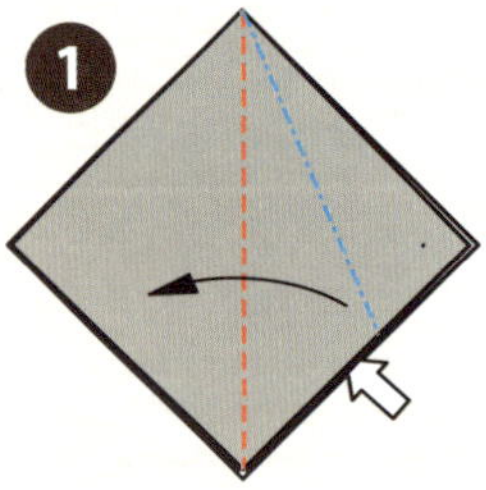

2. 나머지 세 곳도 같은 방법으로 접는다.

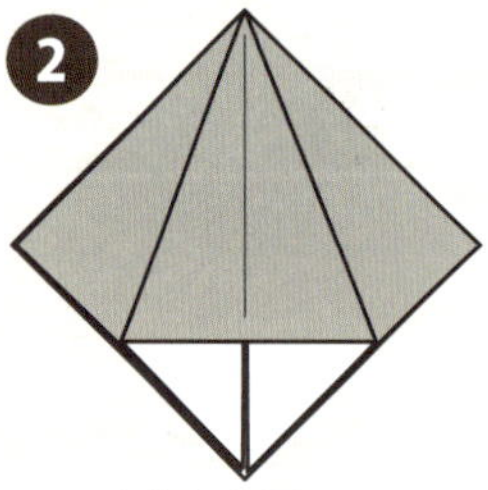

3. 1장만 겉을 넘긴다. 반대쪽도 같은 방법으로 접는다.

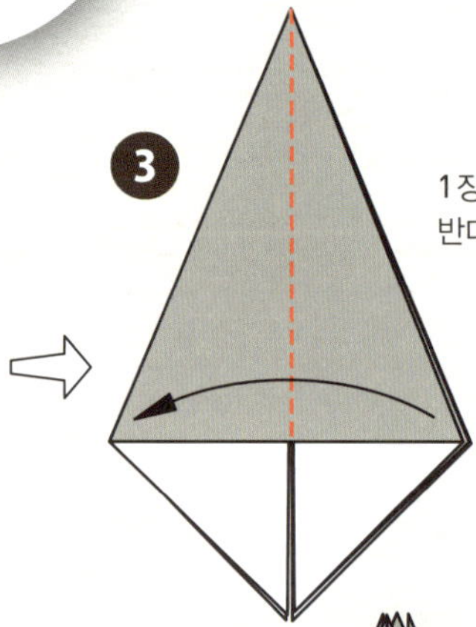

4.

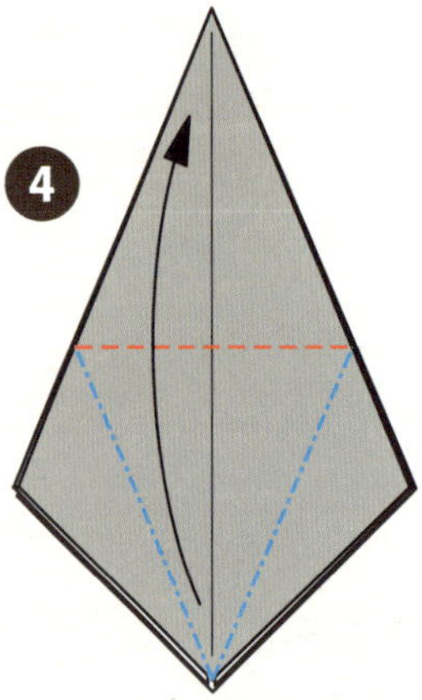

5. 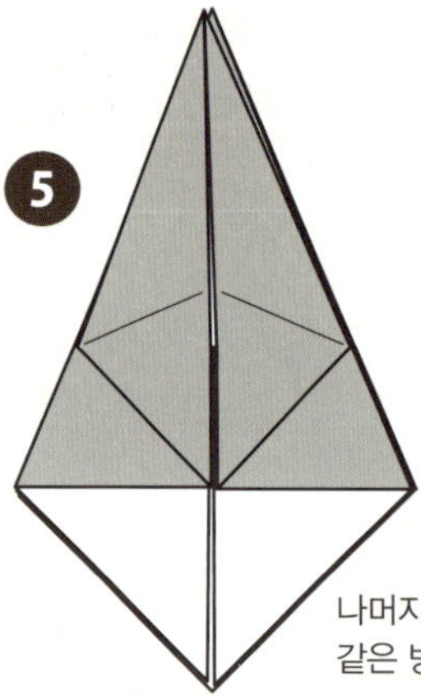 나머지 세 곳도 같은 방법으로 접는다.

6. 여기까지 기초접기 / 풀먹이기 시작

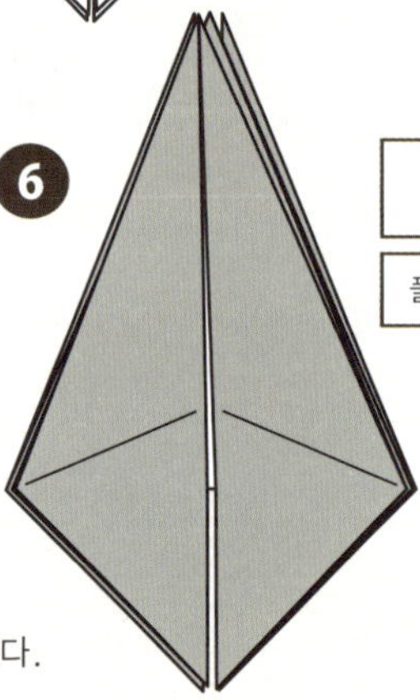

7. 1장만 겉을 넘긴다. 반대쪽도 같은 방법으로 접는다.

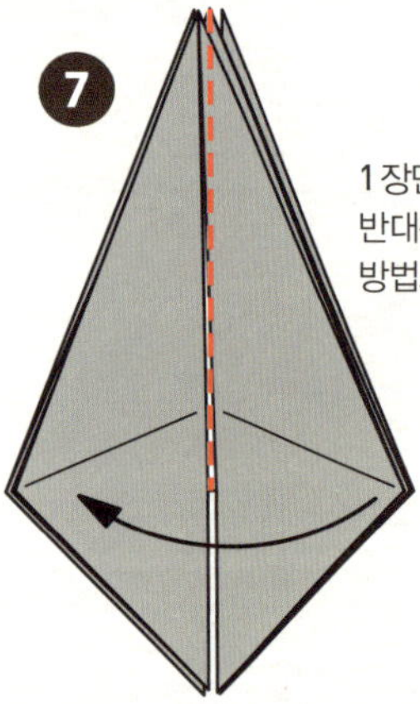

8. 1장만 위로 접는다.

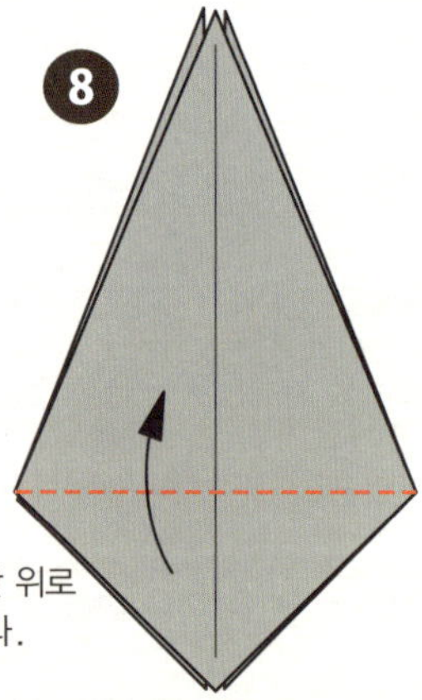

9. ① ②

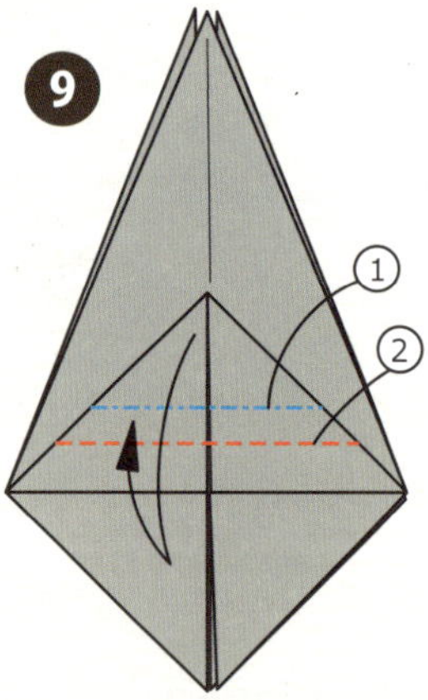

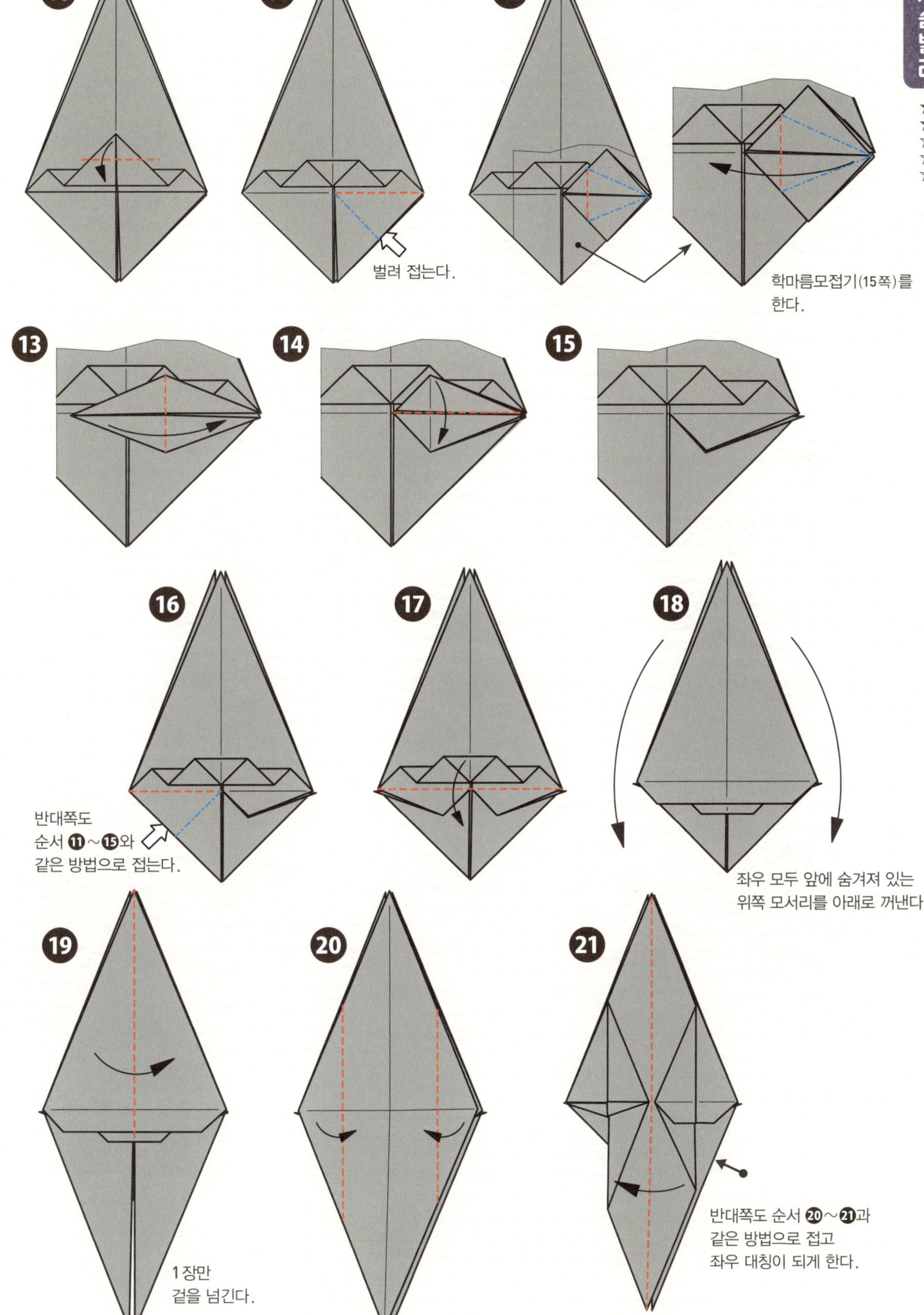
10
11
12
벌려 접는다.
학마름모접기(15쪽)를
한다.
13
14
15
16
17
18
반대쪽도
순서 11~15와
같은 방법으로 접는다.
좌우 모두 앞에 숨겨져 있는
위쪽 모서리를 아래로 꺼낸다.
19
20
21
1장만
겉을 넘긴다.
반대쪽도 순서 20~21과
같은 방법으로 접고
좌우 대칭이 되게 한다.

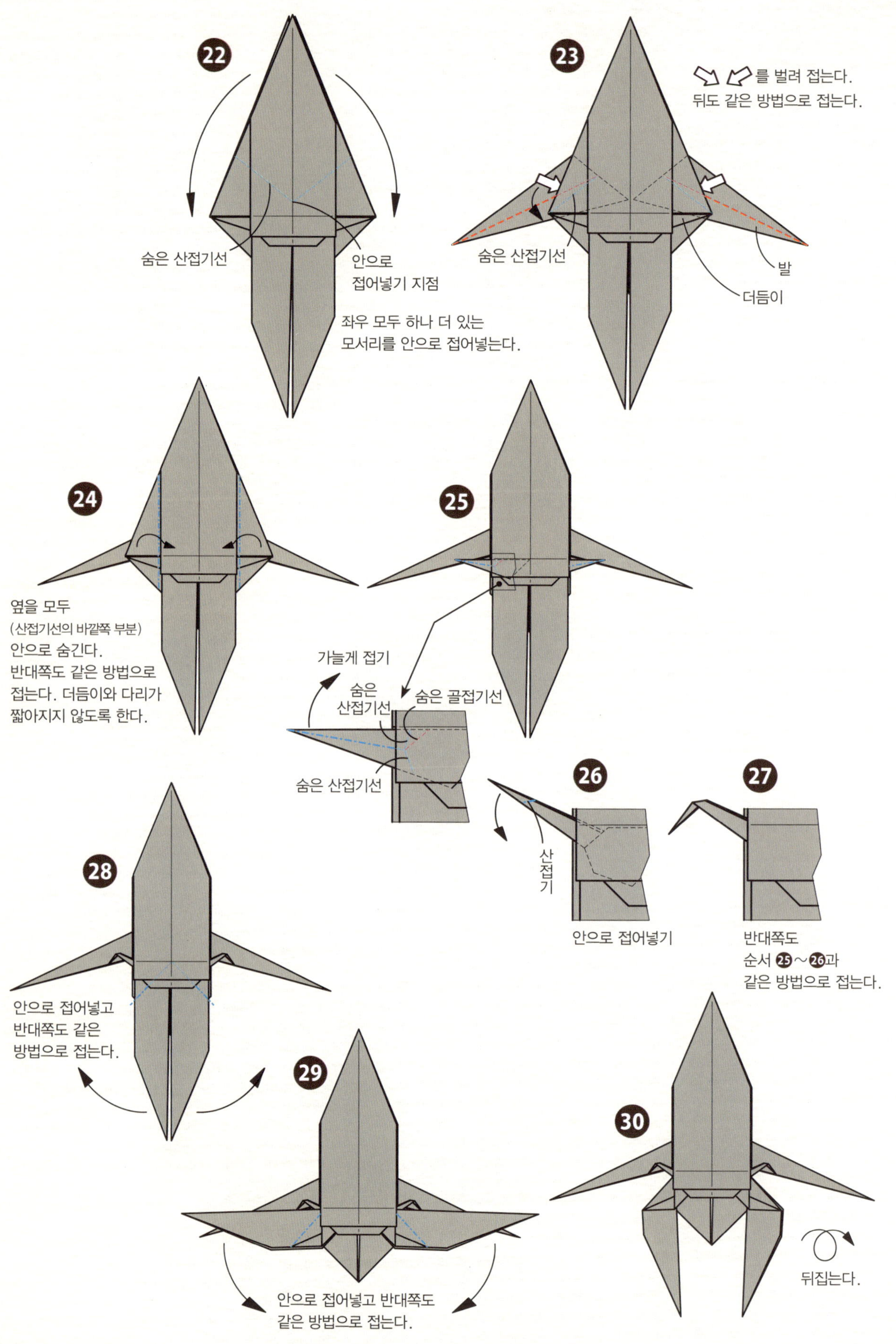

22
숨은 산접기선
안으로
접어넣기 지점
좌우 모두 하나 더 있는
모서리를 안으로 접어넣는다.
23
를 벌려 접는다.
뒤도 같은 방법으로 접는다.
숨은 산접기선
발
더듬이
24
옆을 모두
(산접기선의 바깥쪽 부분)
안으로 숨긴다.
반대쪽도 같은 방법으로
접는다. 더듬이와 다리가
짧아지지 않도록 한다.
25
가늘게 접기
숨은
산접기선
숨은 골접기선
숨은 산접기선
26
산접기
안으로 접어넣기
27
반대쪽도
순서 25~26과
같은 방법으로 접는다.
28
안으로 접어넣고
반대쪽도 같은
방법으로 접는다.
29
안으로 접어넣고 반대쪽도
같은 방법으로 접는다.
30
뒤집는다.

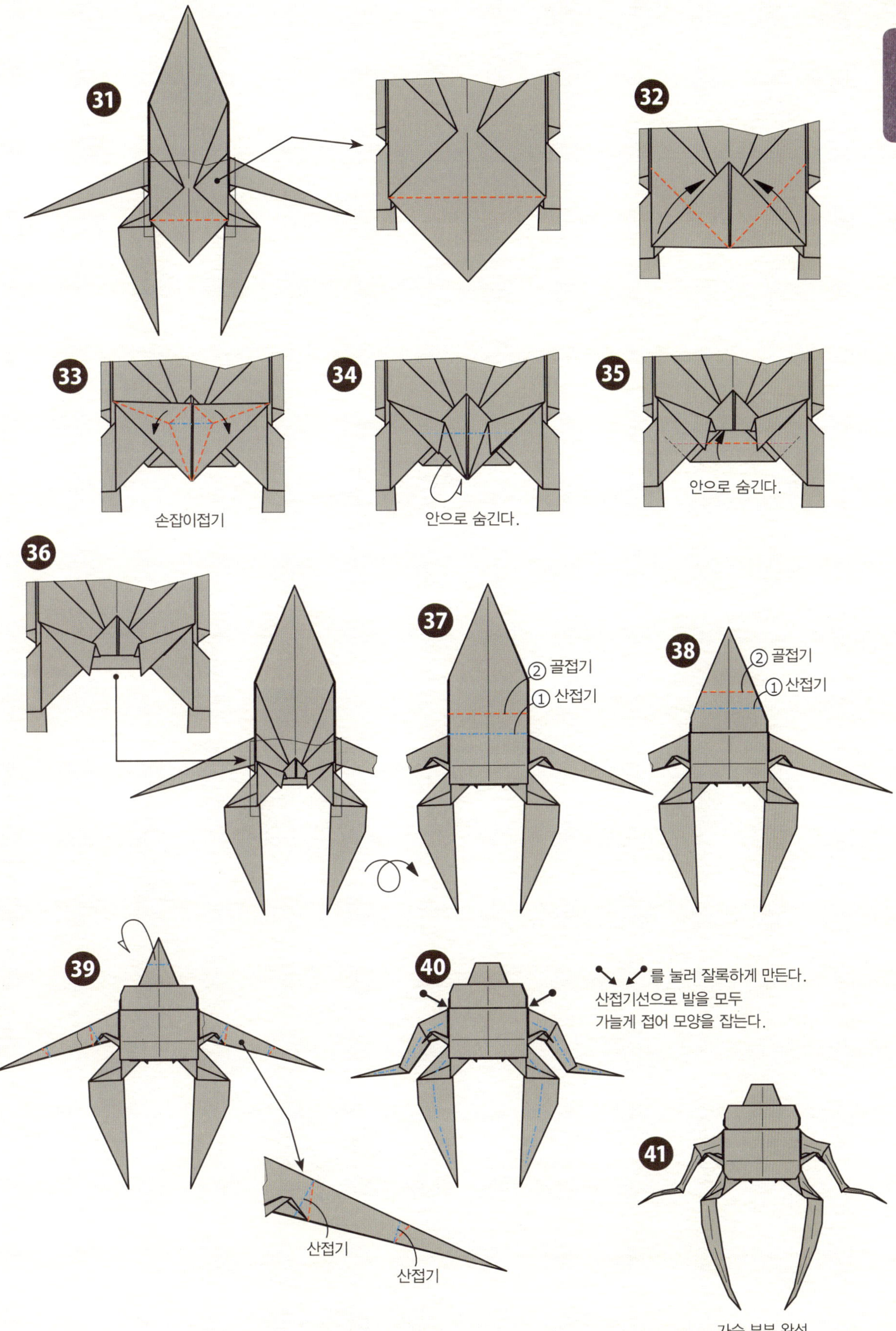
31
32
33
손잡이접기
34
안으로 숨긴다.
35
안으로 숨긴다.
36
37
② 골접기
① 산접기
38
② 골접기
① 산접기
39
산접기
산접기
40
를 눌러 잘록하게 만든다.
산접기선으로 발을 모두
가늘게 접어 모양을 잡는다.
41
가슴 부분 완성

배 부분 접기

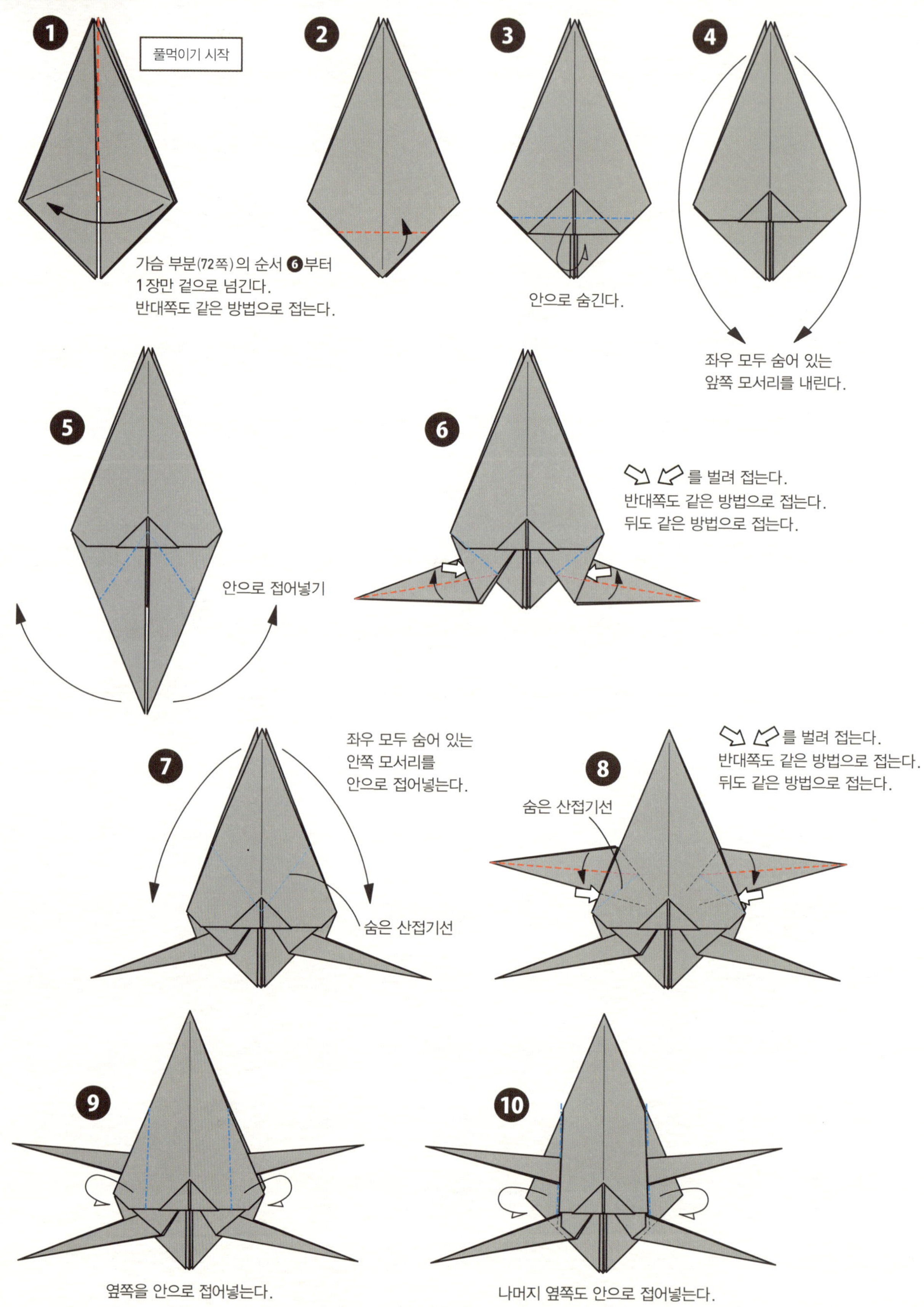

1
풀먹이기 시작
2
3
4
가슴 부분(72쪽)의 순서 ❻부터
1장만 겉으로 넘긴다.
반대쪽도 같은 방법으로 접는다.
안으로 숨긴다.
좌우 모두 숨어 있는
앞쪽 모서리를 내린다.
5
안으로 접어넣기
6
를 벌려 접는다.
반대쪽도 같은 방법으로 접는다.
뒤도 같은 방법으로 접는다.
7
좌우 모두 숨어 있는
안쪽 모서리를
안으로 접어넣는다.
숨은 산접기선
8
를 벌려 접는다.
반대쪽도 같은 방법으로 접는다.
뒤도 같은 방법으로 접는다.
숨은 산접기선
9
10
옆쪽을 안으로 접어넣는다.
나머지 옆쪽도 안으로 접어넣는다.

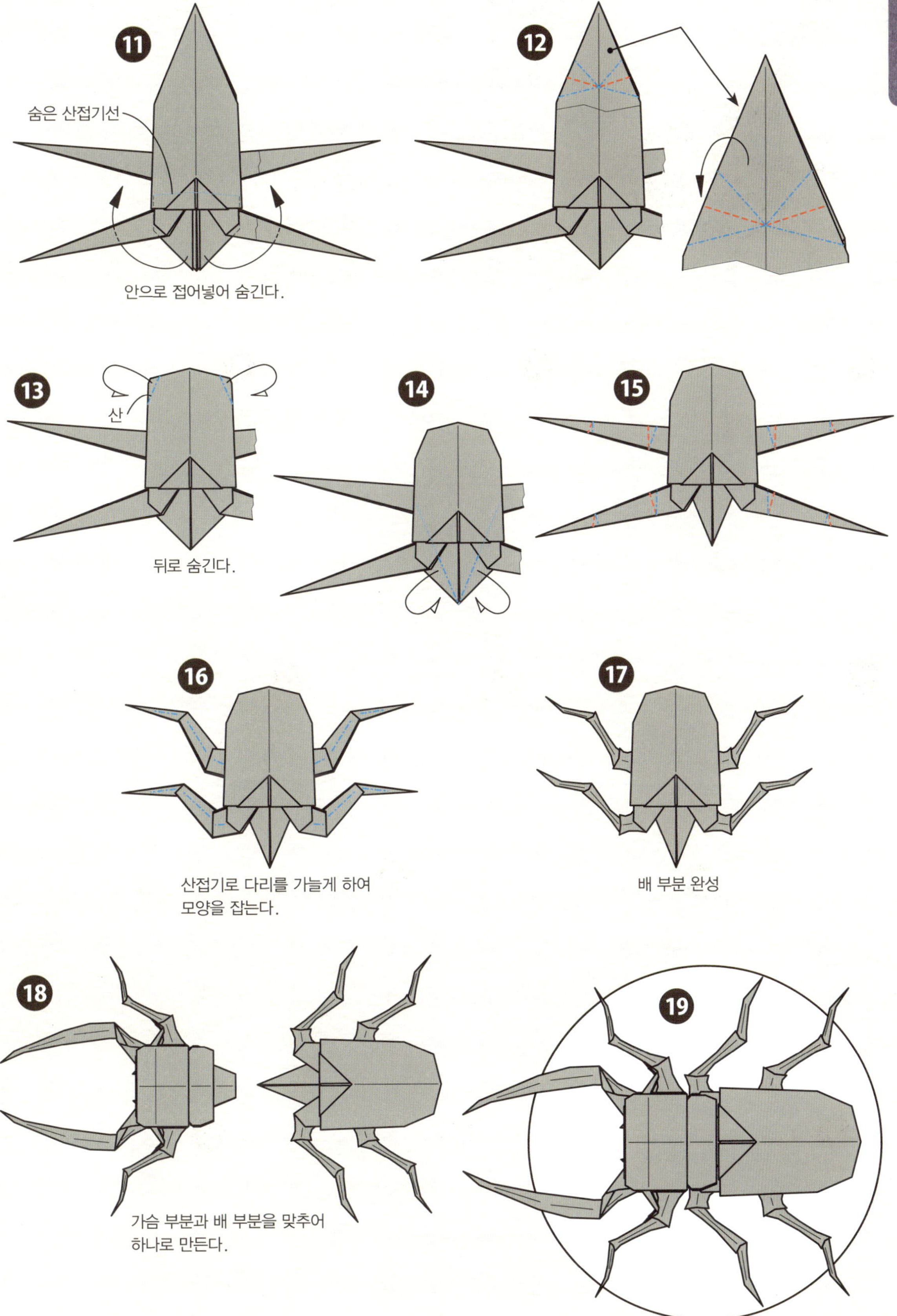
11
숨은 산접기선
안으로 접어넣어 숨긴다.
12
13
산
뒤로 숨긴다.
14
15
16
산접기로 다리를 가늘게 하여
모양을 잡는다.
17
배 부분 완성
18
가슴 부분과 배 부분을 맞추어
하나로 만든다.
19
모양을 정리하여 완성한다.

★★★☆☆

장수풍뎅이

★ 준비할 종이 30×30cm 1장

이 작품은 종이접기 세계에서 '블린츠 프로그 베이스'라고 불리는 방법을 토대로 전개해 갑니다. 블린츠 프로그 베이스란 종이 1장으로 학마름모를 4개 접는 것입니다. 블린츠 프로그 베이스에서는 빼내어접기가 필수적인데, 이번 장수풍뎅이 종이접기에서 자세히 설명하고 있습니다(순서 14~18). 몸통이 굵어지면 정교함이 떨어지므로 순서 45에서 옆을 가늘게 접도록 하세요.

1 세 곳의 모서리만 모아접는다.

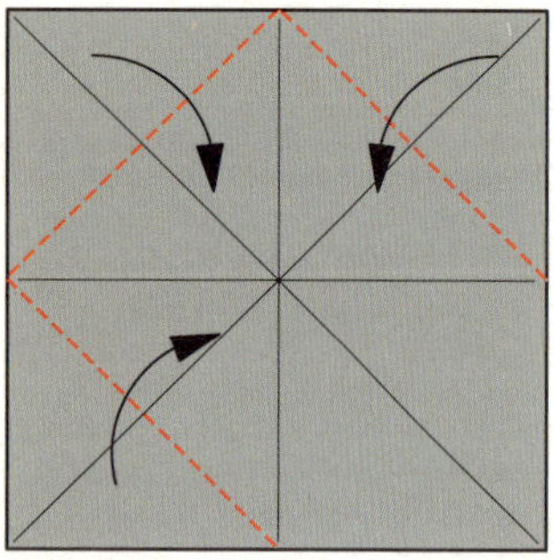

2 뒤집는다.

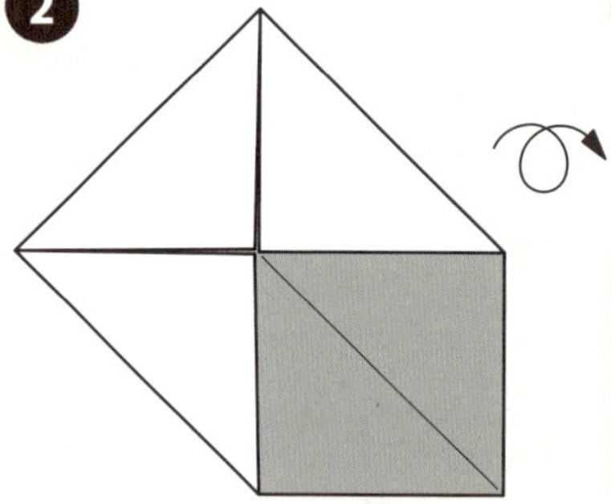

3

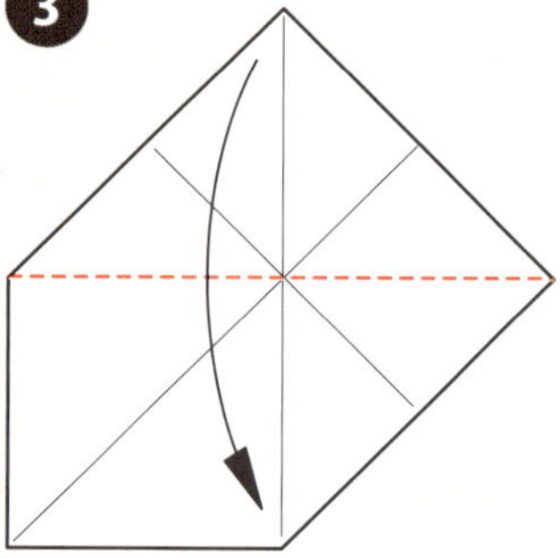

4 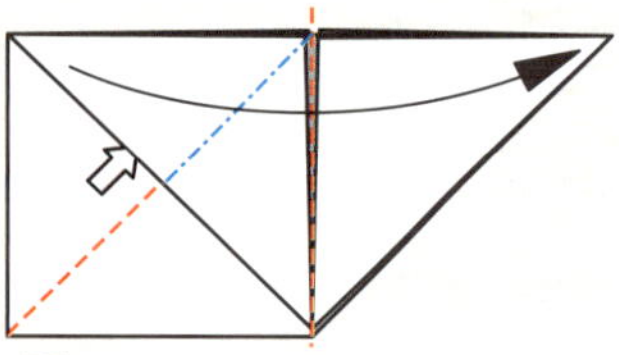 ⇗를 벌려 접는다.

5 뒤집는다.

6 ⇗를 벌려 접는다.

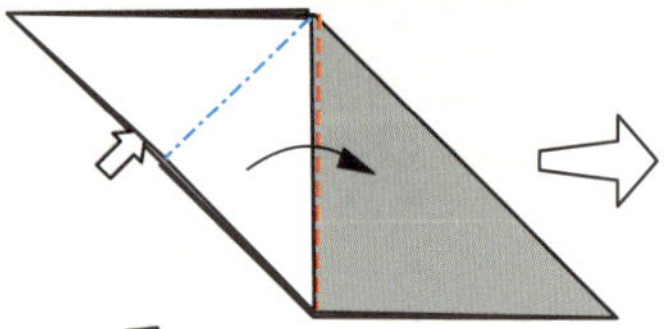

7 ⇗를 벌려 접는다.

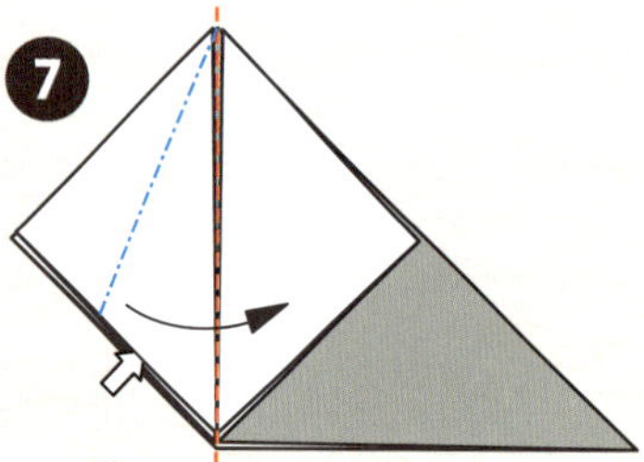

8 양쪽 두 곳(↘↙)도 같은 방법으로 접는다.

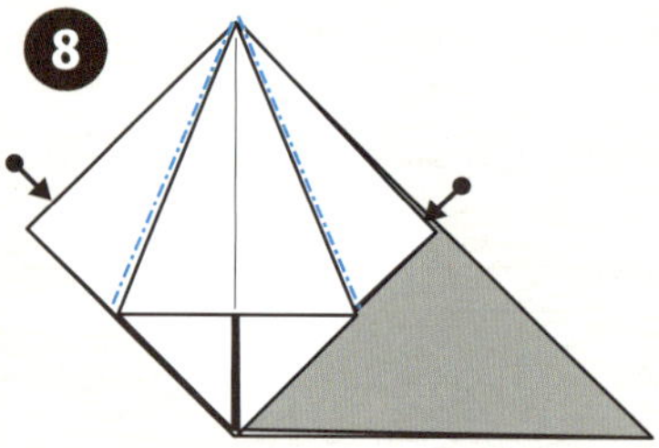

9 뒤집는다.

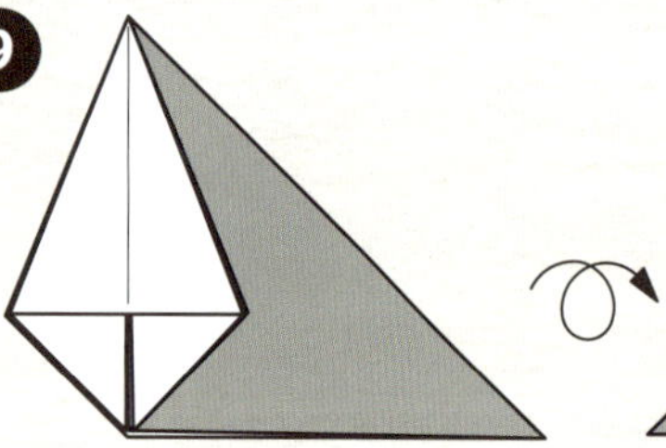

10 벌려 접는다.

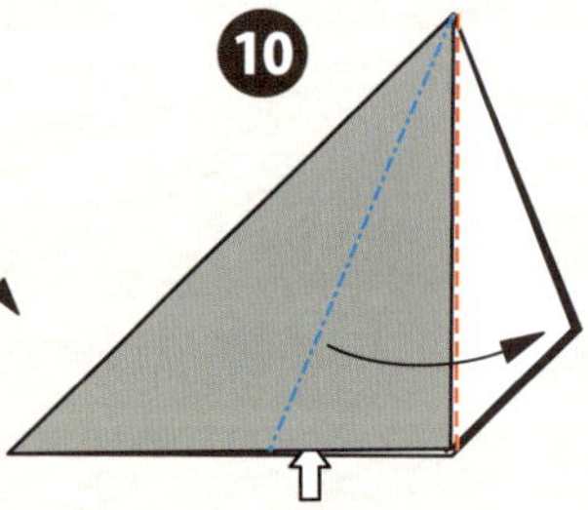

11 뒤집는다.

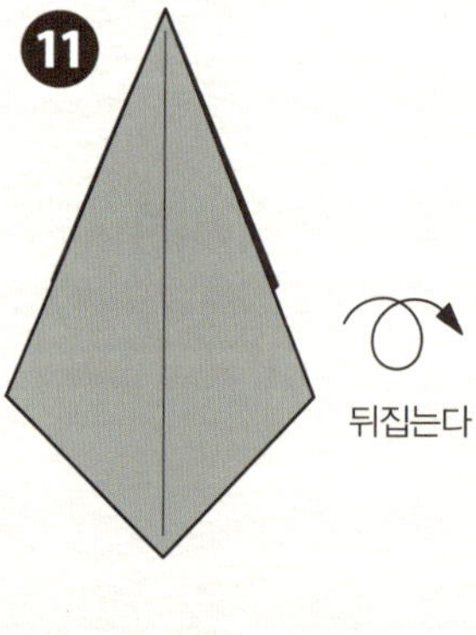

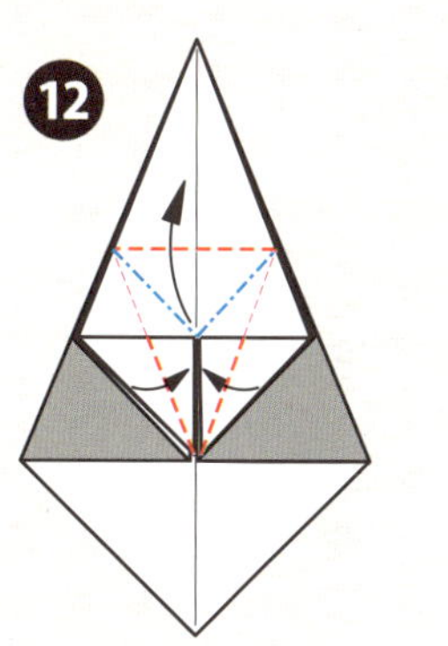

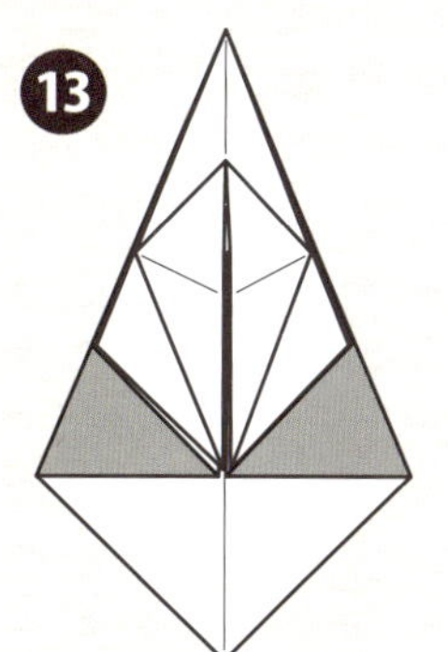

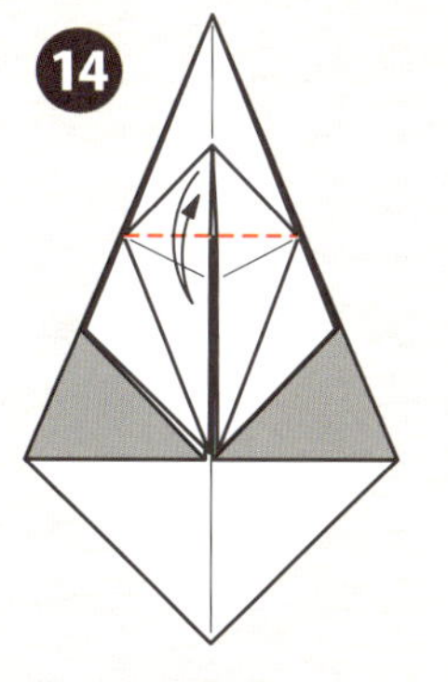

골접기로 보조선을 만들고
순서 ⓬의 모양으로 되돌린다.

15

양쪽을 벌린다.

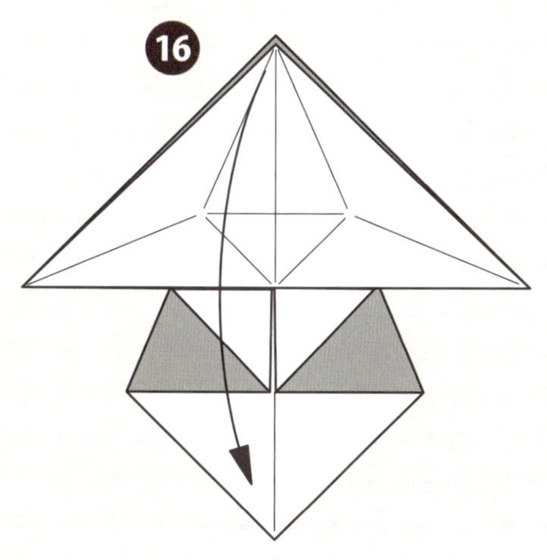

17

C
D
E
A
B

*A-B*를 산접기로 만들고
△*CDE*의 보조선을 접는다.

C–D(↘), *C–E*(↙)의
산접기선이 골접기선이 된다.

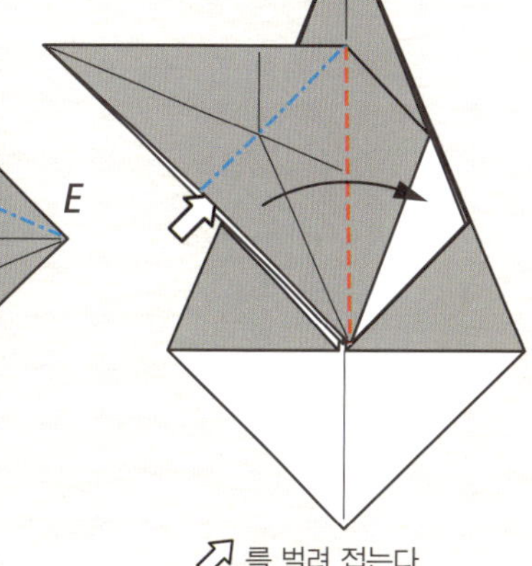

⇗를 벌려 접는다.

순서 ⓮~⓲의 과정이
빼내어접기.

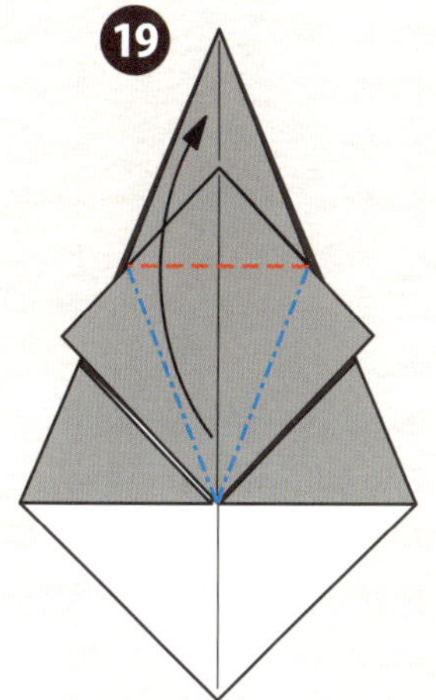

학마름모접기(15쪽)를 한다.

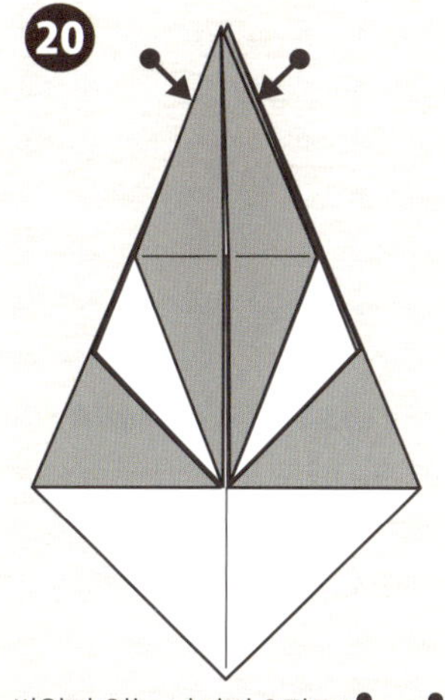

씌워져 있는 나머지 2장도(↘↙)
순서 ⓬~⓲과 같은 방법으로 접고
좌우 대칭이 되도록 한다.

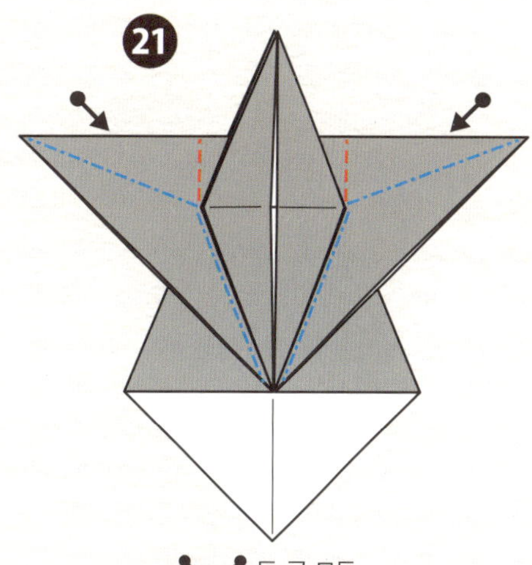

↘↙ 두 곳 모두
학마름모접기를 한다.

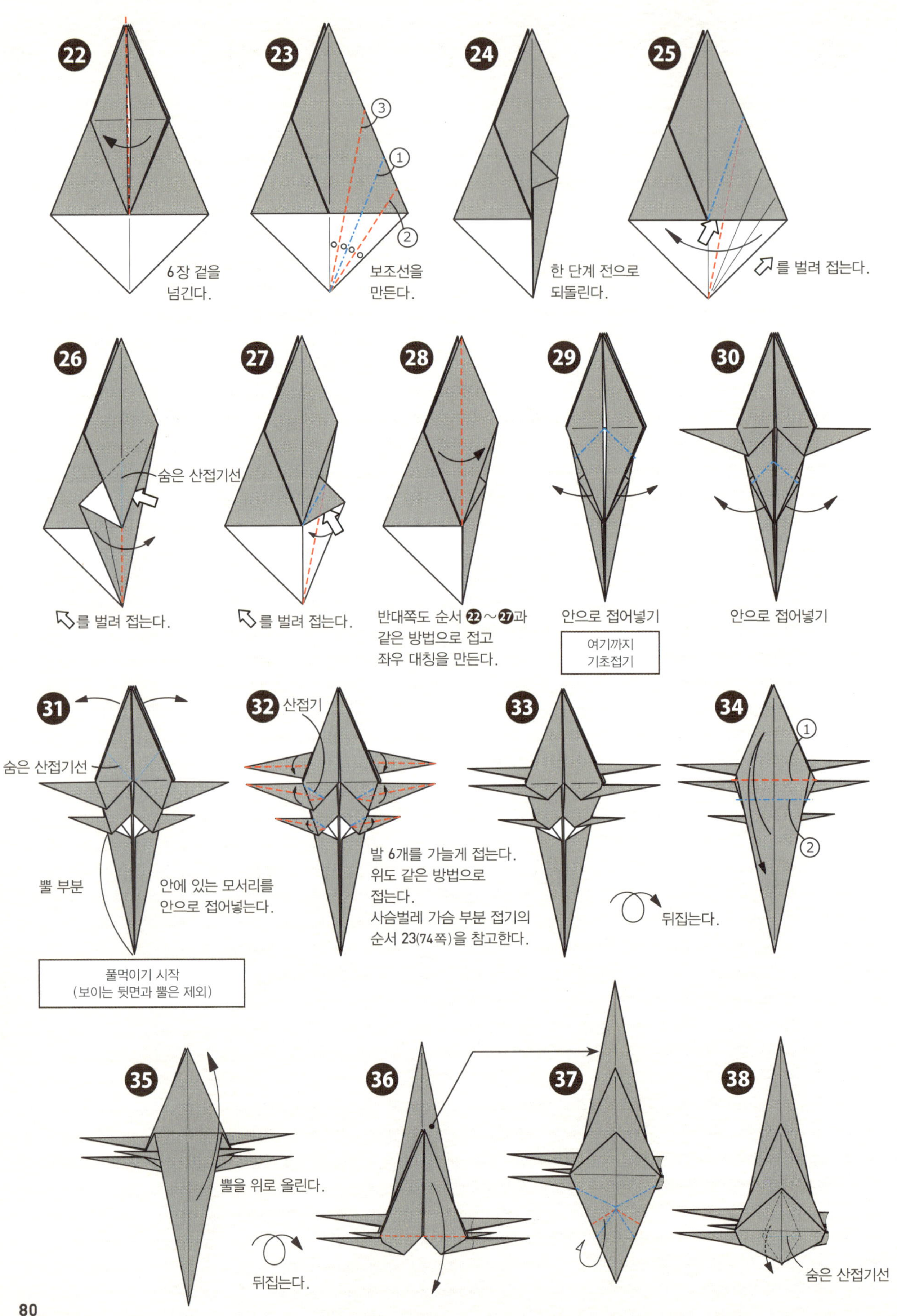
22
6장 겉을
넘긴다.
23
③
①
②
보조선을
만든다.
24
한 단계 전으로
되돌린다.
25
를 벌려 접는다.
26
숨은 산접기선
를 벌려 접는다.
27
를 벌려 접는다.
28
반대쪽도 순서 22~27과
같은 방법으로 접고
좌우 대칭을 만든다.
29
안으로 접어넣기
여기까지
기초접기
30
안으로 접어넣기
31
숨은 산접기선
뿔 부분
안에 있는 모서리를
안으로 접어넣는다.
풀먹이기 시작
(보이는 뒷면과 뿔은 제외)
32
산접기
발 6개를 가늘게 접는다.
위도 같은 방법으로
접는다.
사슴벌레 가슴 부분 접기의
순서 23(74쪽)을 참고한다.
33
뒤집는다.
34
①
②
35
뿔을 위로 올린다.
뒤집는다.
36
37
38
숨은 산접기선

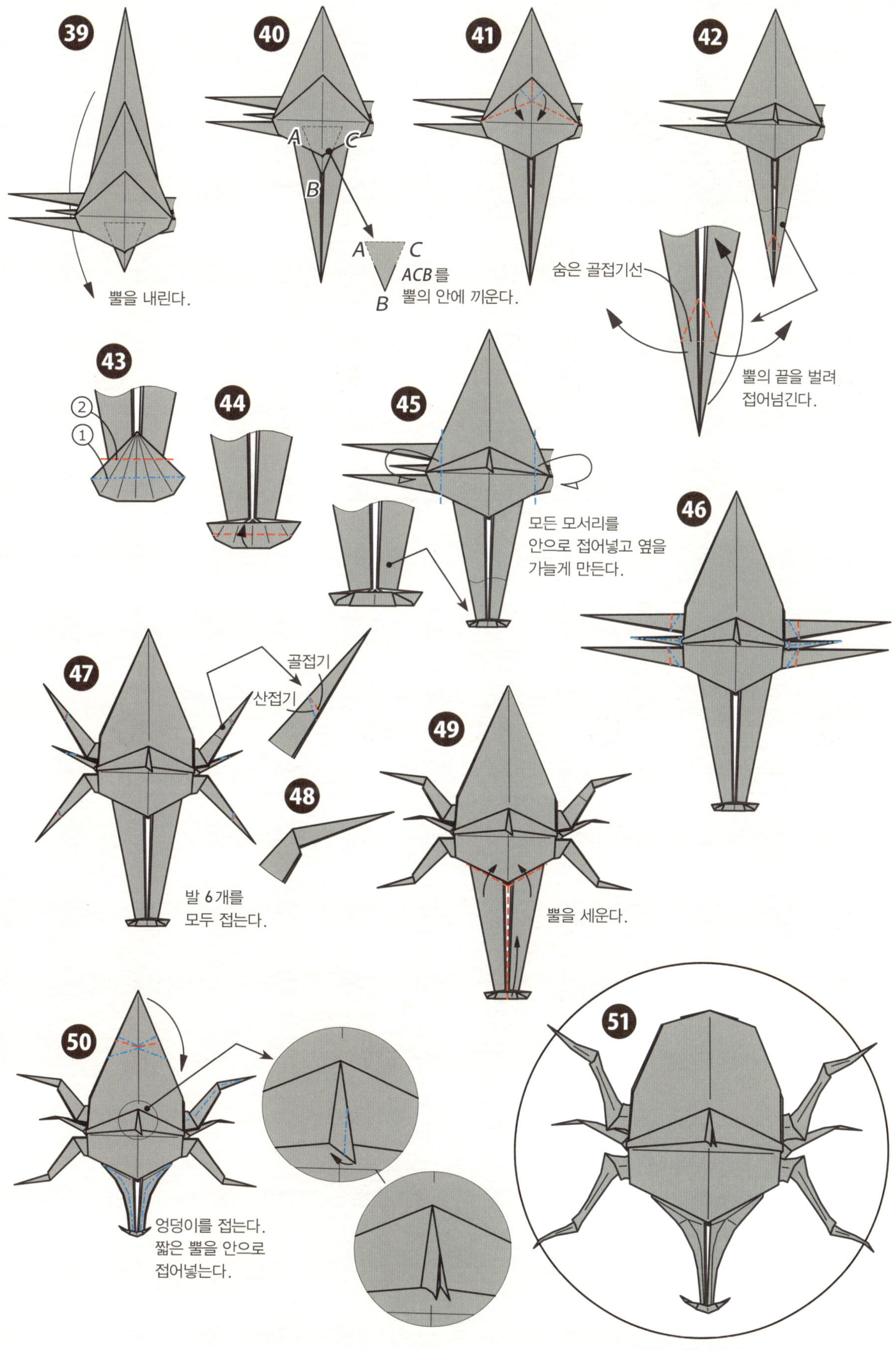

모양을 정리하여 완성한다.

★★★★★

사마귀

★ 준비할 종이 30×30cm 1장

장수풍뎅이(78쪽)와 같이 블린츠 프로그 베이스를 토대로 만들어 가는 작품인데, 여기에서는 두 배의 블린츠 프로그 베이스가 됩니다. 티라노사우루스(104쪽)와 함께 꽤 어려운 작품이지만 끈기 있게 도전해 보세요. 풀은 완성 후에 빈틈에 먹이면 좋습니다. 목은 머리를 향해 갈수록 조금씩 가늘어지도록 하고, 머리를 들어올린 모양으로 완성해 보세요.

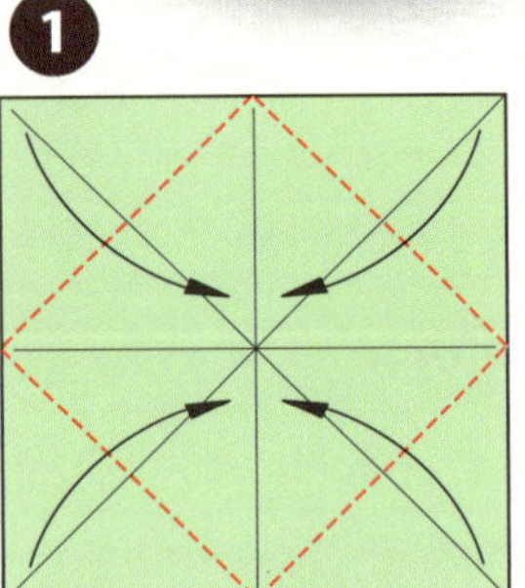

가운데로 모아접는다.

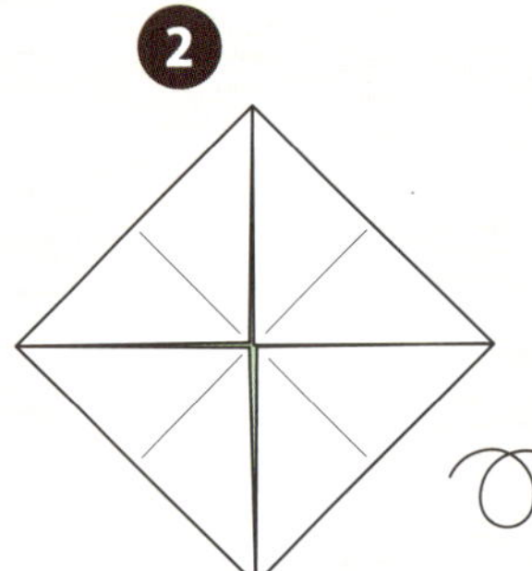

뒤집는다.

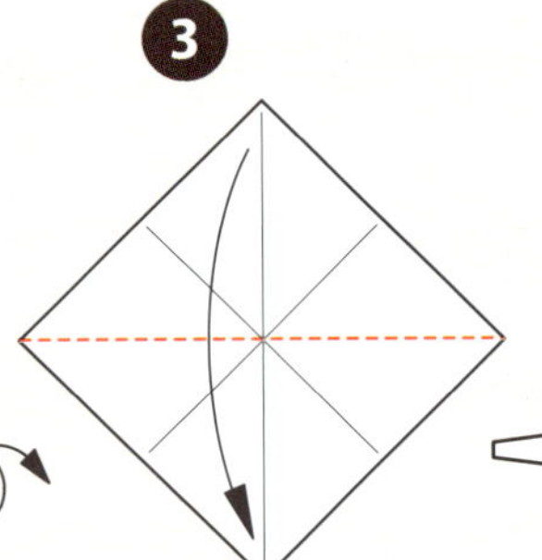

이 면을 안(뒤)으로 하여 사각주머니(14쪽)를 접는다.

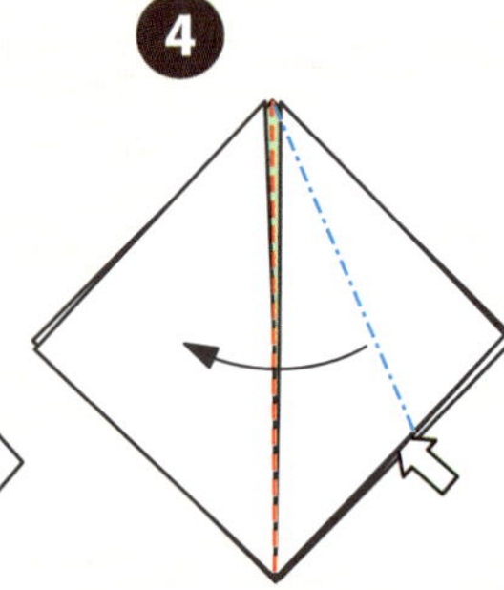

⇖를 벌려 접는다.

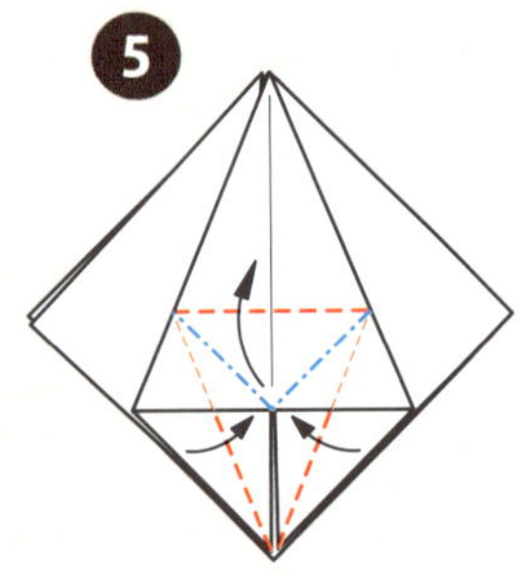

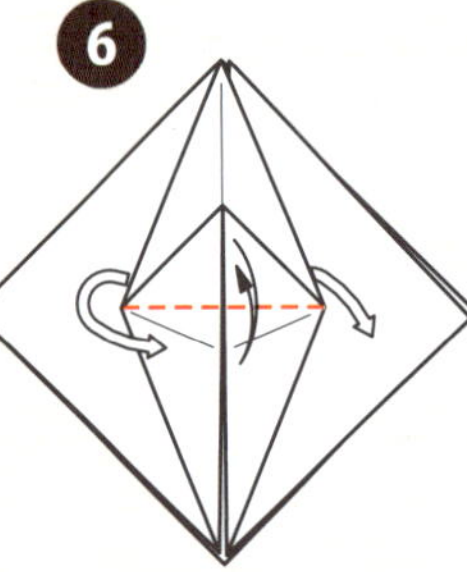

빼내어접기. 장수풍뎅이(78쪽)의 순서 ⓮~⓲를 참고한다.

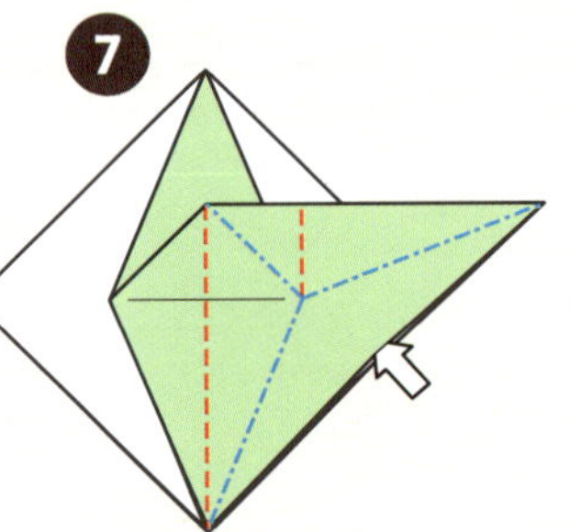

⇖를 벌려 학마름모접기(15쪽)를 한다.

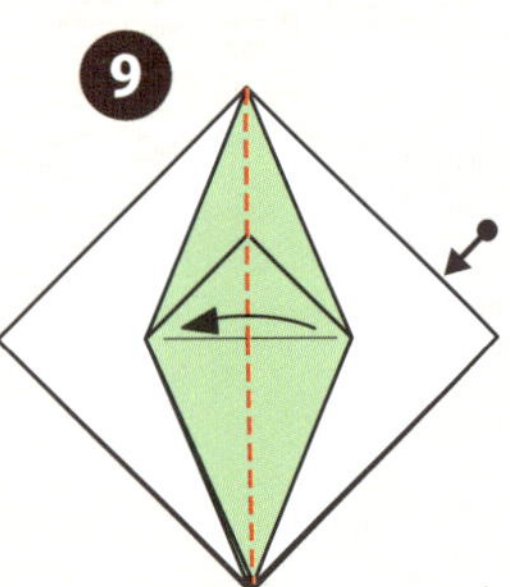

반대쪽( )도 순서 ❹~❽과 같은 방법으로 접고 좌우 대칭이 되도록 한다.

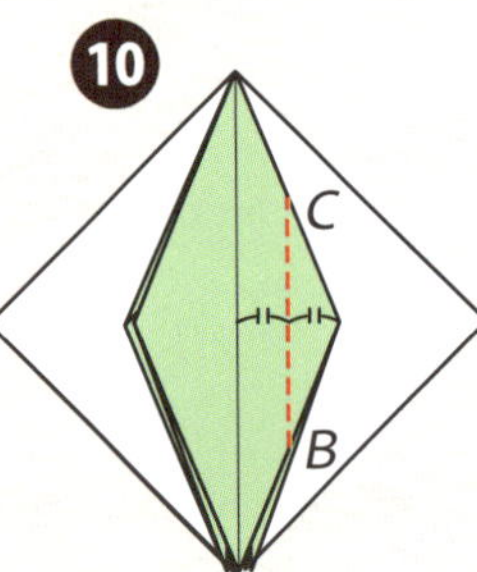

C-B에 골접기선으로 보조선을 만든다.

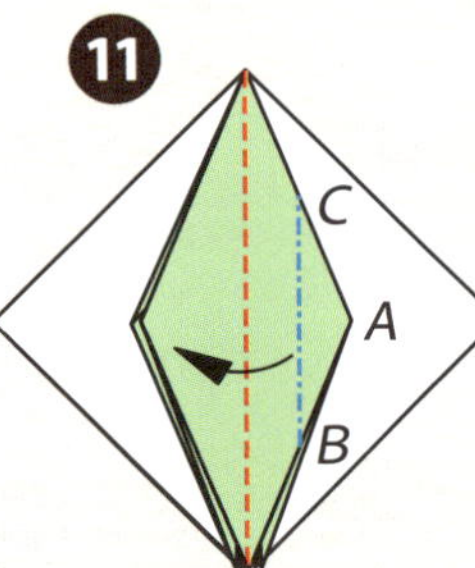

C-B를 산접기선으로 만들고 A를 누르면서 접는다.

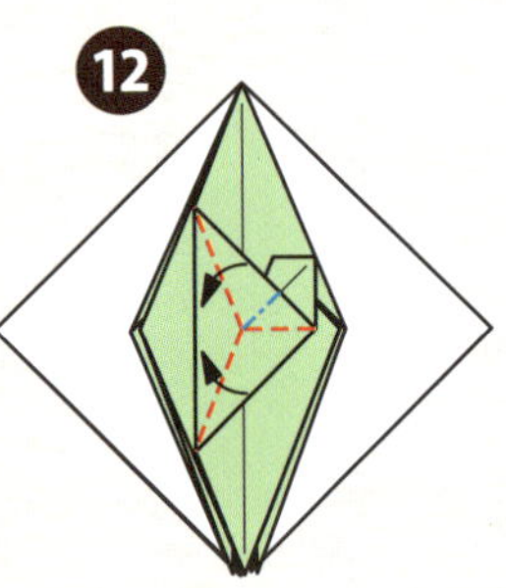

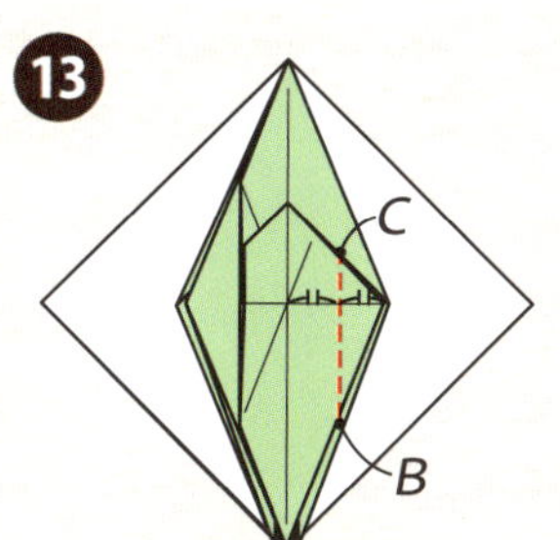

*C-B*에 골접기선으로
보조선을 만든다.

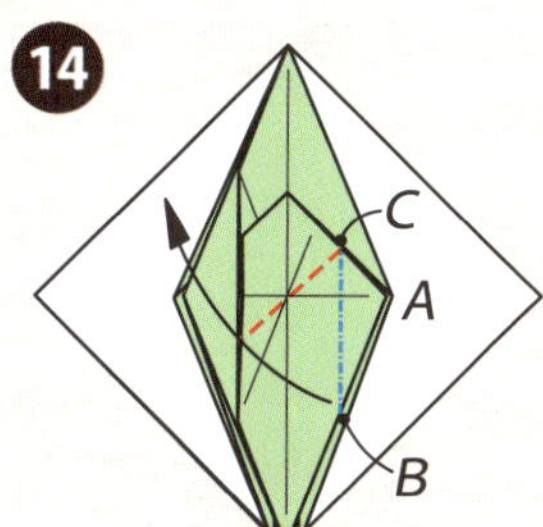

*C-B*를 산접기선으로 만들고
*A*를 누르면서 접는다.

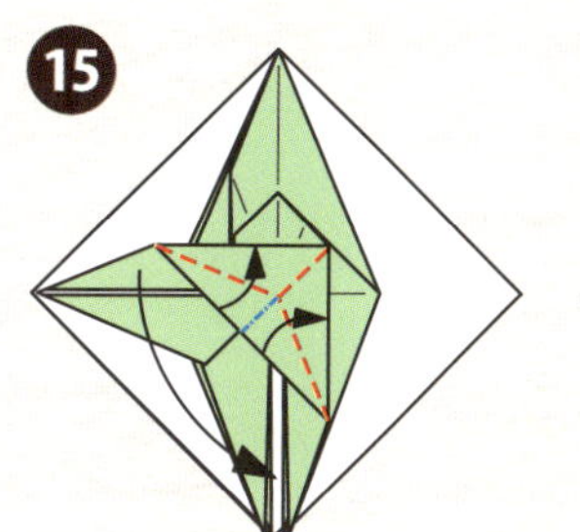

나머지 여섯 곳도 같은 방법으로
접고 좌우 대칭이 되도록 한다.

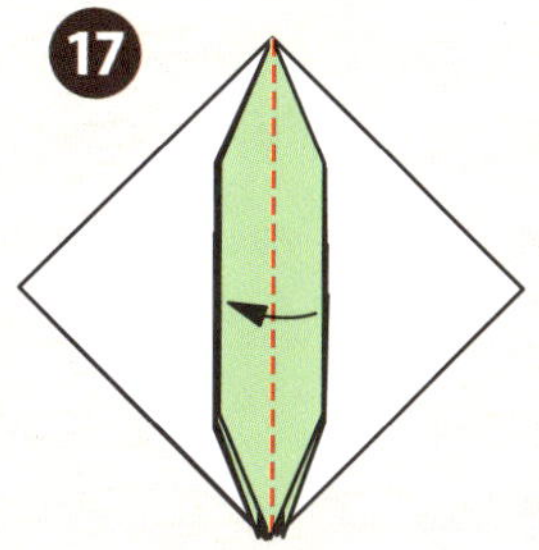

정리하여 골접기선을 접는다.

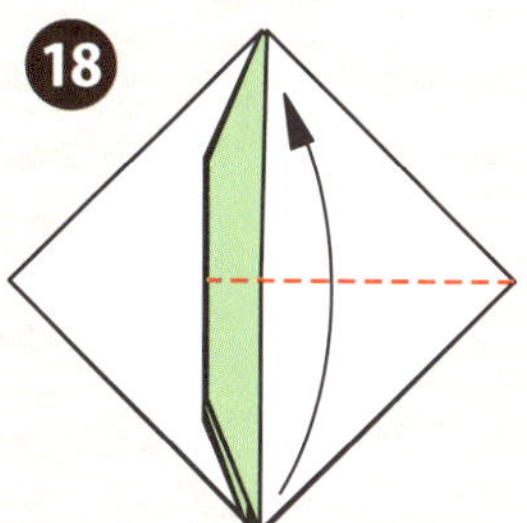

1장만 겉을 넘긴다.

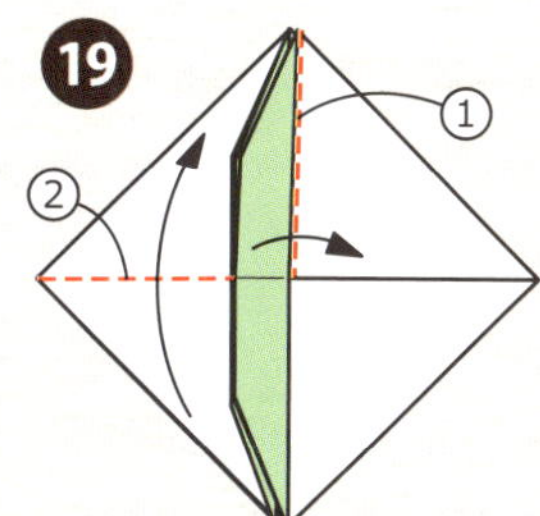

나머지도 순서 ⑰~⑱과
같은 방법으로 접고
좌우 대칭이 되도록 한다.

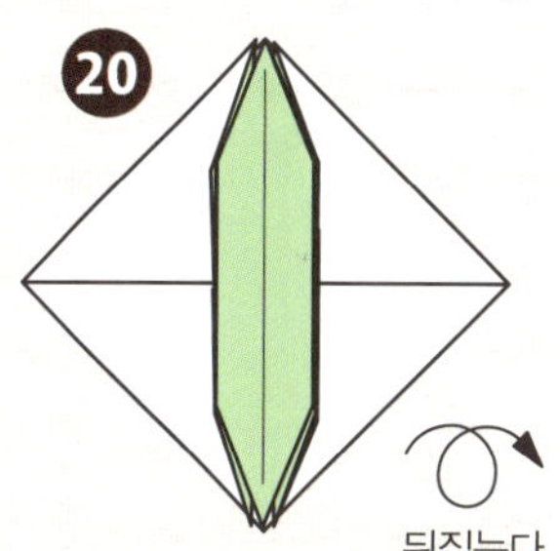

뒤집는다.

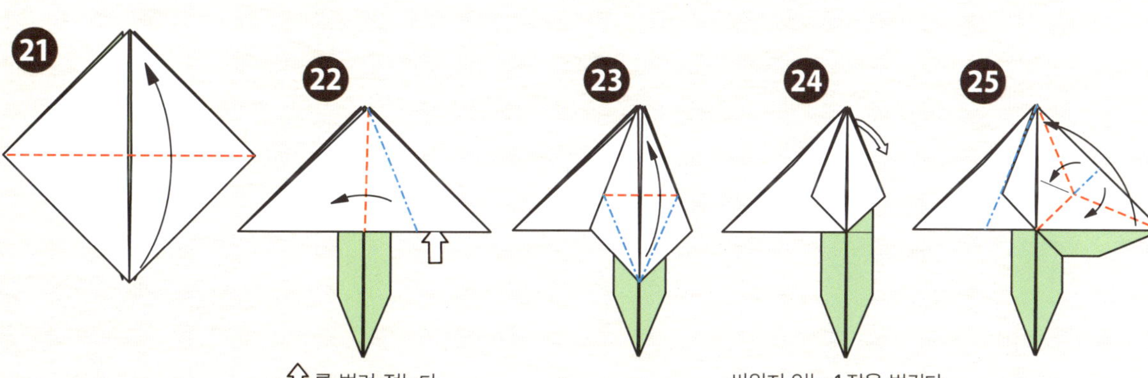

⇧를 벌려 접는다.

씌워져 있는 1장을 벗긴다.

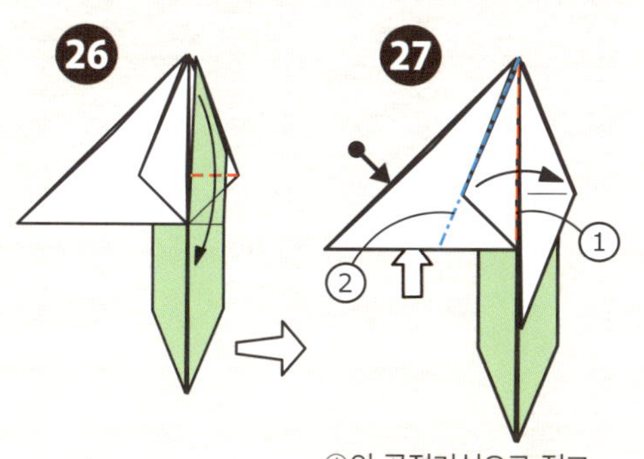

①의 골접기선으로 접고
반대쪽(↘)도 순서 ㉒~㉖과
같은 방법으로 접으며
좌우 대칭이 되도록 한다.

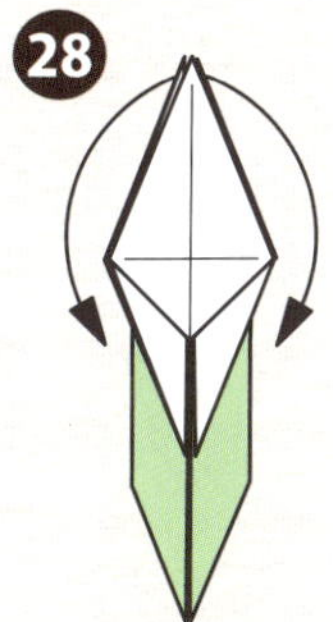

순서 ㉓에서 올린
모서리를 내린다.

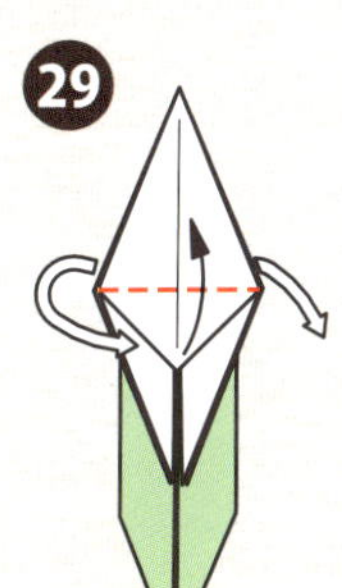

빼내어접기

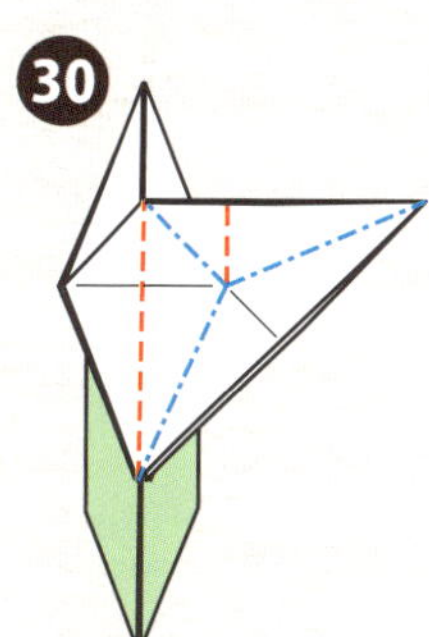

학마름모접기(15쪽)를 한다.

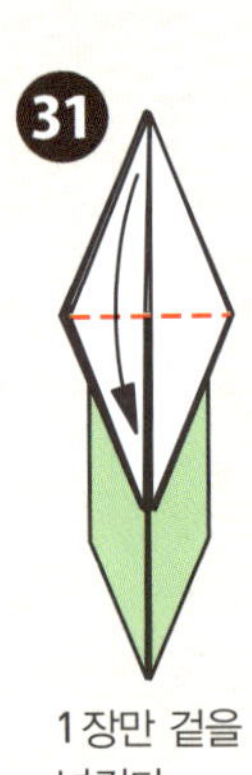

1장만 겉을
넘긴다.

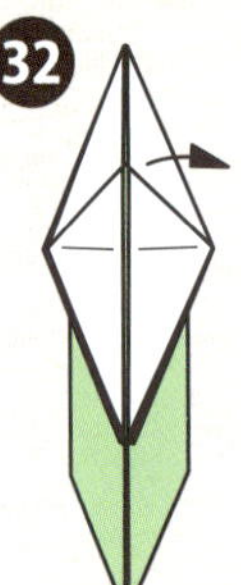

1장만 펼친다.

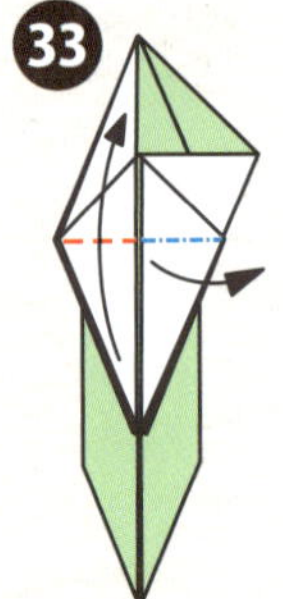

아래쪽을 벌리면서
올린다.

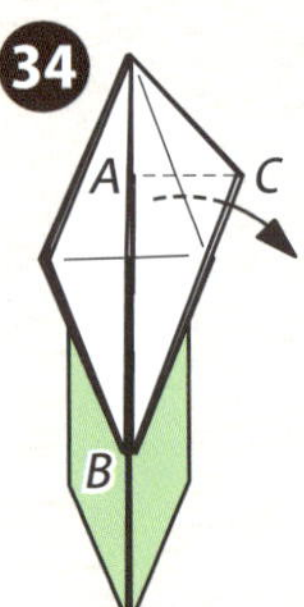

안에 있는 △*ABC*를
바깥으로 꺼낸다.

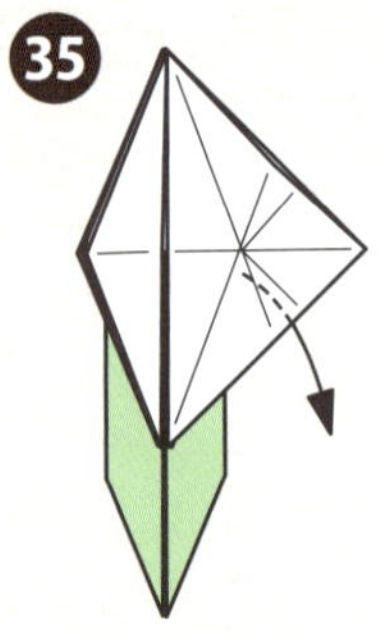

씌워져 있는 나머지 부분도 벗긴다.
씌워져 있지 않은 부분은
모양이 흐트러지지 않도록 주의한다.

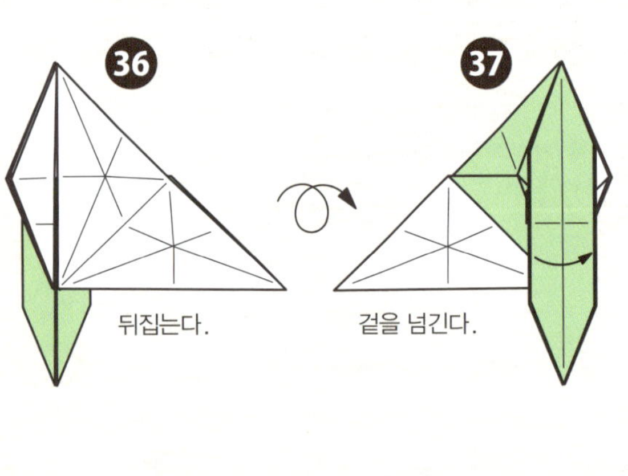

뒤집는다.

겉을 넘긴다.

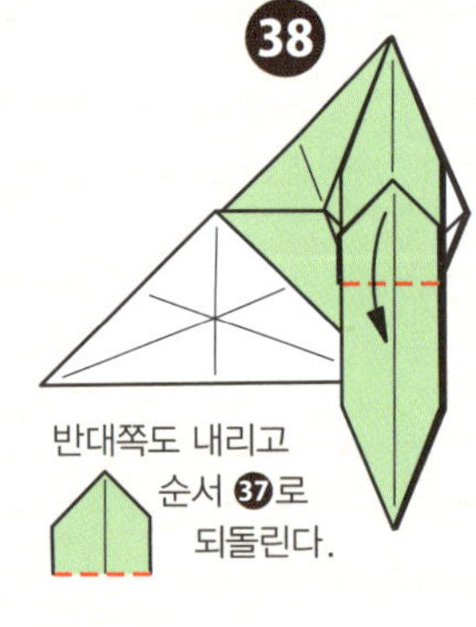

반대쪽도 내리고
순서 37로
되돌린다.

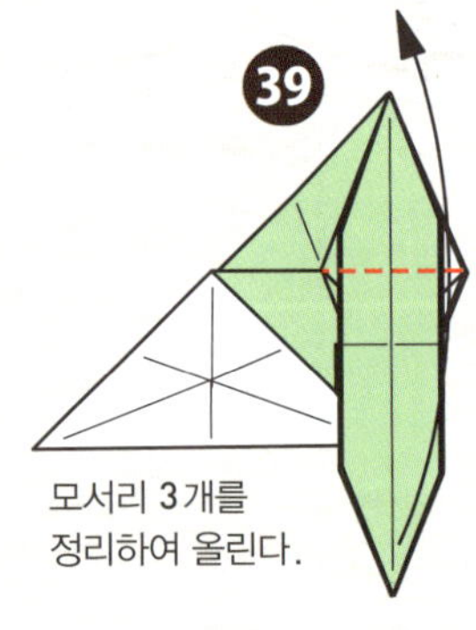

모서리 3개를
정리하여 올린다.

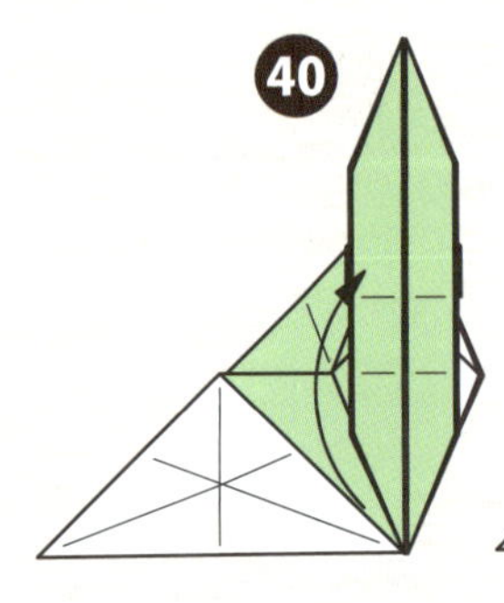

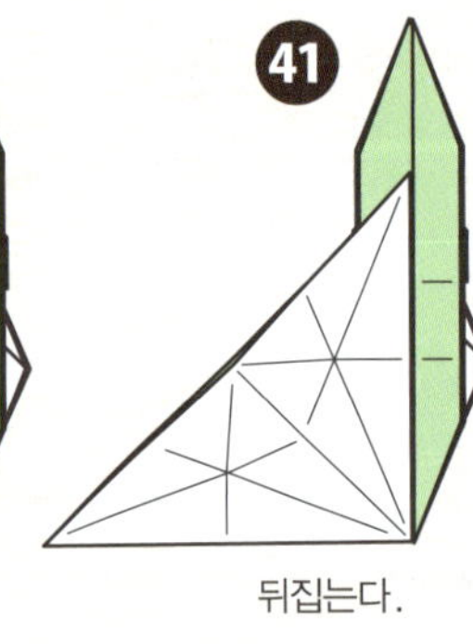

뒤집는다.

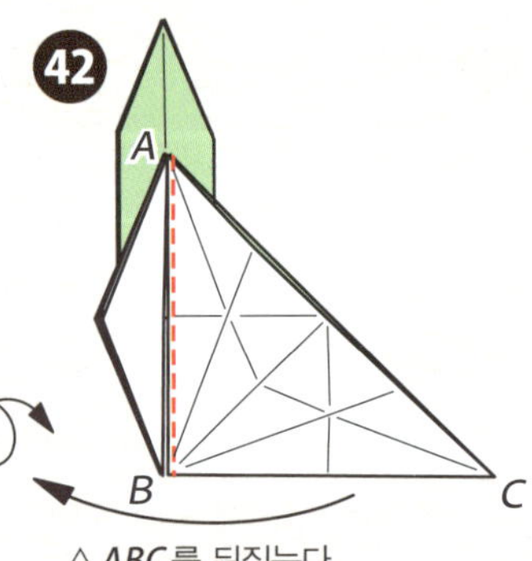

△*ABC*를 뒤집는다.

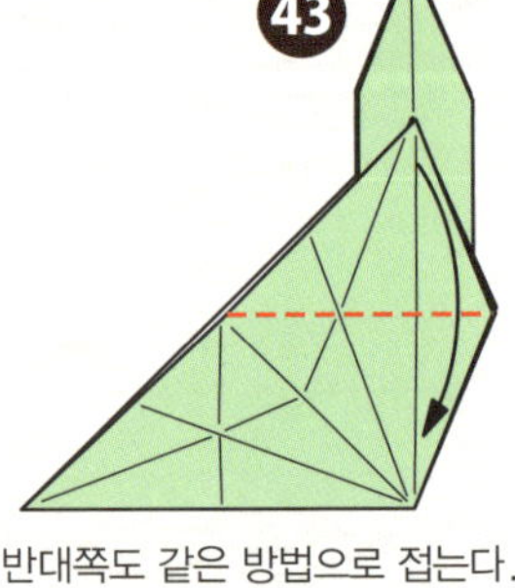

반대쪽도 같은 방법으로 접는다.

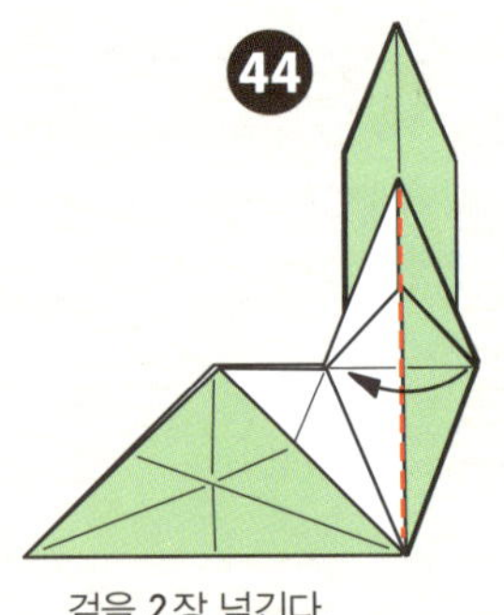

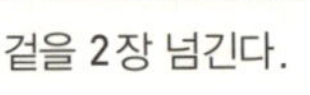

겉을 2장 넘긴다.

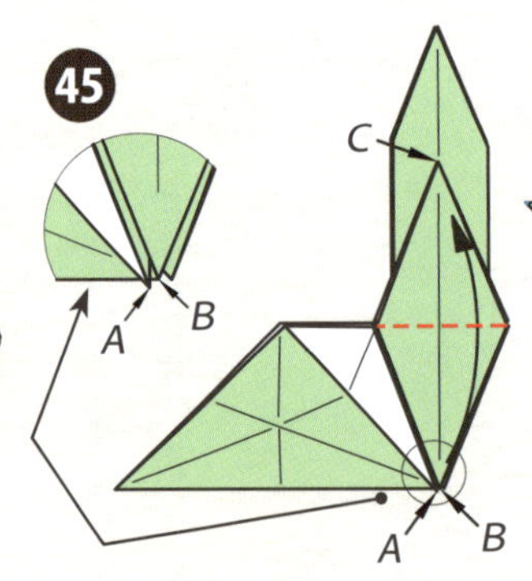

모서리 *A*를 남기고
모서리 *B*를 *C*에 갖다 댄다.

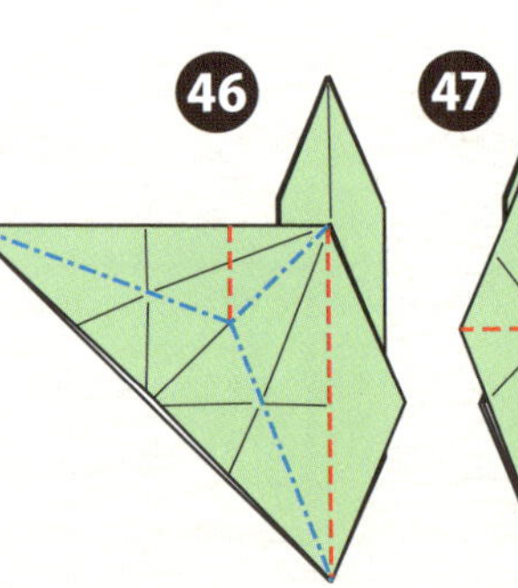

학마름모접기(15쪽)를 한다.

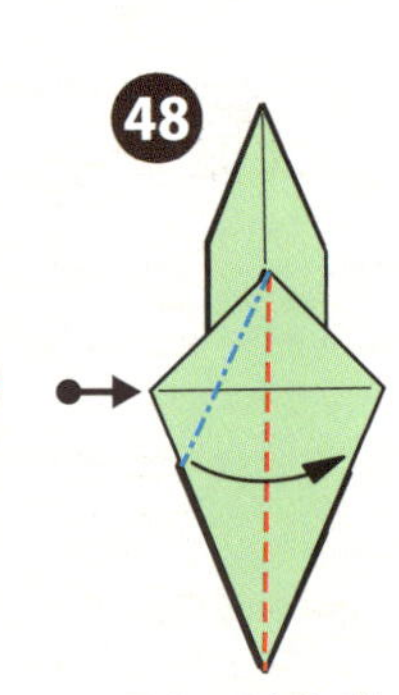

●→를 누르면서 접는다.

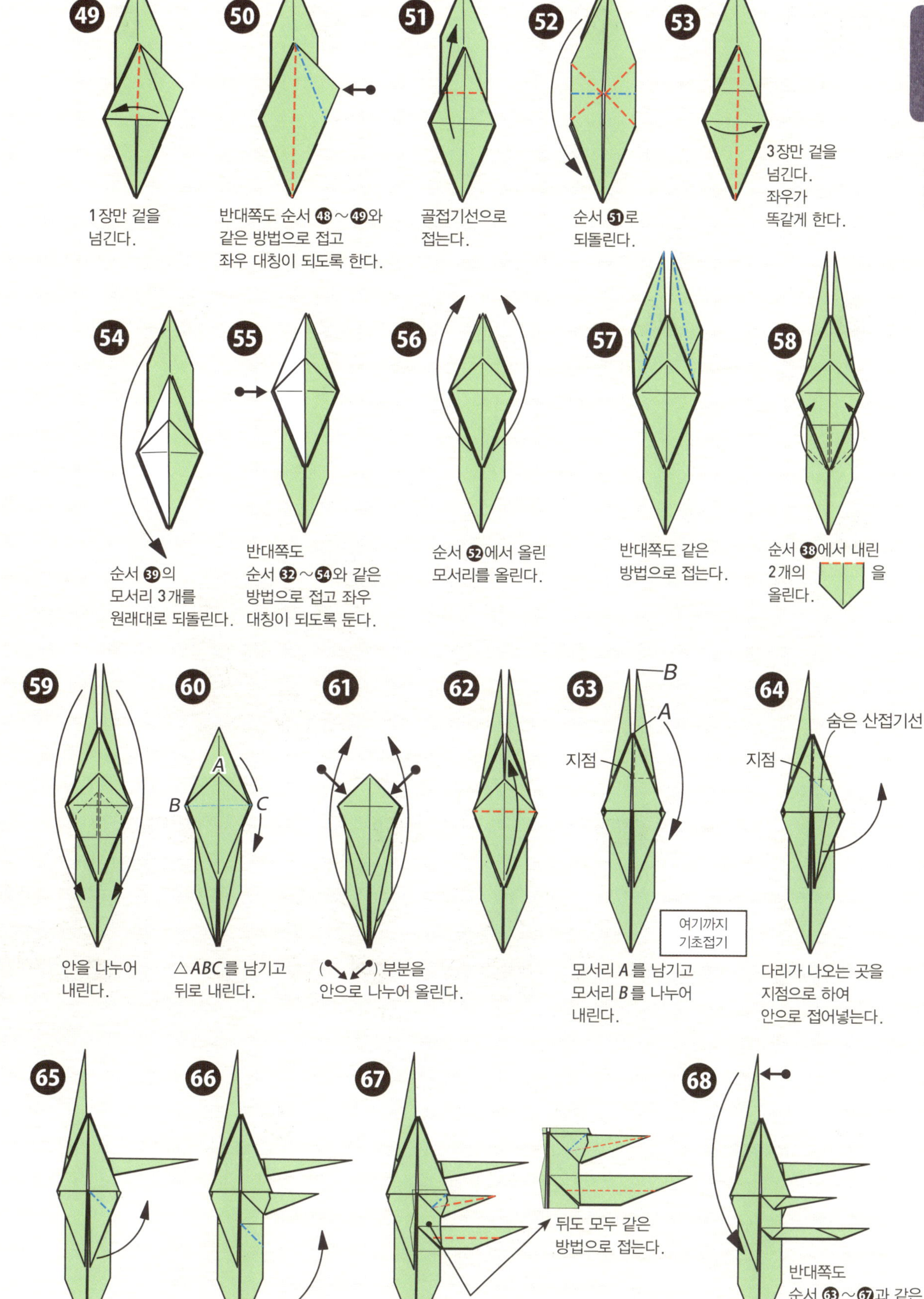
49
1장만 겉을
넘긴다.
50
반대쪽도 순서 48~49와
같은 방법으로 접고
좌우 대칭이 되도록 한다.
51
골접기선으로
접는다.
52
순서 51로
되돌린다.
53
3장만 겉을
넘긴다.
좌우가
똑같게 한다.
54
순서 39의
모서리 3개를
원래대로 되돌린다.
55
반대쪽도
순서 32~54와 같은
방법으로 접고 좌우
대칭이 되도록 둔다.
56
순서 52에서 올린
모서리를 올린다.
57
반대쪽도 같은
방법으로 접는다.
58
순서 38에서 내린
2개의
을
올린다.
59
안을 나누어
내린다.
60
A
B
C
△ABC를 남기고
뒤로 내린다.
61
( ) 부분을
안으로 나누어 올린다.
62
63
B
A
지점
모서리 A를 남기고
모서리 B를 나누어
내린다.
여기까지
기초접기
64
숨은 산접기선
지점
다리가 나오는 곳을
지점으로 하여
안으로 접어넣는다.
65
안으로
접어넣기
66
안으로
접어넣기
67
뒤도 모두 같은
방법으로 접는다.
68
반대쪽도
순서 63~67과 같은
방법으로 접는다.

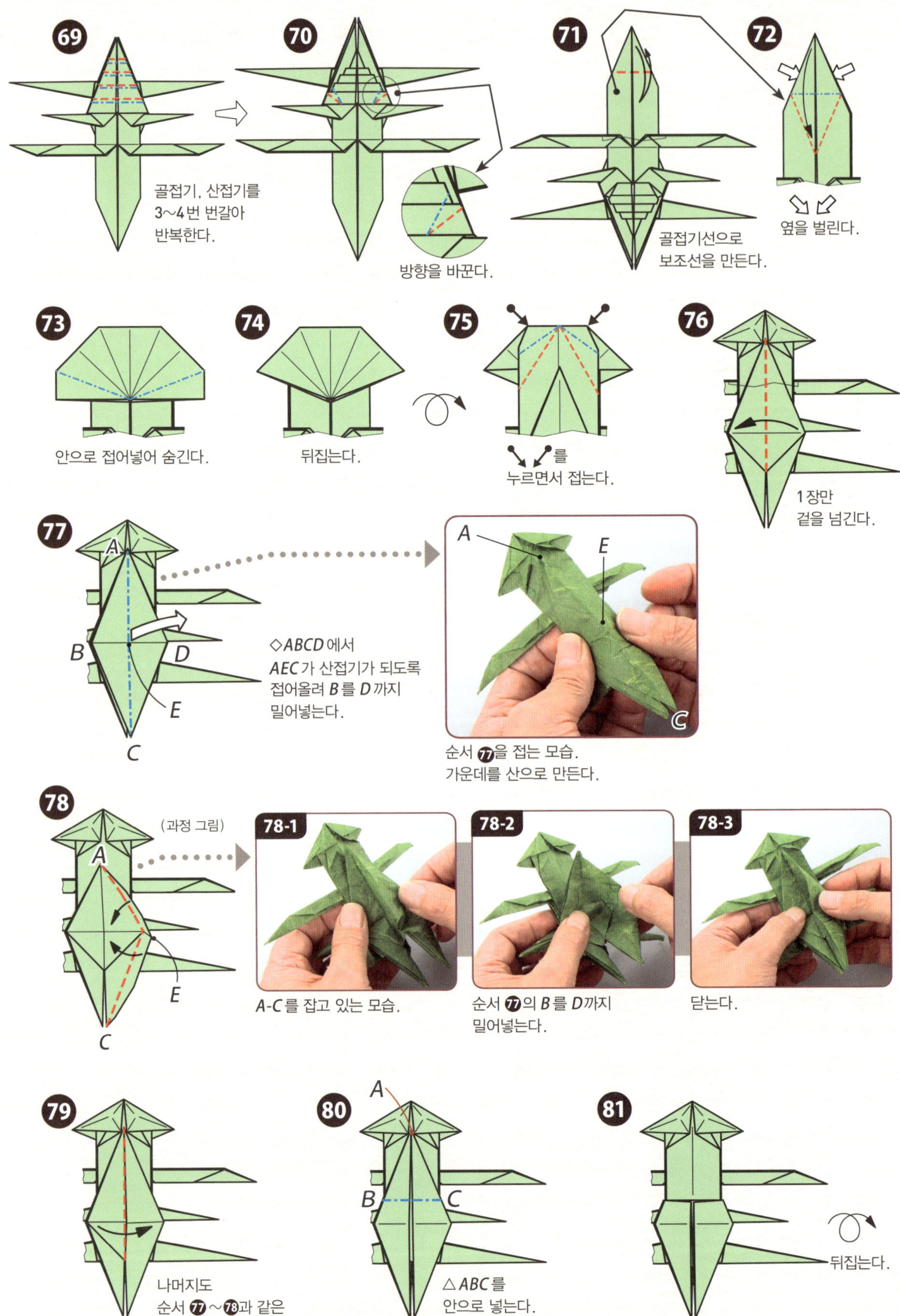
69
골접기, 산접기를
3~4번 번갈아
반복한다.
70
방향을 바꾼다.
71
골접기선으로
보조선을 만든다.
72
옆을 벌린다.
73
안으로 접어넣어 숨긴다.
74
뒤집는다.
75
를
누르면서 접는다.
76
1장만
겉을 넘긴다.
77
A
B
D
E
C
◇ABCD에서
AEC가 산접기가 되도록
접어올려 B를 D까지
밀어넣는다.
A
E
C
순서 77을 접는 모습.
가운데를 산으로 만든다.
78
(과정 그림)
A
E
C
78-1
A-C를 잡고 있는 모습.
78-2
순서 77의 B를 D까지
밀어넣는다.
78-3
닫는다.
79
나머지도
순서 77~78과 같은
방법으로 접는다.
80
A
B
C
△ABC를
안으로 넣는다.
81
뒤집는다.

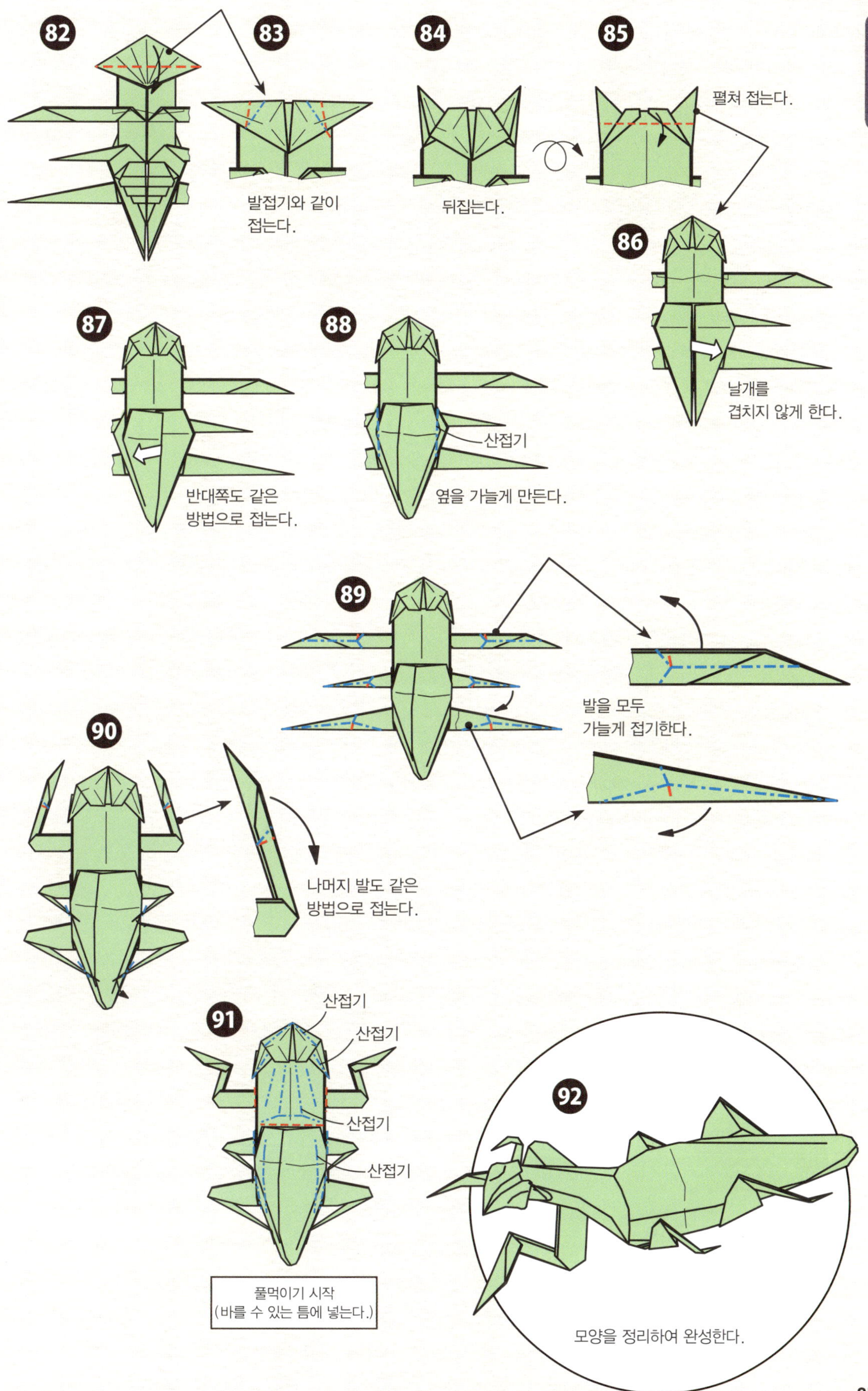
82
83
발접기와 같이
접는다.
84
뒤집는다.
85
펼쳐 접는다.
86
날개를
겹치지 않게 한다.
87
반대쪽도 같은
방법으로 접는다.
88
산접기
옆을 가늘게 만든다.
89
발을 모두
가늘게 접기한다.
90
나머지 발도 같은
방법으로 접는다.
91
산접기
산접기
산접기
산접기
풀먹이기 시작
(바를 수 있는 틈에 넣는다.)
92
모양을 정리하여 완성한다.

★★☆☆☆

스테고사우루스

★ 준비할 종이 30×30cm 2장

등에 많은 골판이 있는 스테고사우루스를 1장으로 실감나게 완성하기란 쉬운 일이 아닙니다. 따라서 여기서는 비교적 간단하게 리얼한 작품을 만들 수 있는 2장 접기로 만들고자 합니다. 몸통은 1장으로, 투구와 꼬리의 가시 4개는 또 다른 종이 1장으로 접어 마지막에 합체하여 완성합니다. 몸통의 기초접기(순서 6)는 전통적인 방법인 돼지접기의 기본형과 같습니다.

몸통을 접는다

1

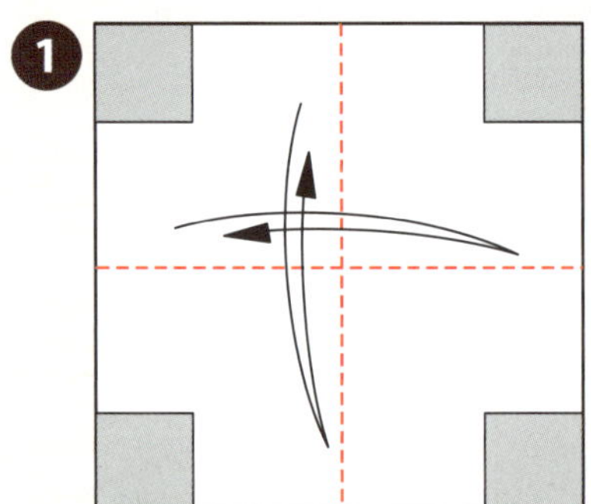

뒷면의 귀퉁이 4개를 보강한다(16쪽).

2

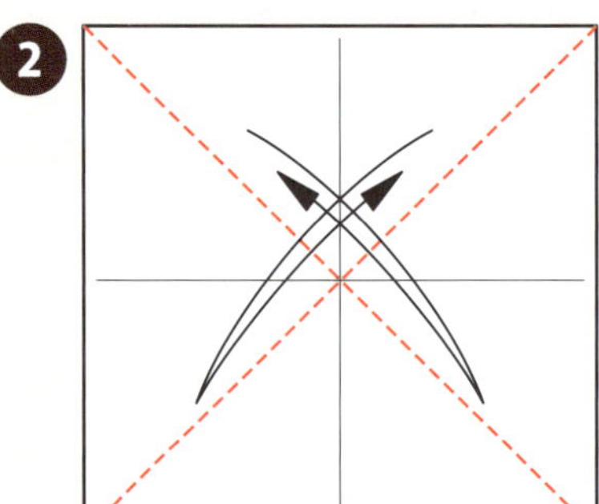

3

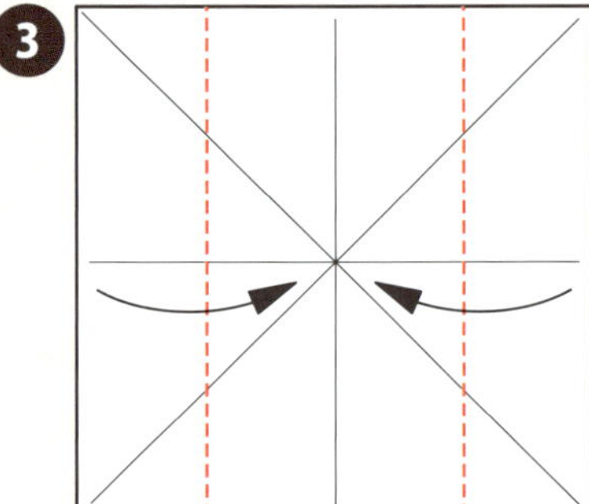

4

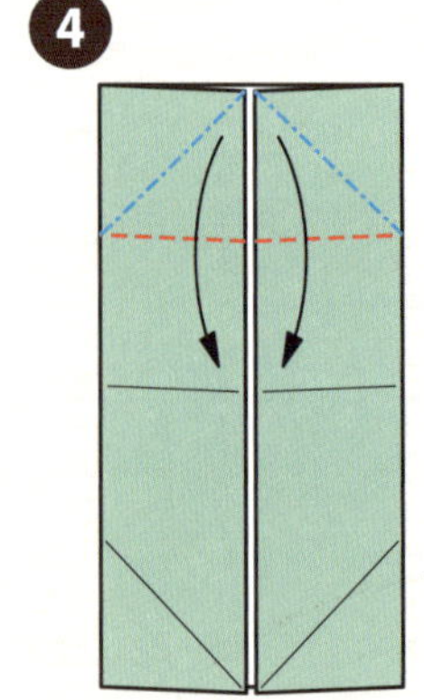

5

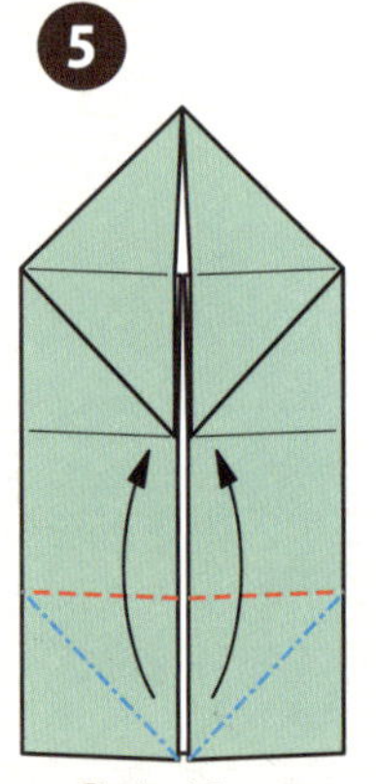

❹와 같은 방법으로 접는다.

6

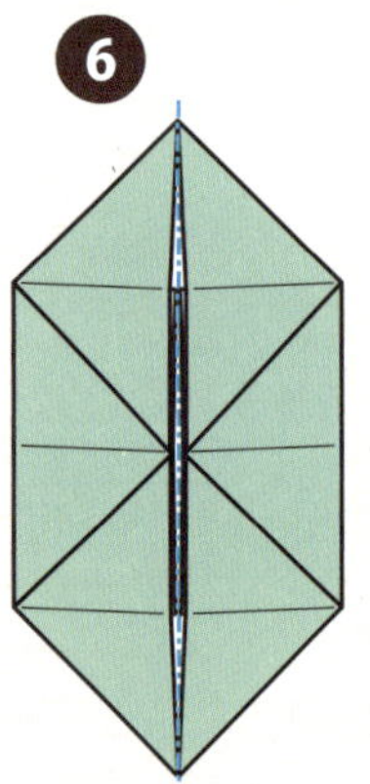

가운데 중심선으로 반을 접고 방향을 바꾼다.

여기까지 기초접기

풀먹이기 시작

7

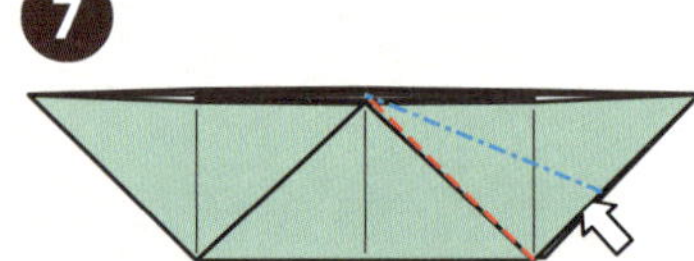

벌려서 접는다. 반대쪽도 같은 방법으로 접는다.

8

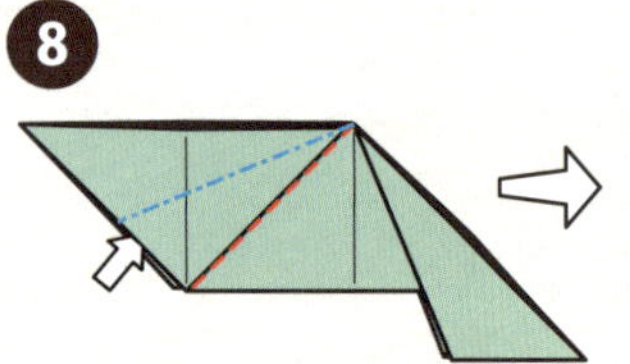

반대쪽도 순서 ❼과 같은 방법으로 접는다.

9

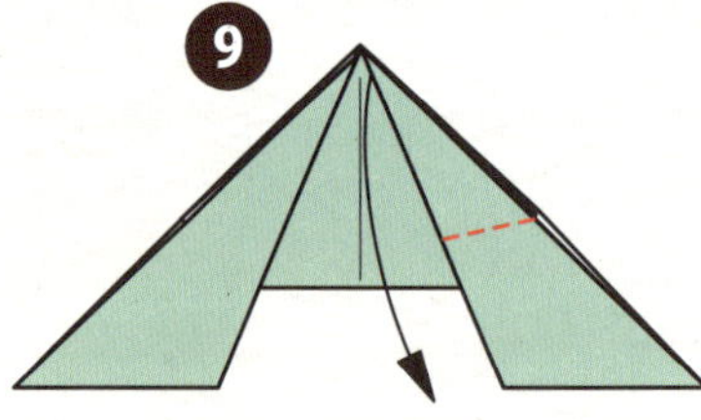

씌워져 있는 1장을 씌워접기한다.

10

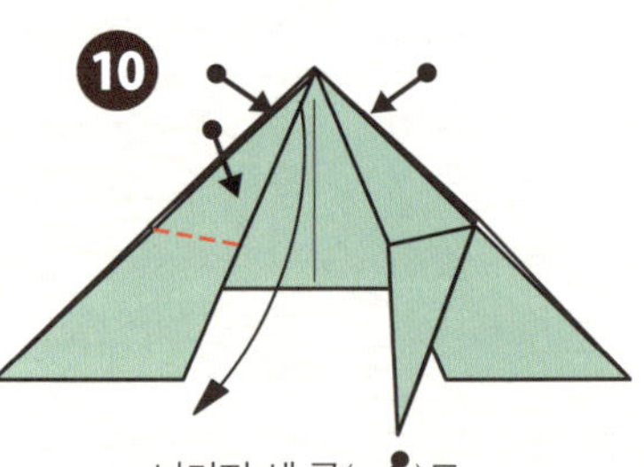

나머지 세 곳( )도 같은 방법으로 접는다.

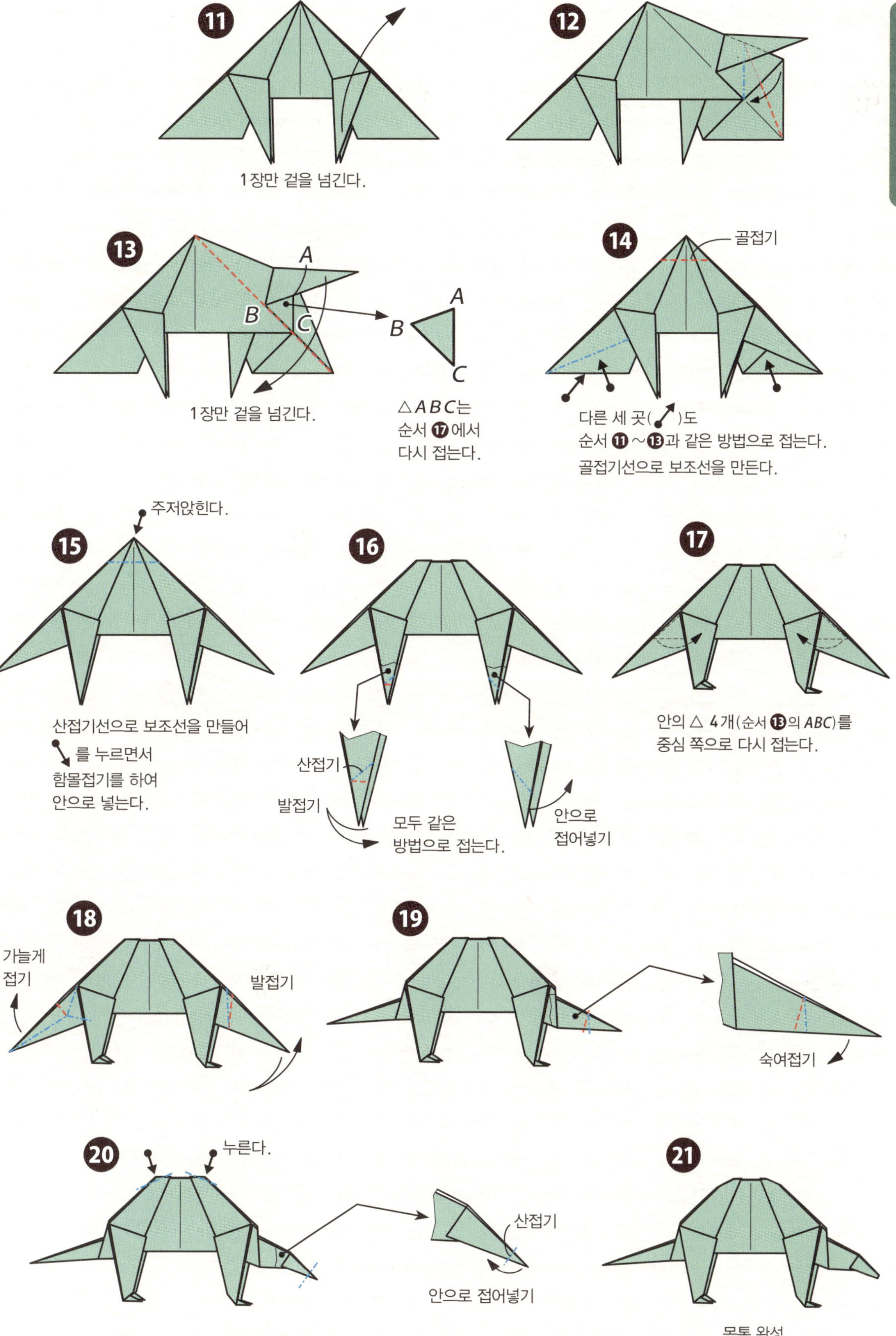
11
1장만 겉을 넘긴다.
12
13
A
B
C
1장만 겉을 넘긴다.
△ABC는
순서 17에서
다시 접는다.
14
골접기
다른 세 곳( )도
순서 11~13과 같은 방법으로 접는다.
골접기선으로 보조선을 만든다.
15
주저앉힌다.
산접기선으로 보조선을 만들어
를 누르면서
함몰접기를 하여
안으로 넣는다.
16
산접기
발접기
모두 같은
방법으로 접는다.
안으로
접어넣기
17
안의 △ 4개(순서 13의 ABC)를
중심 쪽으로 다시 접는다.
18
가늘게
접기
발접기
19
숙여접기
20
누른다.
산접기
안으로 접어넣기
21
몸통 완성

골판을 접는다

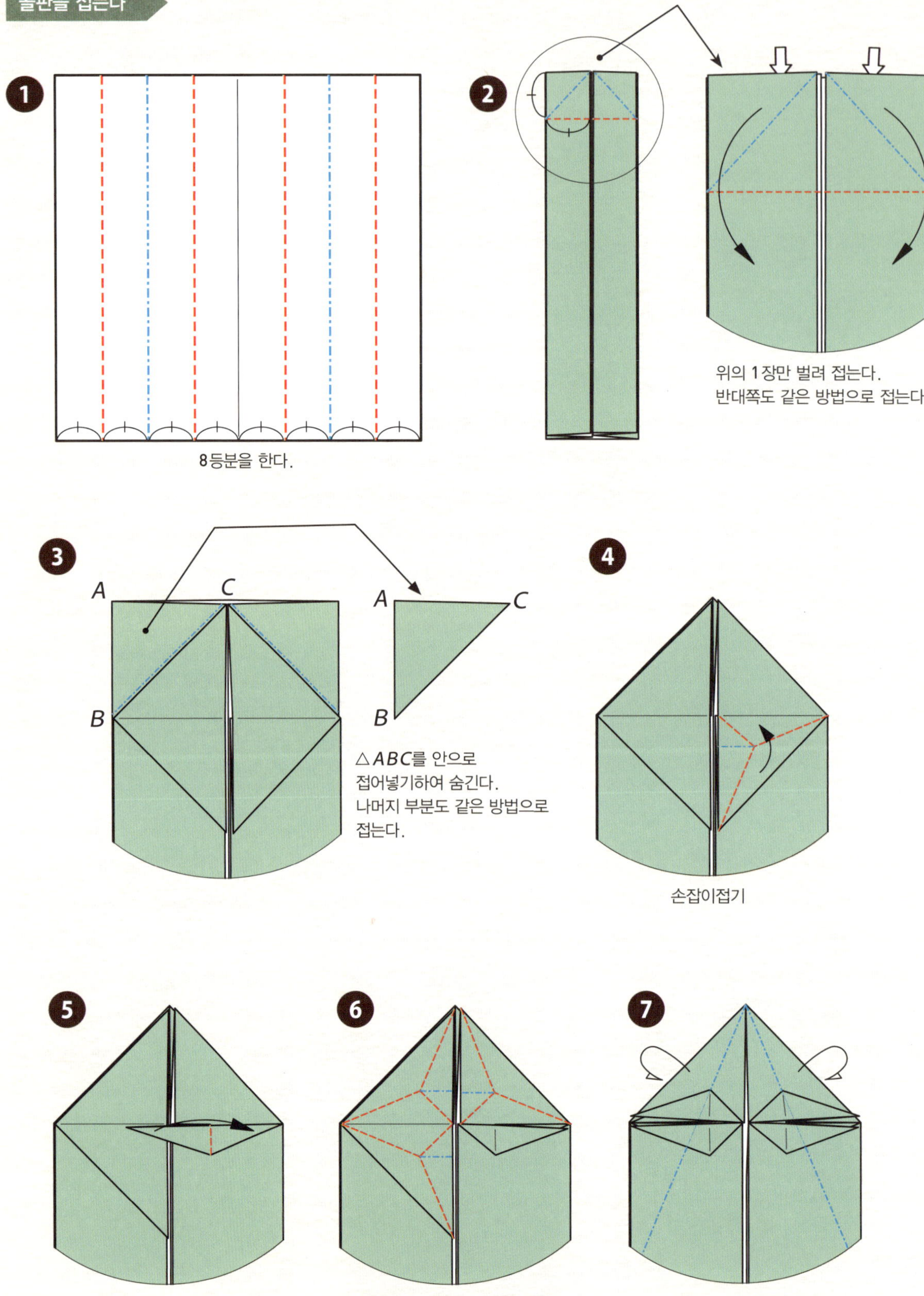

1
8등분을 한다.
2
위의 1장만 벌려 접는다.
반대쪽도 같은 방법으로 접는다.
3
A
C
B
A
C
B
△ABC를 안으로
접어넣기하여 숨긴다.
나머지 부분도 같은 방법으로
접는다.
4
손잡이접기
5
6
7
나머지 세 곳도 순서 4~5와
같은 방법으로 접는다.

★★☆☆☆

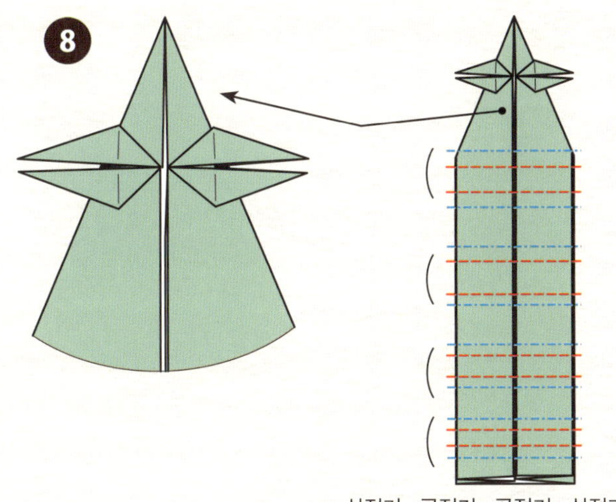

산접기-골접기-골접기-산접기를
4번 접는다.

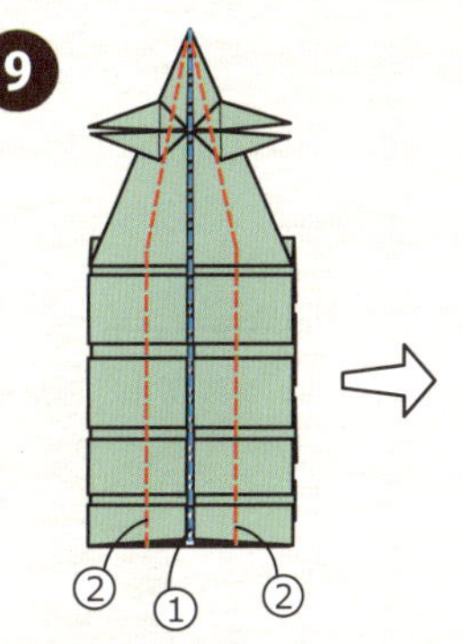

먼저 가운데 산접기 ①로 접고
다음에 양쪽의 골접기 ②로 접는다.

풀먹이기 시작 (뒷면과 앞면의 빈틈에도 풀을 먹인다.)

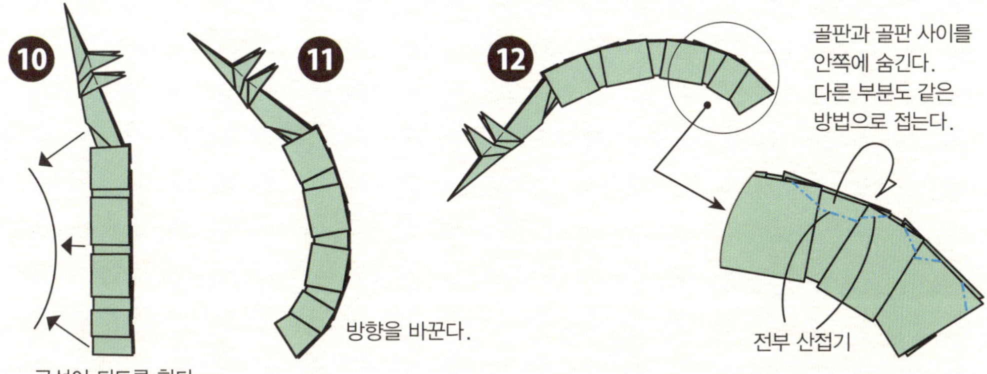

곡선이 되도록 한다.

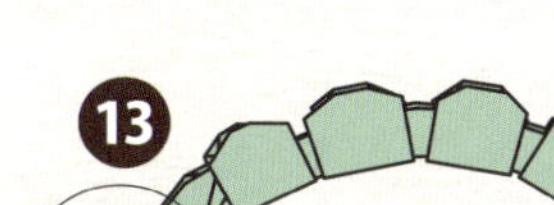

발접기

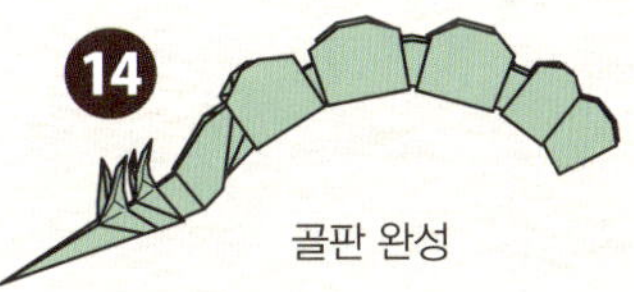

골판 완성

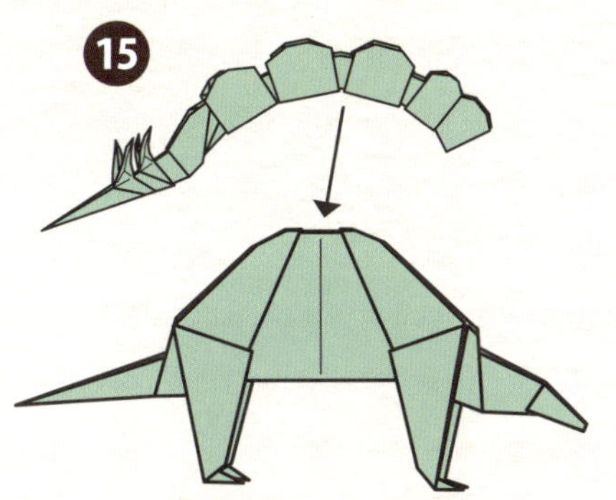

몸통의 등에 골판을 붙인다.

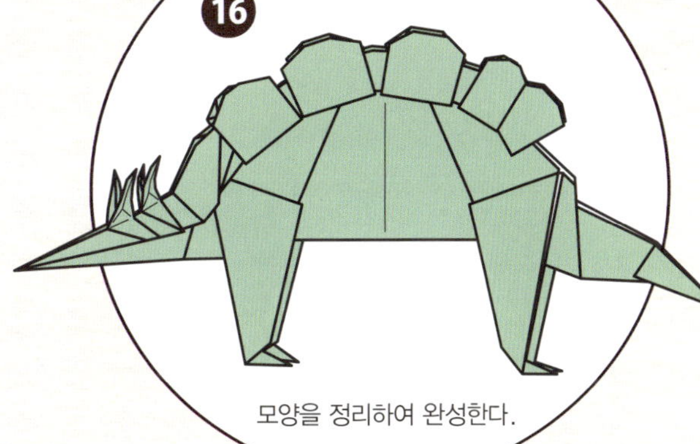

모양을 정리하여 완성한다.

★★⯪☆☆

브라키오사우루스

★ 준비할 종이 30×30cm 1장

이 작품은 본격적으로 풀먹이기(순서 36)를 하기 전에 순서 11에서 주름 모양의 빈틈에 풀을 먹입니다. 후반 과정에서 주름이 제대로 잡히도록 하기 위해서입니다. 브라키오사우루스는 목이 긴 공룡의 대명사지만, 그 때문에 세우면 머리부터 쓰러지는 경우가 있습니다. 머리를 올려 중심을 꼬리에 두거나 앞다리의 끝을 머리 쪽으로 엇갈리게 하여 조절해 보세요.

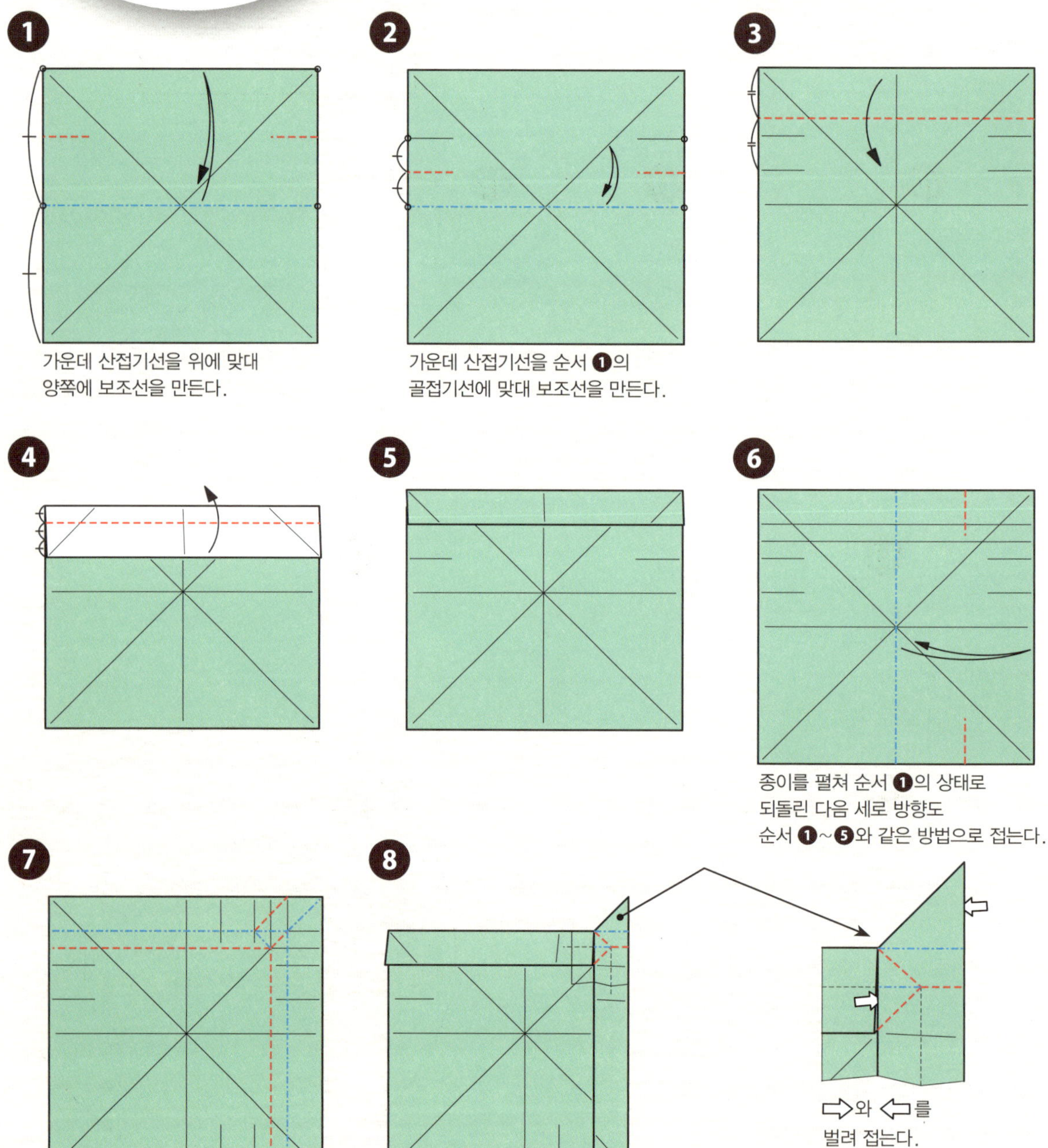

★★★☆☆

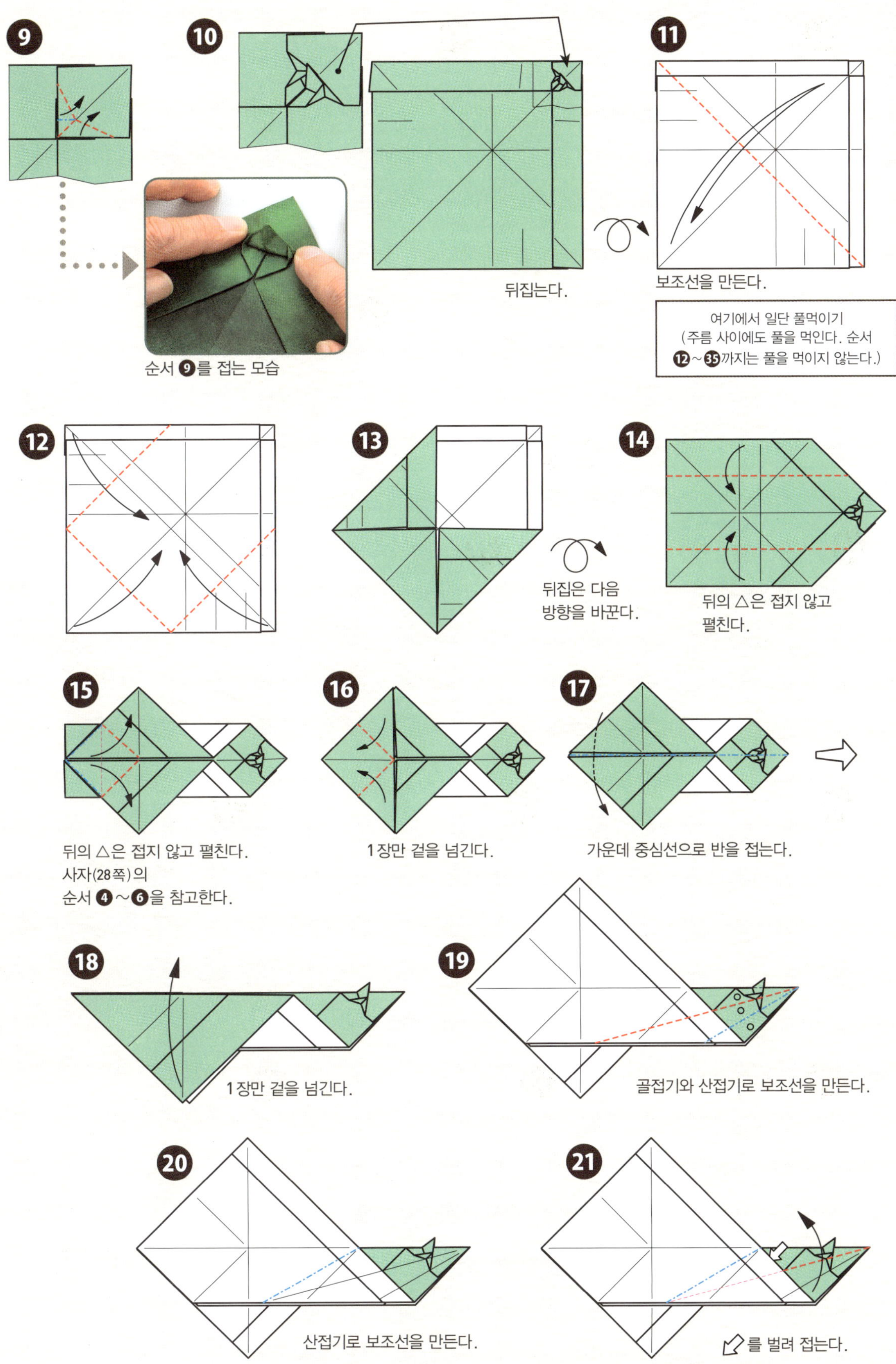
9
10
11
순서 9를 접는 모습
뒤집는다.
보조선을 만든다.
여기에서 일단 풀먹이기
(주름 사이에도 풀을 먹인다. 순서
12~35까지는 풀을 먹이지 않는다.)
12
13
14
뒤집은 다음
방향을 바꾼다.
뒤의 △은 접지 않고
펼친다.
15
16
17
뒤의 △은 접지 않고 펼친다.
사자(28쪽)의
순서 4~6을 참고한다.
1장만 겉을 넘긴다.
가운데 중심선으로 반을 접는다.
18
19
1장만 겉을 넘긴다.
골접기와 산접기로 보조선을 만든다.
20
21
산접기로 보조선을 만든다.
를 벌려 접는다.

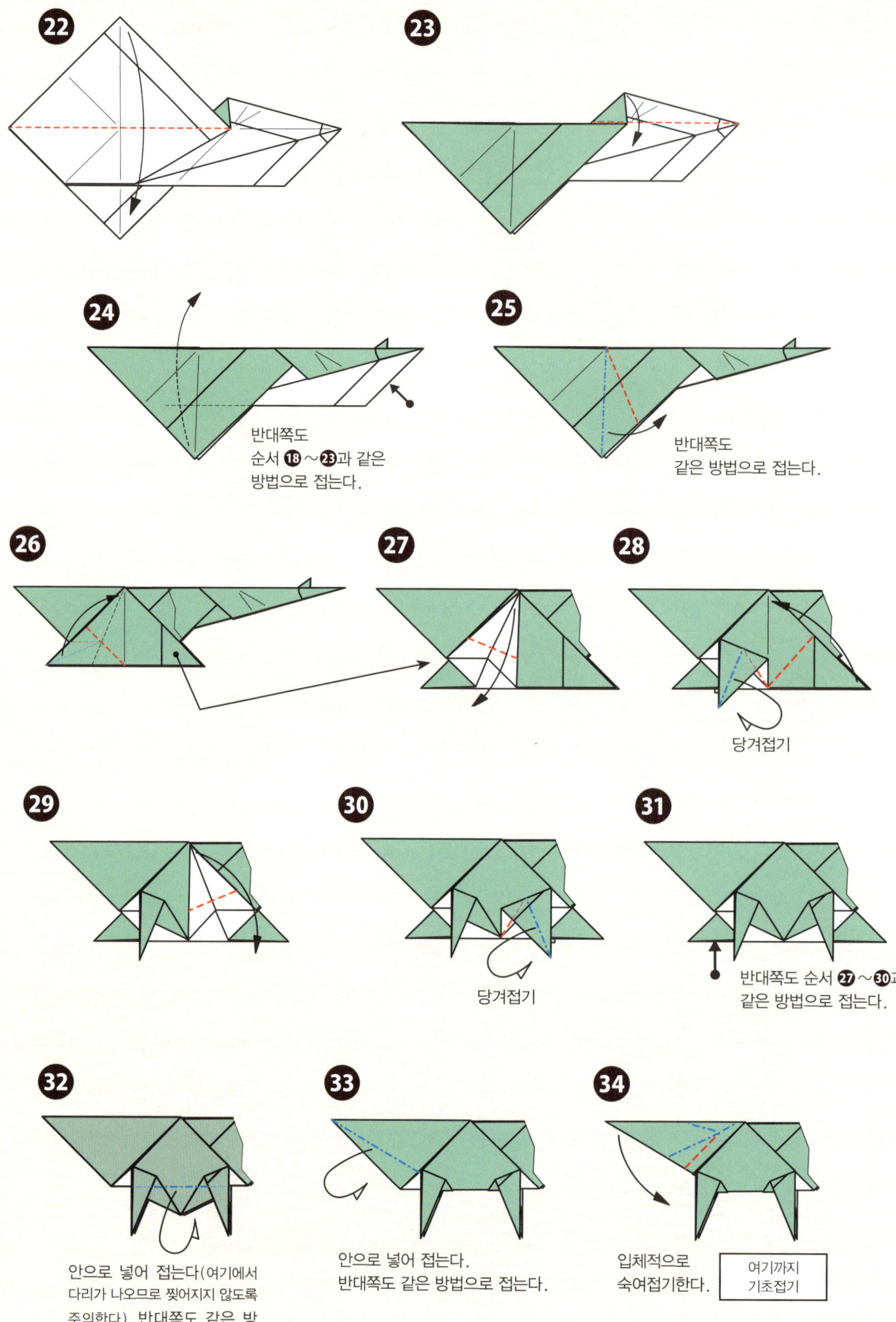
22
23
24
반대쪽도
순서 18~23과 같은
방법으로 접는다.
25
반대쪽도
같은 방법으로 접는다.
26
27
28
당겨접기
29
30
당겨접기
31
반대쪽도 순서 27~30과
같은 방법으로 접는다.
32
안으로 넣어 접는다(여기에서 다리가 나오므로 찢어지지 않도록 주의한다). 반대쪽도 같은 방법으로 접는다.
33
안으로 넣어 접는다.
반대쪽도 같은 방법으로 접는다.
34
입체적으로
숙여접기한다.
여기까지
기초접기

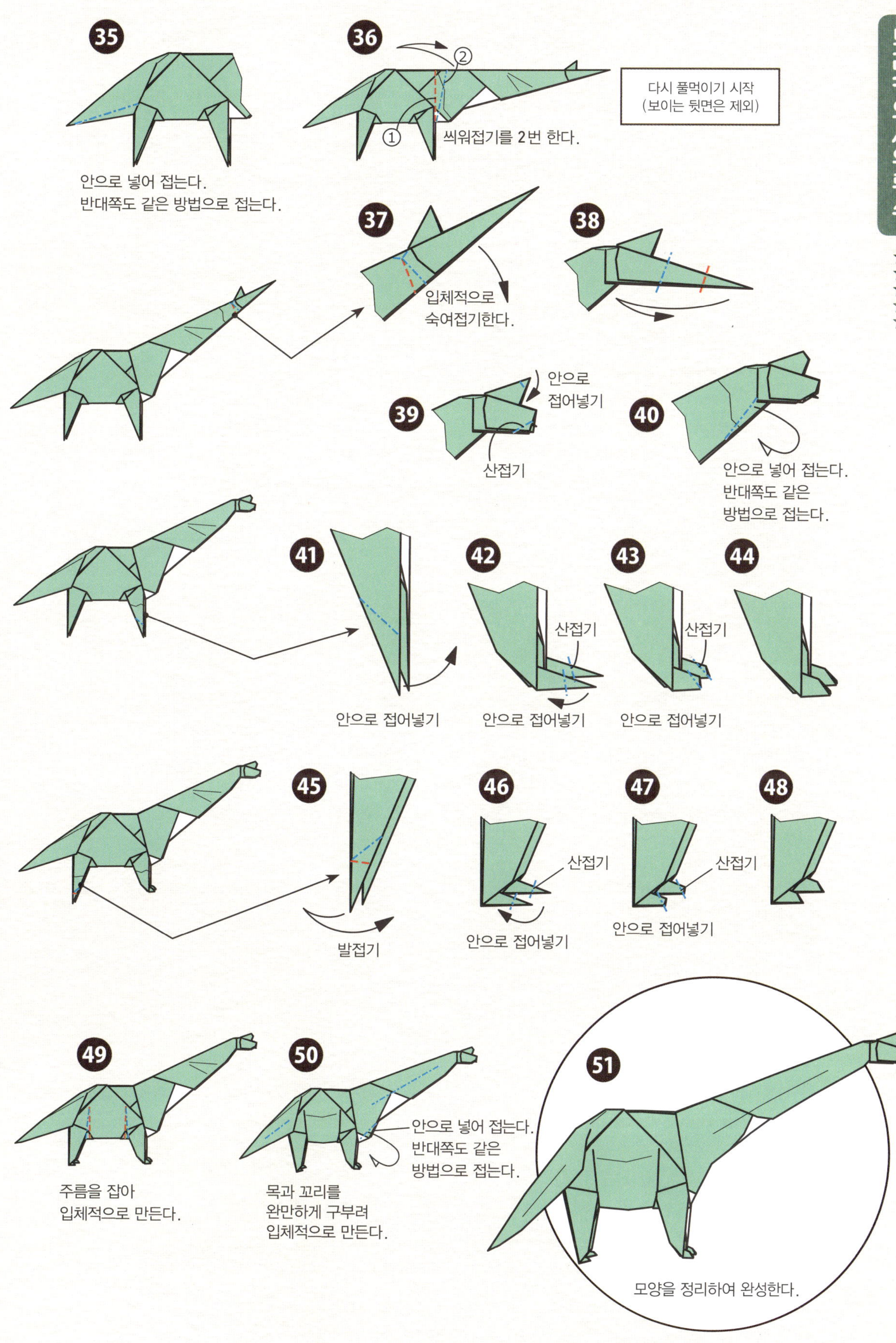
35
안으로 넣어 접는다.
반대쪽도 같은 방법으로 접는다.
36
②
①
씌워접기를 2번 한다.
다시 풀먹이기 시작
(보이는 뒷면은 제외)
37
입체적으로
숙여접기한다.
38
39
안으로
접어넣기
산접기
40
안으로 넣어 접는다.
반대쪽도 같은
방법으로 접는다.
41
안으로 접어넣기
42
산접기
안으로 접어넣기
43
산접기
안으로 접어넣기
44
45
발접기
46
산접기
안으로 접어넣기
47
산접기
안으로 접어넣기
48
49
주름을 잡아
입체적으로 만든다.
50
안으로 넣어 접는다.
반대쪽도 같은
방법으로 접는다.
목과 꼬리를
완만하게 구부려
입체적으로 만든다.
51
모양을 정리하여 완성한다.

★★★☆☆

람포링쿠스

★ 준비할 종이 23×23cm 1장

장수풍뎅이(78쪽)와 같이 블린츠 프로그 베이스를 토대로 하는 작품입니다. 이것은 실제로는 세 부분인데, 그중 2개로는 날개를, 1개로는 아래턱을 만들며 나머지 1개로는 꼬리를 만듭니다. 이 기초접기는 매우 응용 범위가 넓어 많은 작품에 응용할 수 있습니다. 완성하면 날개를 펴고 드넓은 하늘을 나는 모습과 일어서서 위협하는 모습, 두 가지를 만들 수 있습니다.

장수풍뎅이(78쪽)의 순서 ⑳부터

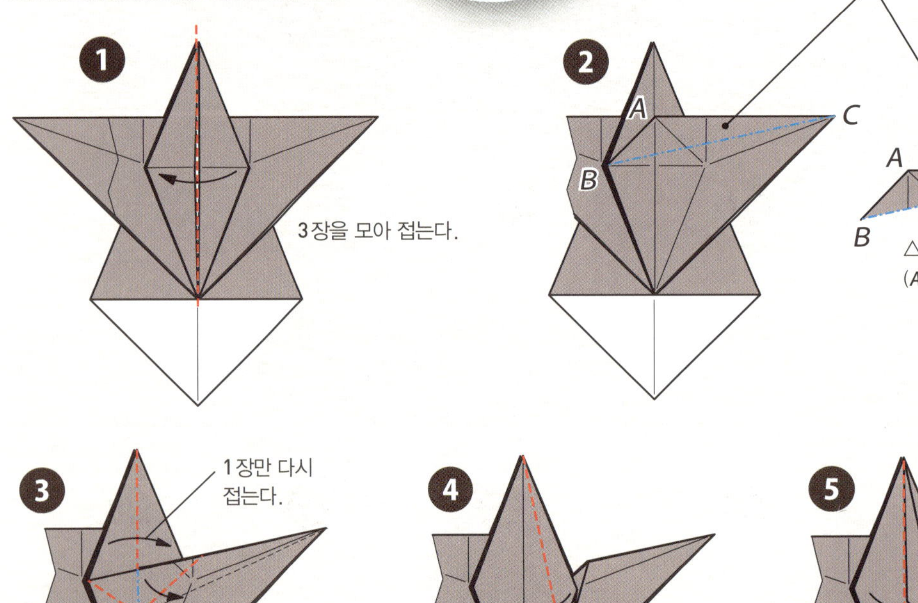

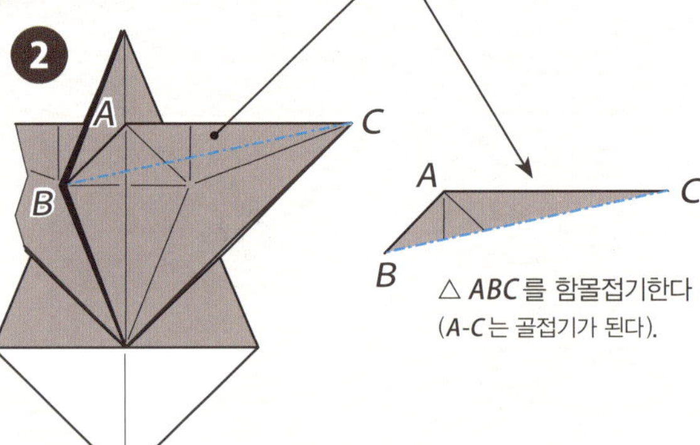

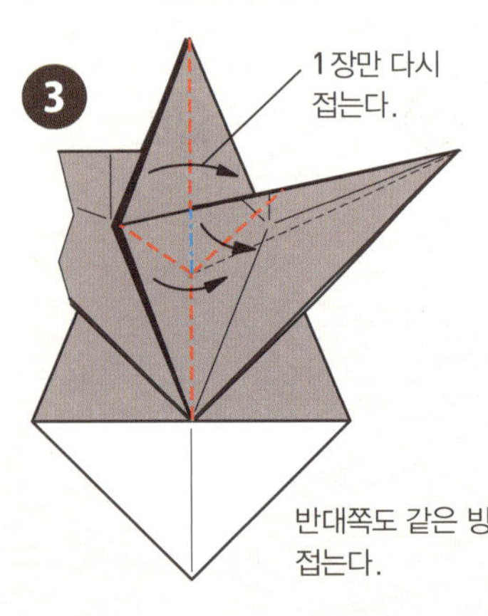

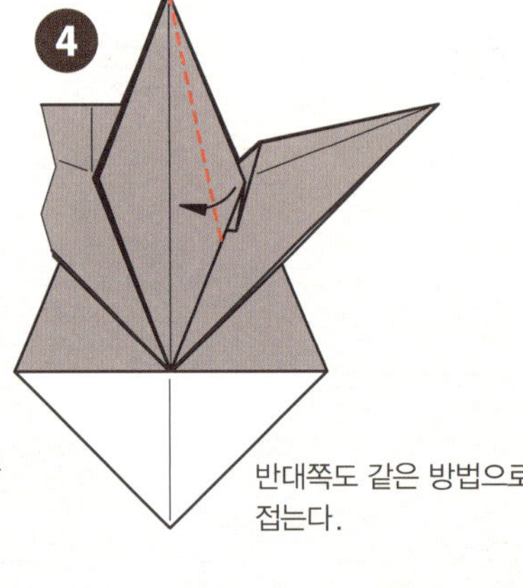

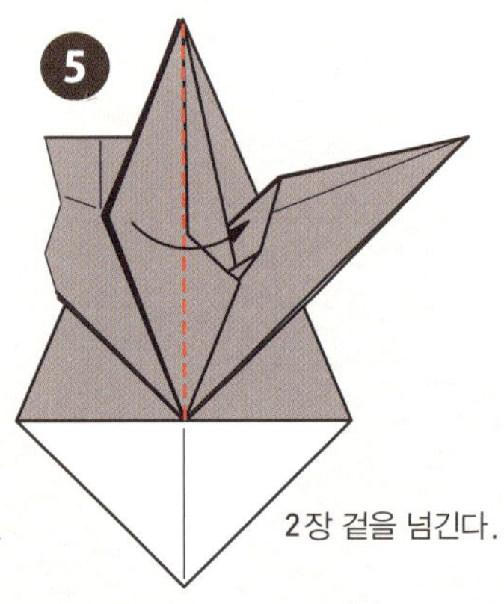

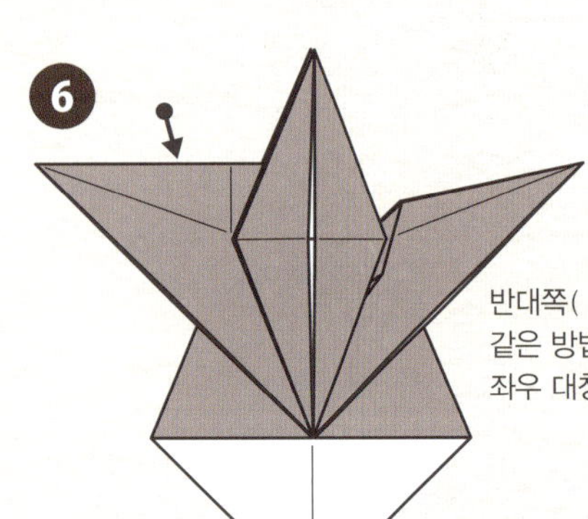

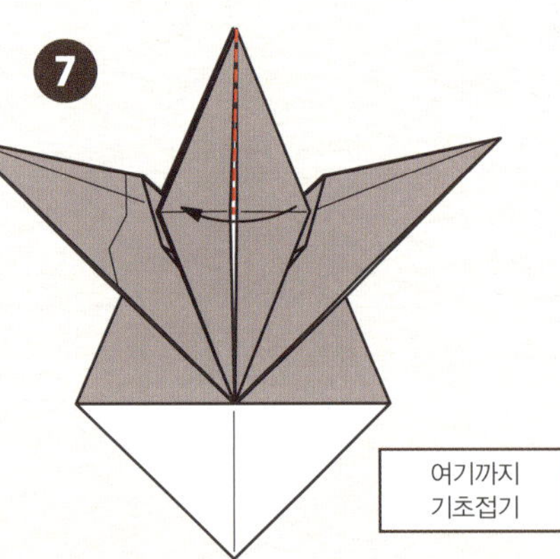

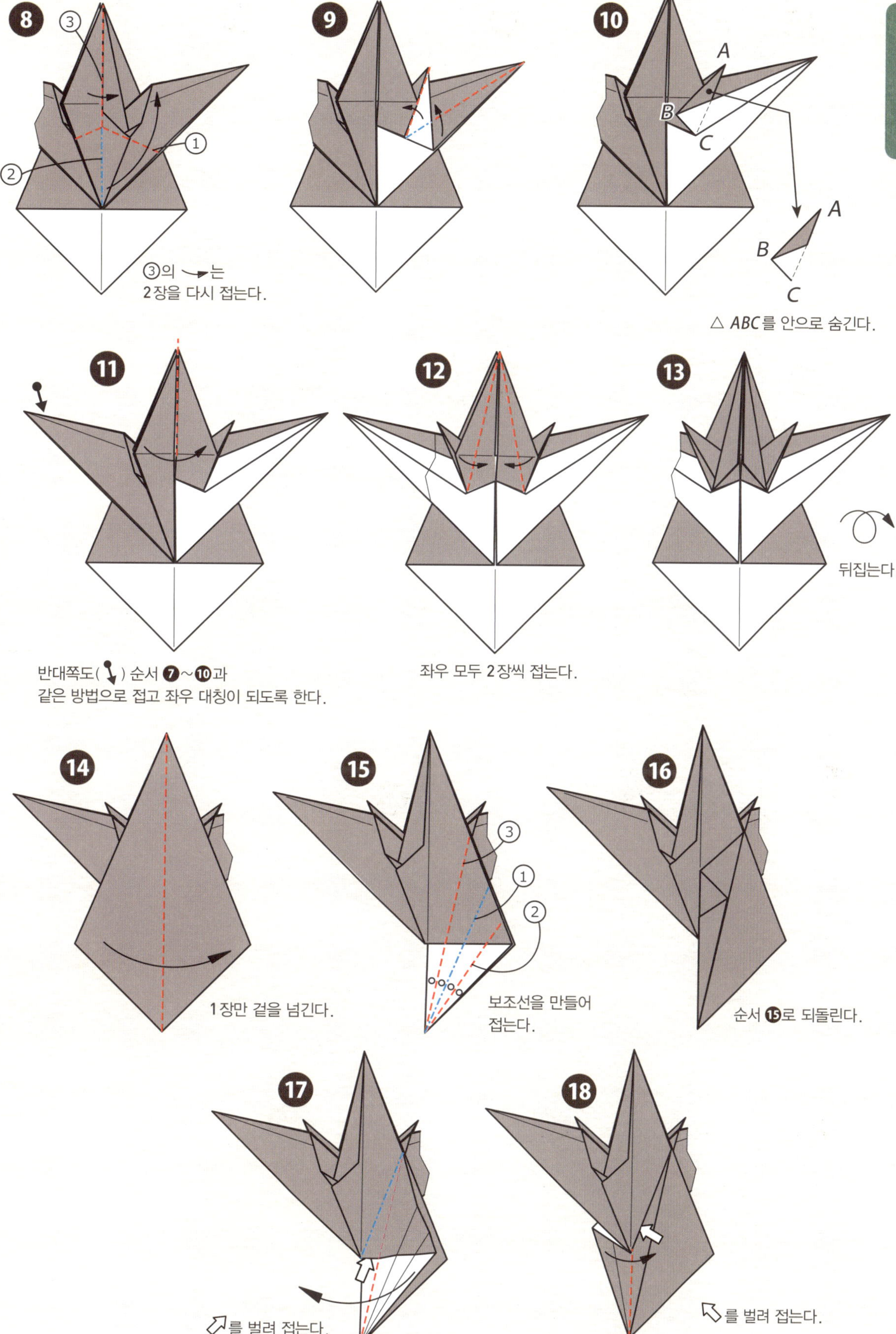
8
③
①
②
③의 ⟶는
2장을 다시 접는다.
9
10
A
B
C
A
B
C
△ ABC를 안으로 숨긴다.
11
반대쪽도( ) 순서 7~10과
같은 방법으로 접고 좌우 대칭이 되도록 한다.
12
좌우 모두 2장씩 접는다.
13
뒤집는다.
14
1장만 겉을 넘긴다.
15
③
①
②
보조선을 만들어
접는다.
16
순서 15로 되돌린다.
17
⇨를 벌려 접는다.
18
⇨를 벌려 접는다.

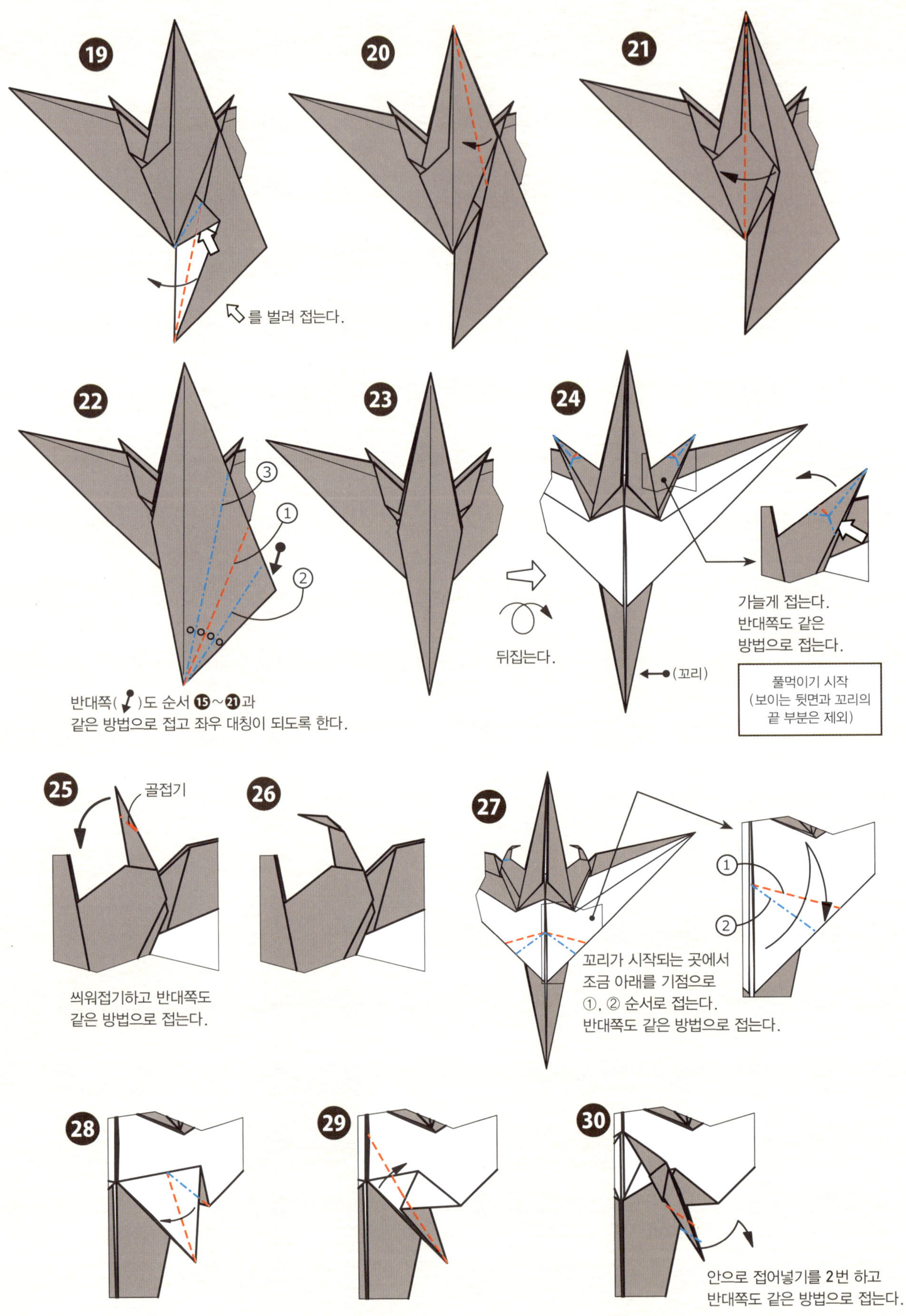
19
20
21
를 벌려 접는다.
22
③
①
②
반대쪽( )도 순서 ⓯~㉑과
같은 방법으로 접고 좌우 대칭이 되도록 한다.
23
뒤집는다.
24
(꼬리)
가늘게 접는다.
반대쪽도 같은
방법으로 접는다.
풀먹이기 시작
(보이는 뒷면과 꼬리의
끝 부분은 제외)
25
골접기
씌워접기하고 반대쪽도
같은 방법으로 접는다.
26
27
①
②
꼬리가 시작되는 곳에서
조금 아래를 기점으로
①, ② 순서로 접는다.
반대쪽도 같은 방법으로 접는다.
28
29
30
안으로 접어넣기를 2번 하고
반대쪽도 같은 방법으로 접는다.

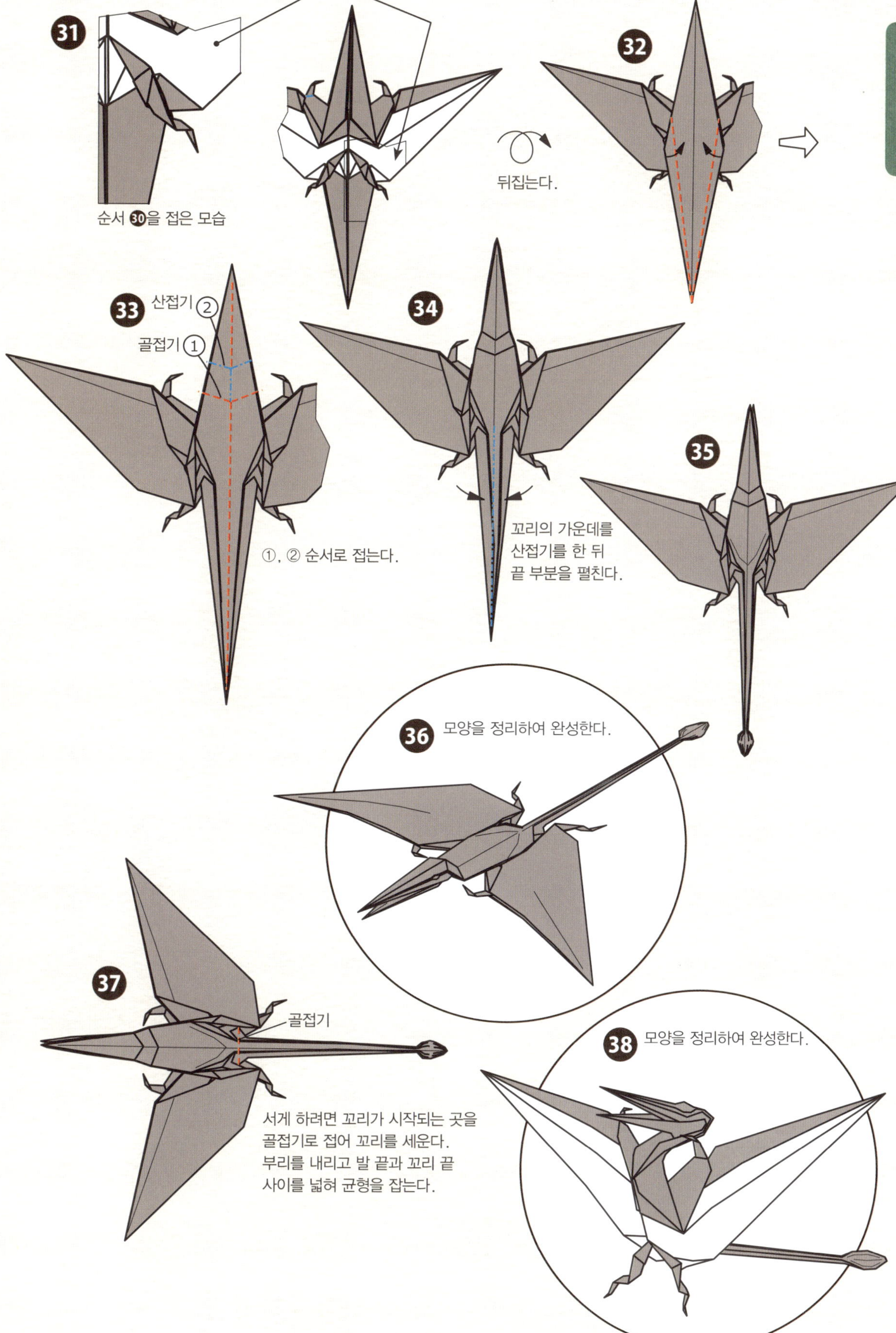

31
순서 30을 접은 모습
32
뒤집는다.
33
산접기 ②
골접기 ①
①, ② 순서로 접는다.
34
꼬리의 가운데를
산접기를 한 뒤
끝 부분을 펼친다.
35
36
모양을 정리하여 완성한다.
37
골접기
서게 하려면 꼬리가 시작되는 곳을
골접기로 접어 꼬리를 세운다.
부리를 내리고 발 끝과 꼬리 끝
사이를 넓혀 균형을 잡는다.
38
모양을 정리하여 완성한다.

★★★★☆

드로마에오사우루스

★ 준비할 종이 30×30cm 1장

꼬리와 뒷다리가 길고 두 다리로 보행하는 공룡을 만들기 위해 종이의 중심이 비켜 난 모양의 기초접기(순서 39)를 생각했습니다. 순서 30과 39는 뒷다리를 길게 하기 위한 과정입니다. 두 다리로 설 수 있도록 뒷다리의 빈틈, 특히 발 끝(발톱이 되는 부분)은 꼼꼼하게 풀을 먹입니다. 발 끝을 한 번 안으로 접어넣기하면 세우기 쉬워 집니다.

1

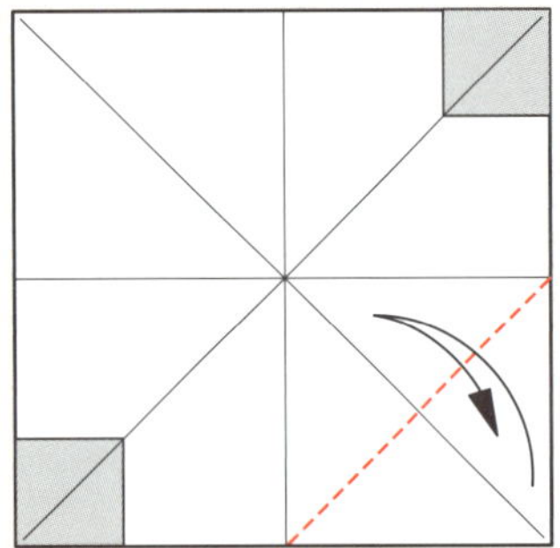

뒷면 귀퉁이 2개를 보강(16쪽)하고 골접기로 보조선을 만든다.

2

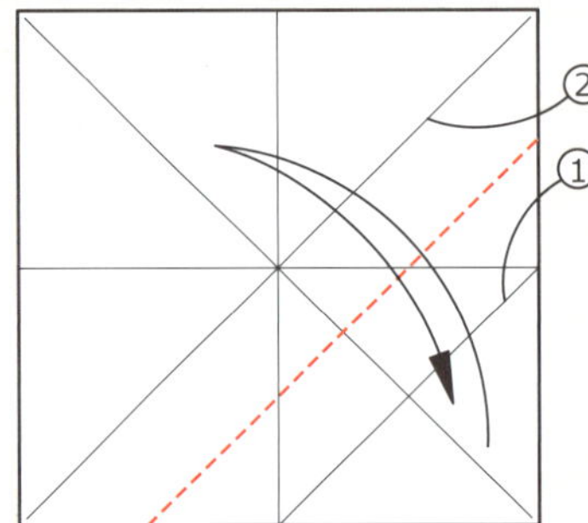

골접기로 보조선을 만든다. ①과 ②를 맞댄다.

3

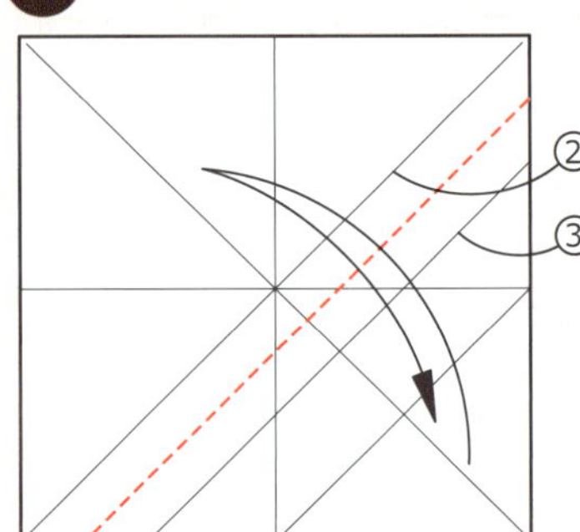

골접기로 보조선을 만든다. ②와 ③을 맞댄다.

4

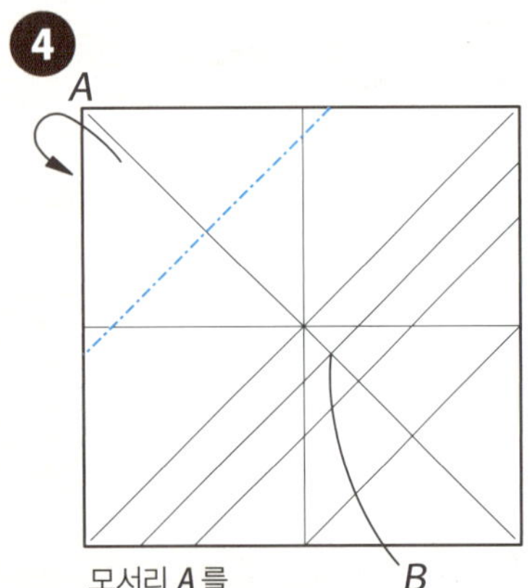

모서리 *A*를 교차점 *B*에 맞댄다.

5

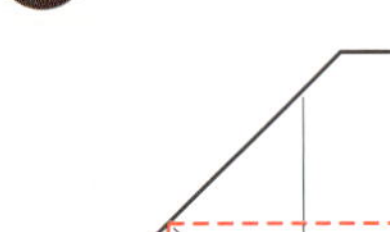

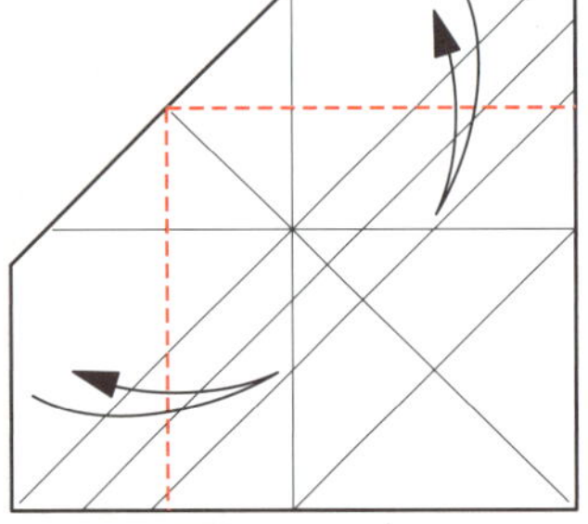

골접기로 보조선을 만든다.

6

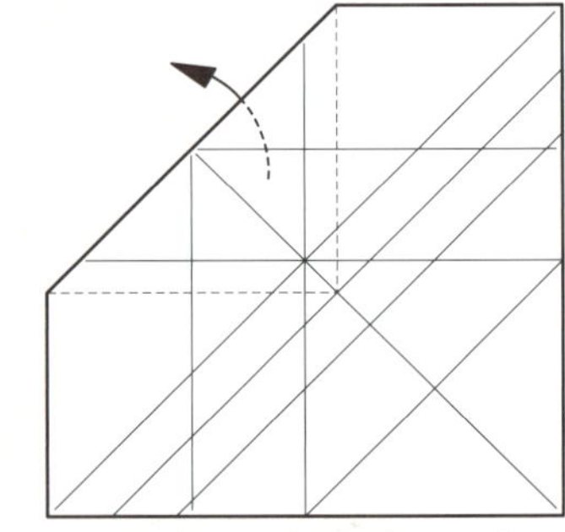

④번 과정으로 되돌아 갈 수 있게 다시 펼친다.

7

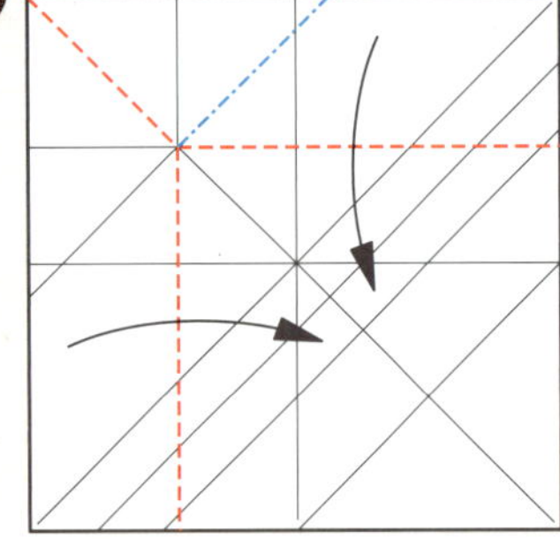

8

⇦를 벌려 접는다.

9

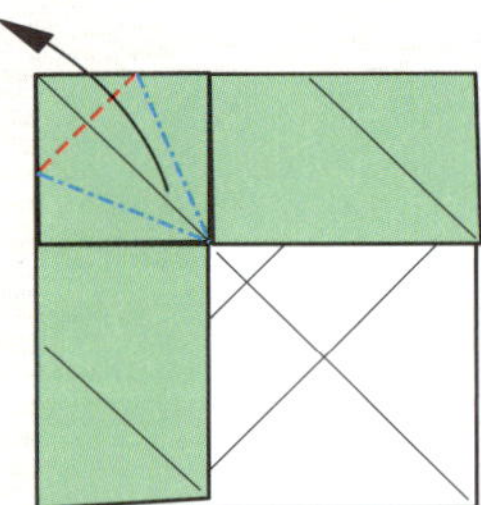

학마름모접기(15쪽)를 한다.

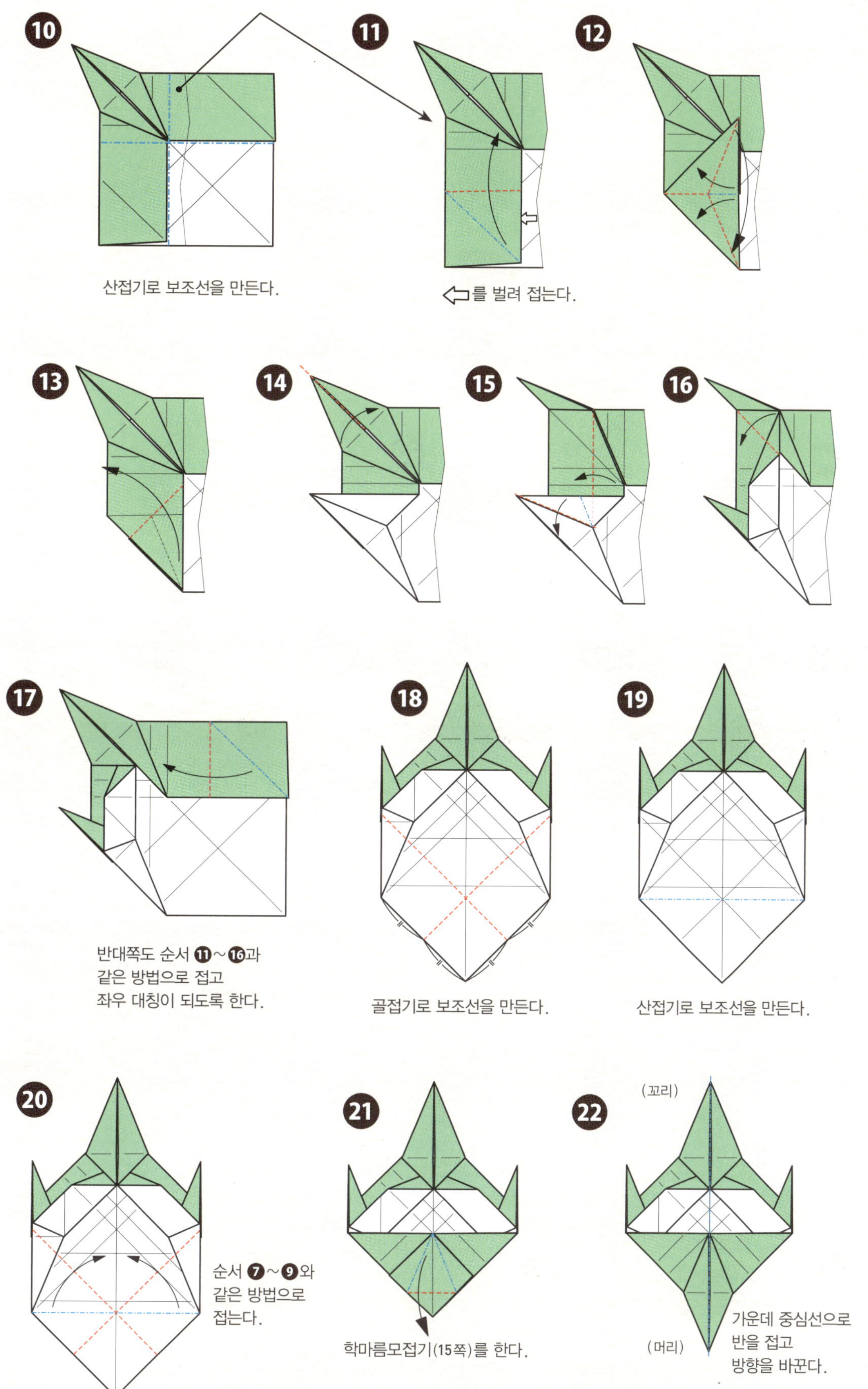
10
산접기로 보조선을 만든다.
11
⇦를 벌려 접는다.
12
13
14
15
16
17
반대쪽도 순서 ⓫~⓰과
같은 방법으로 접고
좌우 대칭이 되도록 한다.
18
골접기로 보조선을 만든다.
19
산접기로 보조선을 만든다.
20
순서 ❼~❾와
같은 방법으로
접는다.
21
학마름모접기(15쪽)를 한다.
22
(꼬리)
(머리)
가운데 중심선으로
반을 접고
방향을 바꾼다.

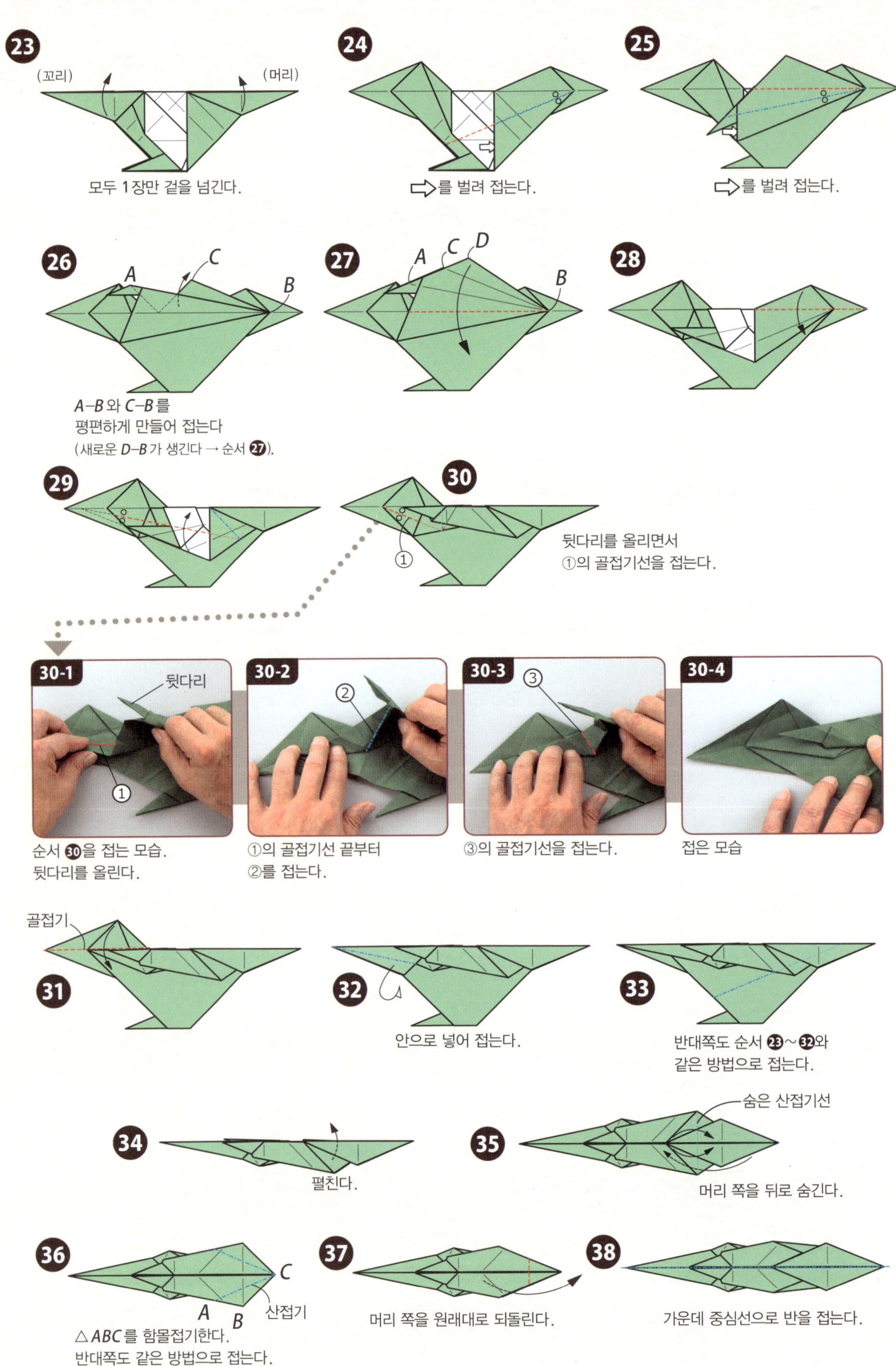
23
(꼬리)
(머리)
모두 1장만 겉을 넘긴다.
24
⇨를 벌려 접는다.
25
⇨를 벌려 접는다.
26
A
C
B
A–B와 C–B를
평편하게 만들어 접는다
(새로운 D–B가 생긴다 → 순서 27).
27
A
C
D
B
28
29
30
①
뒷다리를 올리면서
①의 골접기선을 접는다.
30-1
뒷다리
①
순서 30을 접는 모습.
뒷다리를 올린다.
30-2
②
①의 골접기선 끝부터
②를 접는다.
30-3
③
③의 골접기선을 접는다.
30-4
접은 모습
골접기
31
32
안으로 넣어 접는다.
33
반대쪽도 순서 23~32와
같은 방법으로 접는다.
34
펼친다.
35
숨은 산접기선
머리 쪽을 뒤로 숨긴다.
36
C
A
B
산접기
△ABC를 함몰접기한다.
반대쪽도 같은 방법으로 접는다.
37
머리 쪽을 원래대로 되돌린다.
38
가운데 중심선으로 반을 접는다.

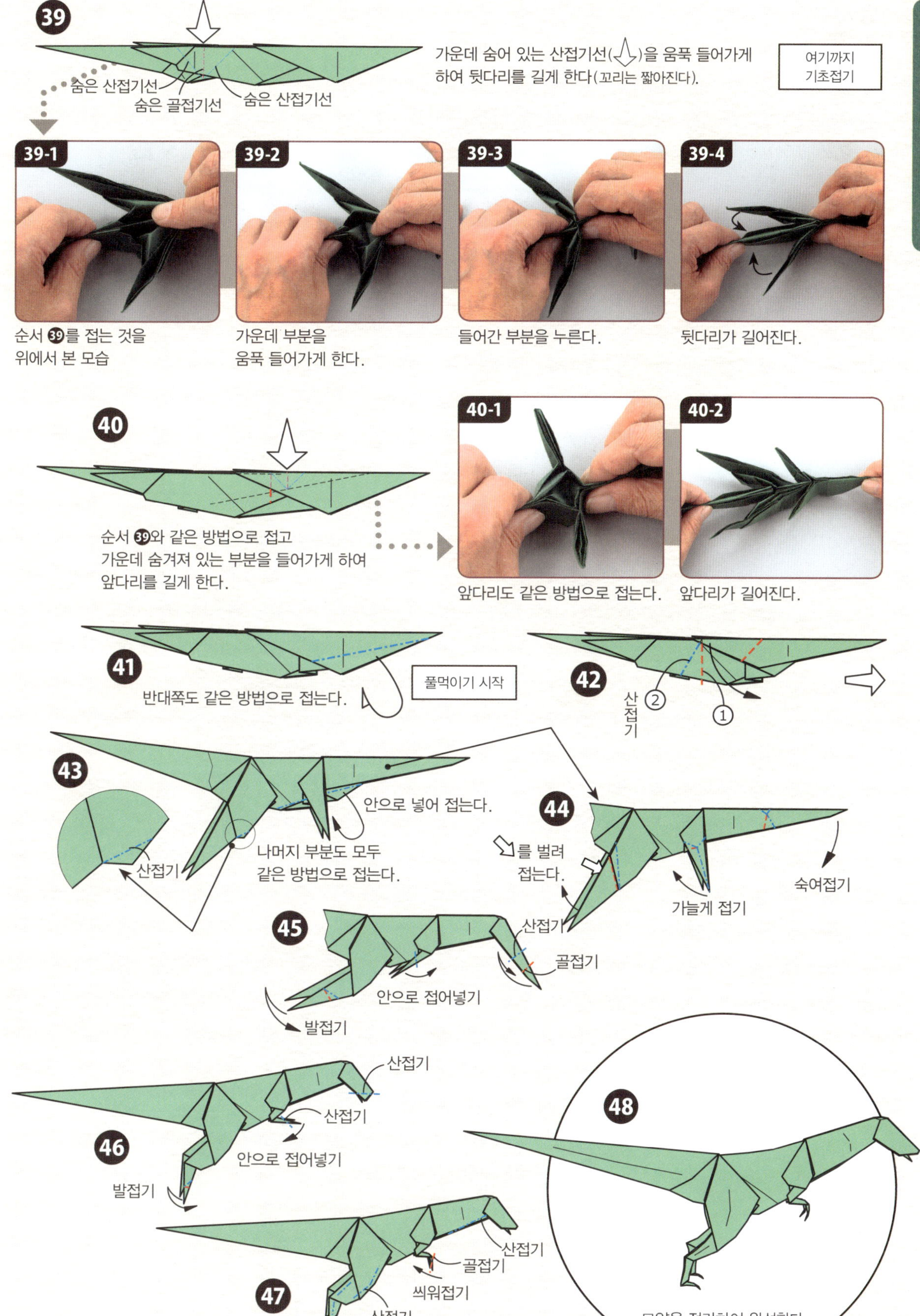
39
숨은 산접기선
숨은 골접기선
숨은 산접기선
가운데 숨어 있는 산접기선( )을 움푹 들어가게
하여 뒷다리를 길게 한다(꼬리는 짧아진다).
여기까지
기초접기
39-1
39-2
39-3
39-4
순서 39를 접는 것을
위에서 본 모습
가운데 부분을
움푹 들어가게 한다.
들어간 부분을 누른다.
뒷다리가 길어진다.
40
순서 39와 같은 방법으로 접고
가운데 숨겨져 있는 부분을 들어가게 하여
앞다리를 길게 한다.
40-1
40-2
앞다리도 같은 방법으로 접는다.
앞다리가 길어진다.
41
반대쪽도 같은 방법으로 접는다.
풀먹이기 시작
42
산접기
2
1
43
산접기
안으로 넣어 접는다.
나머지 부분도 모두
같은 방법으로 접는다.
44
를 벌려
접는다.
가늘게 접기
숙여접기
45
산접기
골접기
안으로 접어넣기
발접기
46
산접기
산접기
안으로 접어넣기
발접기
47
산접기
골접기
씌워접기
산접기
48
모양을 정리하여 완성한다.

★★★★★

티라노사우루스

★ 준비할 종이 30×30cm 1장

16등분 접기부터 시작합니다. 접기는 어렵기는 하나, 전개도(109쪽)의 산접기와 골접기를 제대로 접으면 문제없습니다. 턱에서 나오는 이빨 4개(순서 46~49)는 생략해도 괜찮습니다. 사마귀(82쪽)와 함께 고난이도 작품에 해당하니 꼭 한번 도전해 보세요.

1

16등분 접기
보조선을 만든다(59쪽 참고).

2

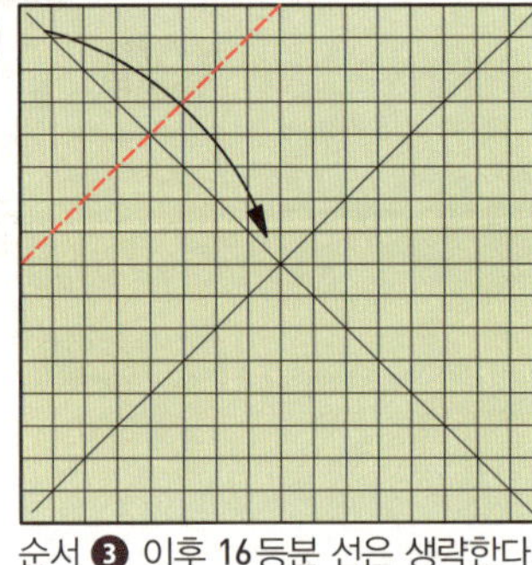

순서 ❸ 이후 16등분 선은 생략한다.

3

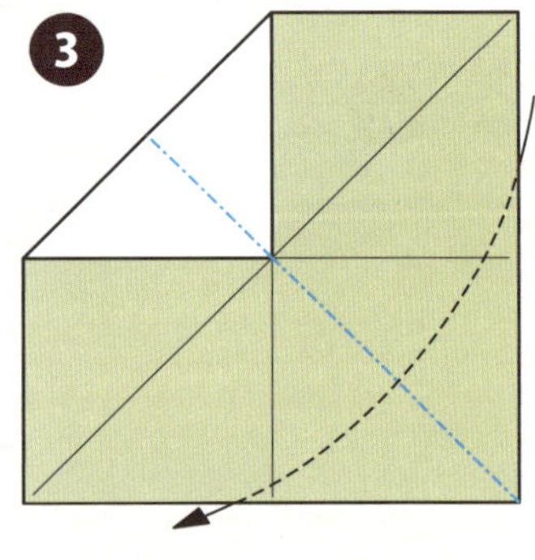

4

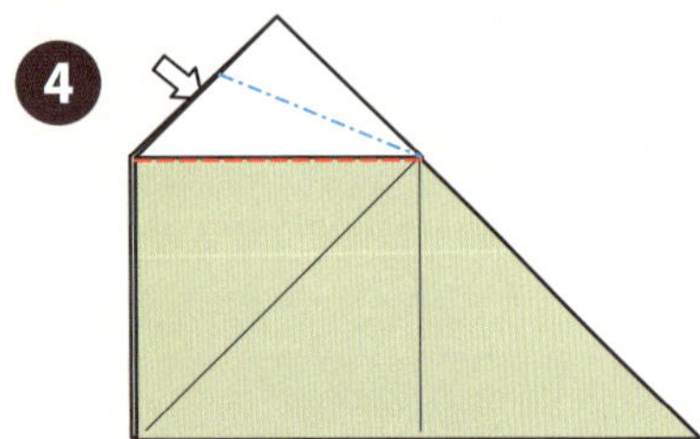

⇘를 벌려 접는다.

5

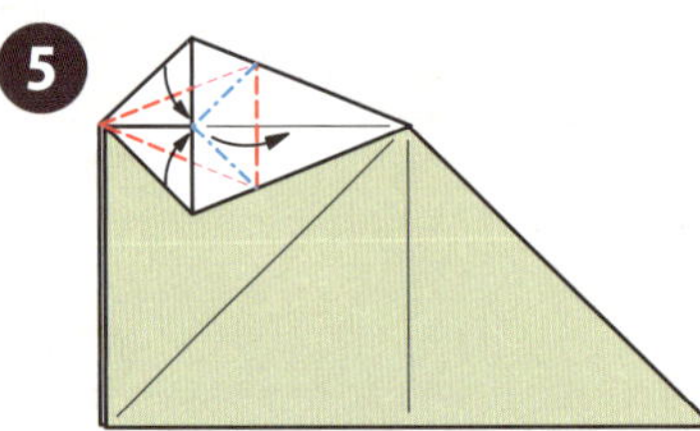

6

골접기로 보조선을 만들고
빼내어접기한다. 장수풍뎅이(78쪽)의
순서 ⓮~⓲를 참고한다.

7

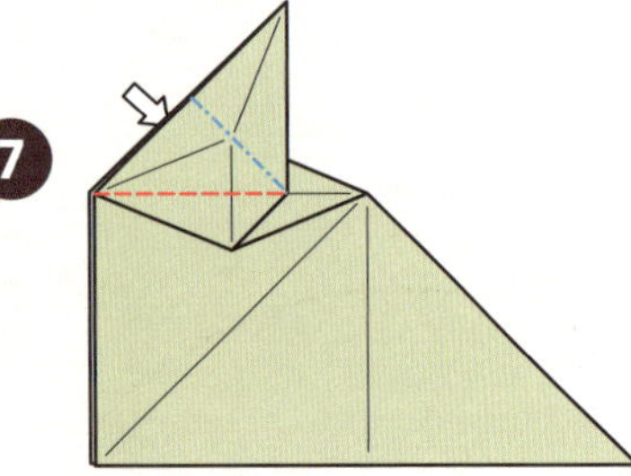

⇘를 벌려 접는다.

8

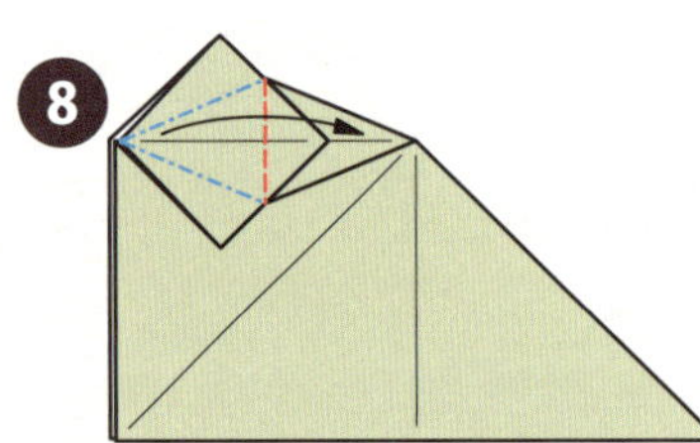

학마름모접기(15쪽)를 한다.

9

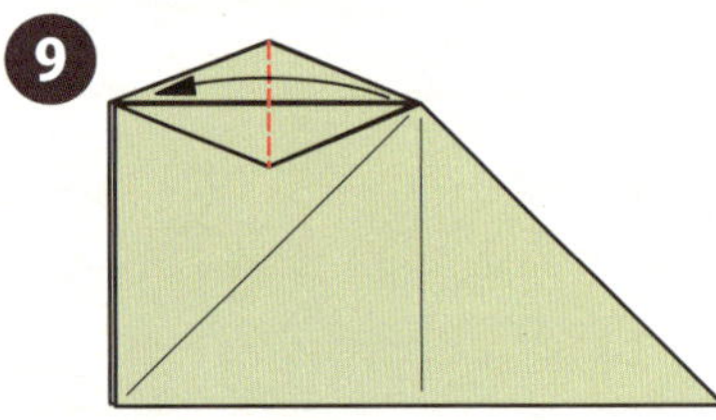

10

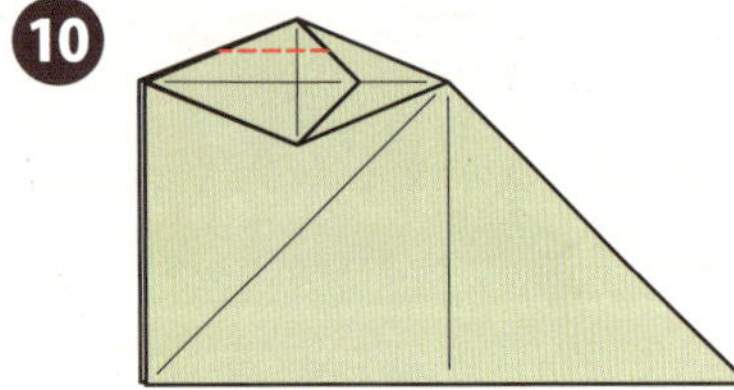

골접기로 보조선을 만든다.

11

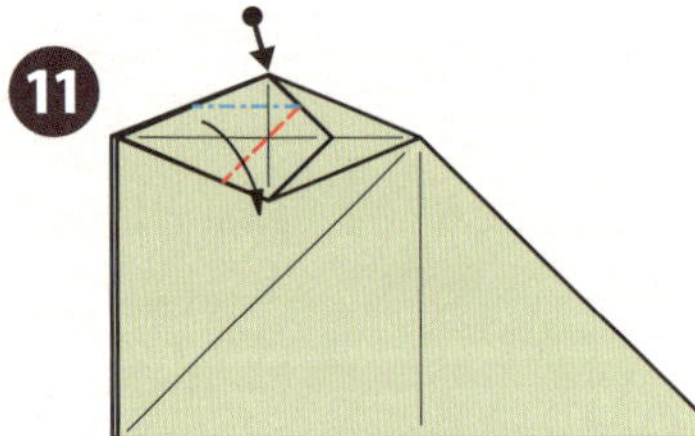

산접기로 보조선을 만들고
↘를 누르면서 접는다.

12

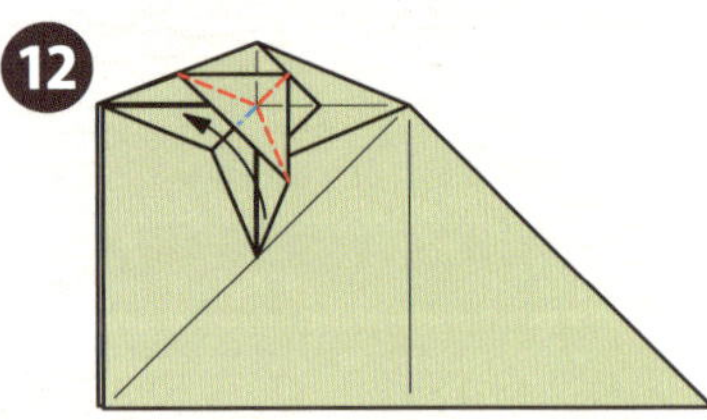

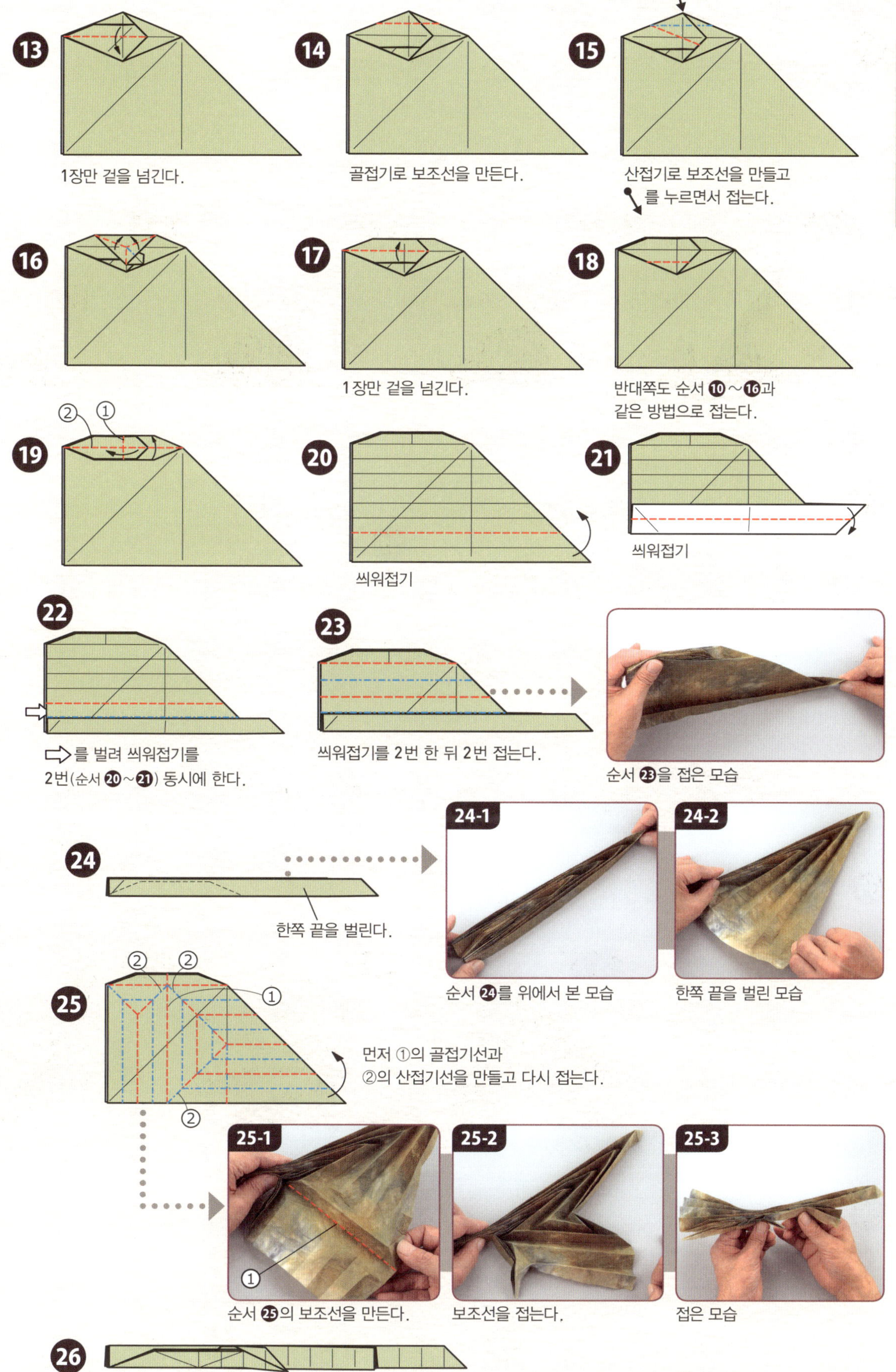
13
1장만 겉을 넘긴다.
14
골접기로 보조선을 만든다.
15
산접기로 보조선을 만들고
를 누르면서 접는다.
16
17
1장만 겉을 넘긴다.
18
반대쪽도 순서 ⑩~⑯과
같은 방법으로 접는다.
19
② ①
20
씌워접기
21
씌워접기
22
를 벌려 씌워접기를
2번(순서 ⑳~㉑) 동시에 한다.
23
씌워접기를 2번 한 뒤 2번 접는다.
순서 ㉓을 접은 모습
24
한쪽 끝을 벌린다.
24-1
순서 ㉔를 위에서 본 모습
24-2
한쪽 끝을 벌린 모습
25
② ② ① ②
먼저 ①의 골접기선과
②의 산접기선을 만들고 다시 접는다.
25-1
①
순서 ㉕의 보조선을 만든다.
25-2
보조선을 접는다.
25-3
접은 모습
26
반대쪽도 같은 방법으로 다시 접는다.

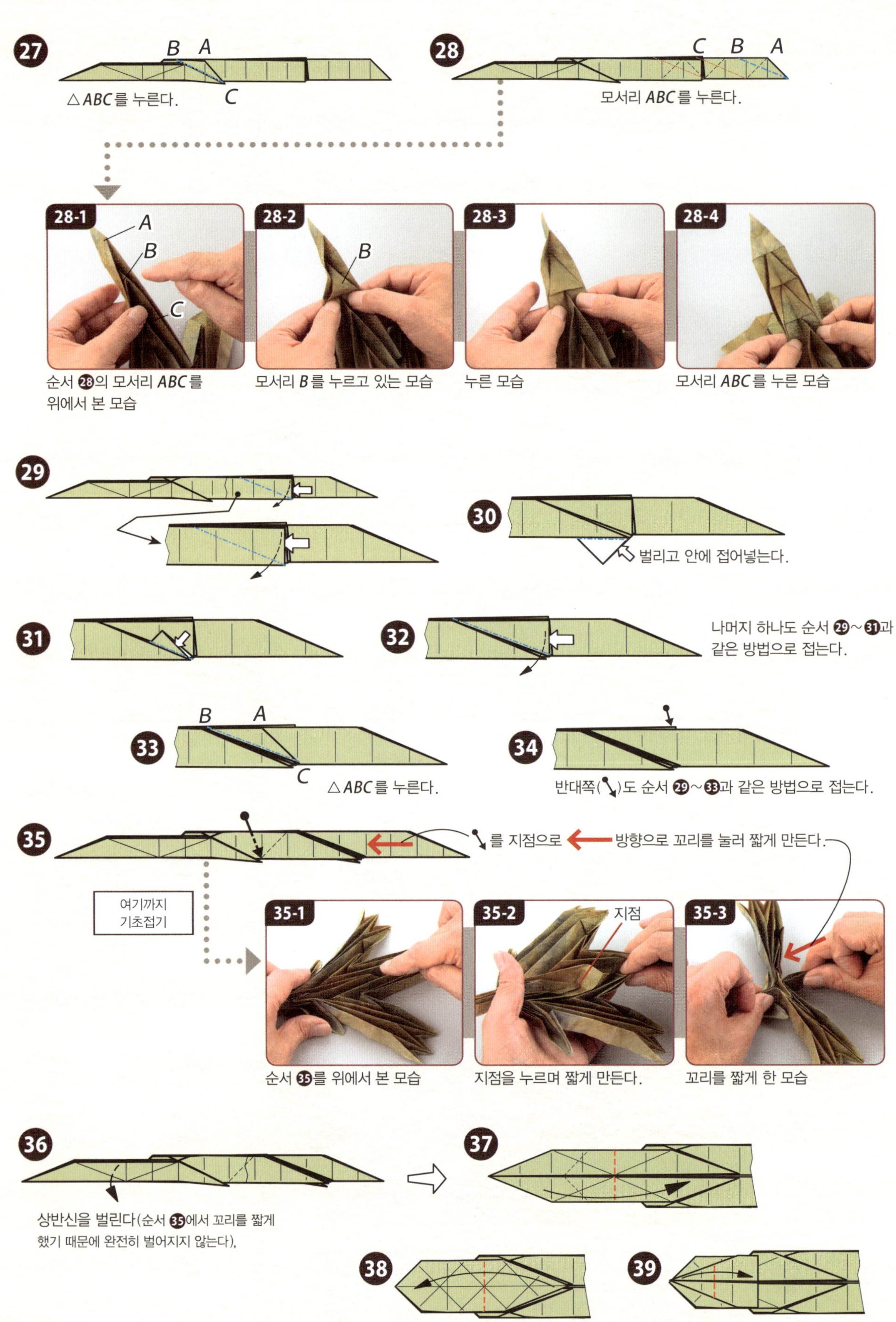
27
B A
C
△ABC를 누른다.
28
C B A
모서리 ABC를 누른다.
28-1
A
B
C
순서 ㉘의 모서리 ABC를 위에서 본 모습
28-2
B
모서리 B를 누르고 있는 모습
28-3
누른 모습
28-4
모서리 ABC를 누른 모습
29
30
벌리고 안에 접어넣는다.
31
32
나머지 하나도 순서 ㉙~㉛과 같은 방법으로 접는다.
33
B A
C
△ABC를 누른다.
34
반대쪽( )도 순서 ㉙~㉝과 같은 방법으로 접는다.
35
를 지점으로 방향으로 꼬리를 눌러 짧게 만든다.
여기까지 기초접기
35-1
순서 ㉟를 위에서 본 모습
35-2
지점
지점을 누르며 짧게 만든다.
35-3
꼬리를 짧게 한 모습
36
상반신을 벌린다(순서 ㉟에서 꼬리를 짧게 했기 때문에 완전히 벌어지지 않는다).
37
38
39

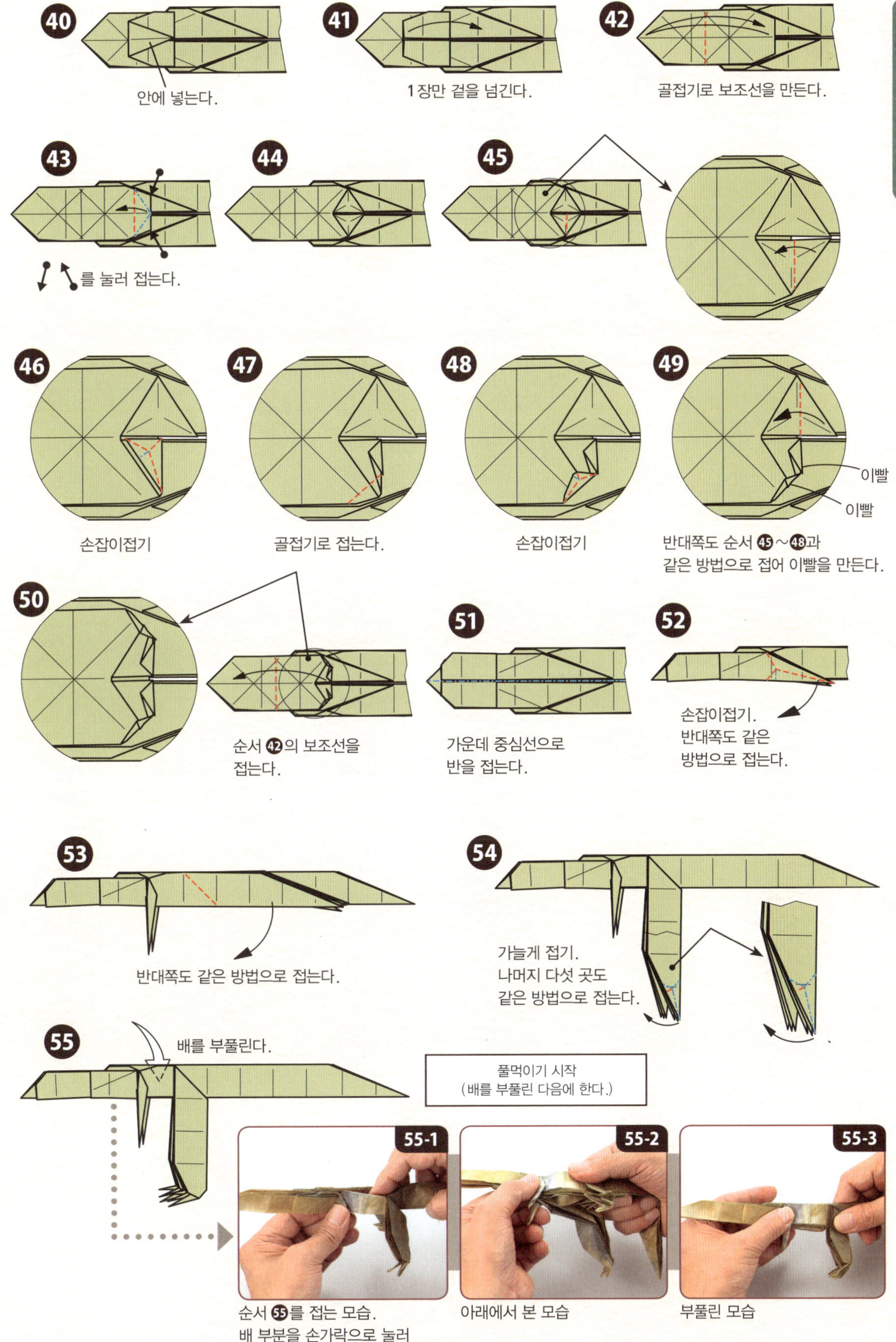
40
안에 넣는다.
41
1장만 겉을 넘긴다.
42
골접기로 보조선을 만든다.
43
를 눌러 접는다.
44
45
46
손잡이접기
47
골접기로 접는다.
48
손잡이접기
49
이빨
이빨
반대쪽도 순서 45~48과
같은 방법으로 접어 이빨을 만든다.
50
순서 42의 보조선을
접는다.
51
가운데 중심선으로
반을 접는다.
52
손잡이접기.
반대쪽도 같은
방법으로 접는다.
53
반대쪽도 같은 방법으로 접는다.
54
가늘게 접기.
나머지 다섯 곳도
같은 방법으로 접는다.
55
배를 부풀린다.
풀먹이기 시작
(배를 부풀린 다음에 한다.)
55-1
55-2
55-3
순서 55를 접는 모습.
배 부분을 손가락으로 눌러
부풀린다.
아래에서 본 모습
부풀린 모습

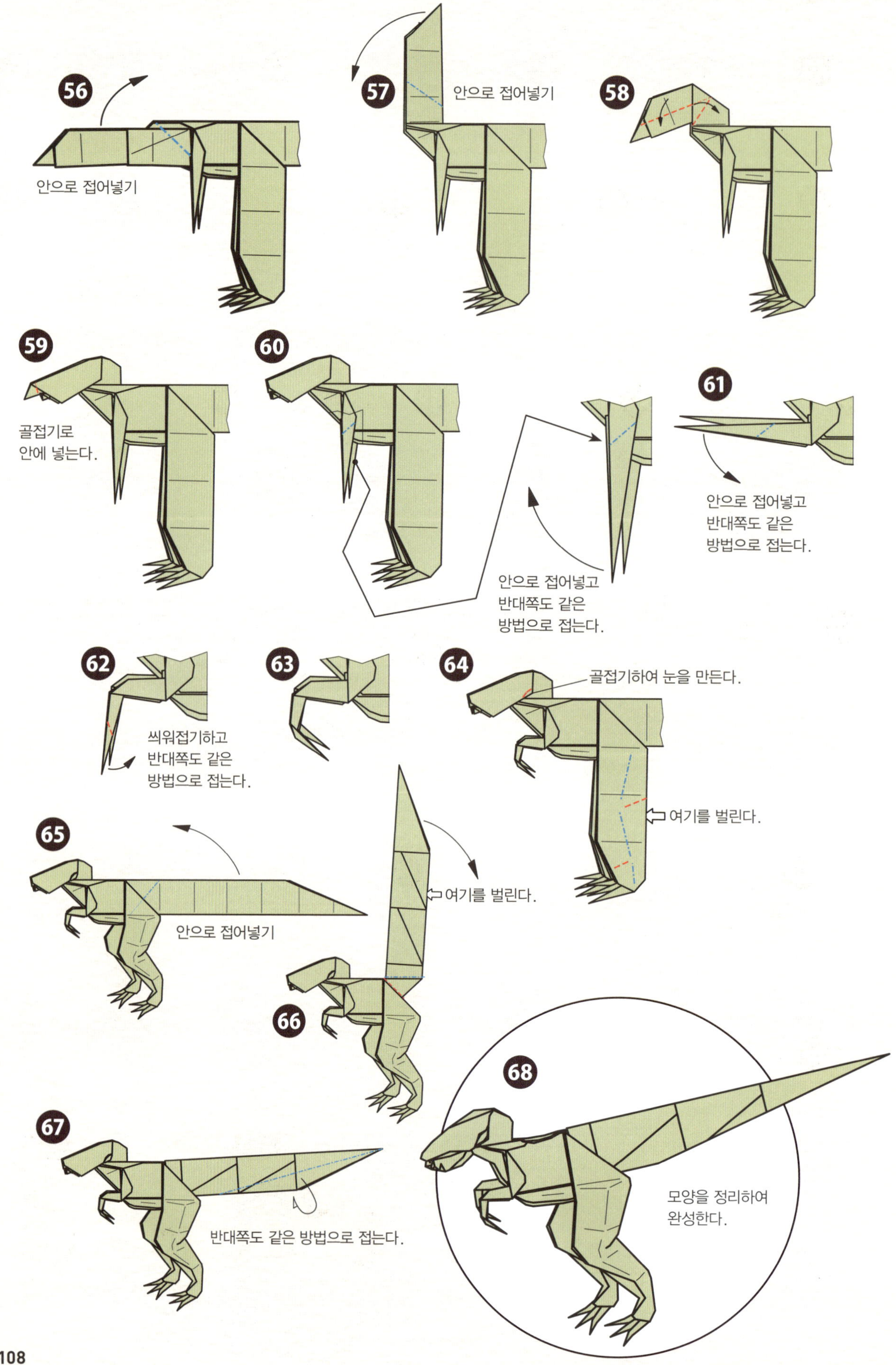
56
안으로 접어넣기
57
안으로 접어넣기
58
59
골접기로
안에 넣는다.
60
안으로 접어넣고
반대쪽도 같은
방법으로 접는다.
61
안으로 접어넣고
반대쪽도 같은
방법으로 접는다.
62
씌워접기하고
반대쪽도 같은
방법으로 접는다.
63
64
골접기하여 눈을 만든다.
여기를 벌린다.
65
안으로 접어넣기
66
여기를 벌린다.
67
반대쪽도 같은 방법으로 접는다.
68
모양을 정리하여
완성한다.

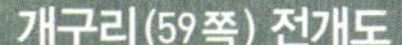

개구리(59쪽) 전개도

(순서 31까지)

코끝
혀끝
턱
눈
앞발톱
앞발톱
뒤발톱
뒤발톱
뒤발톱

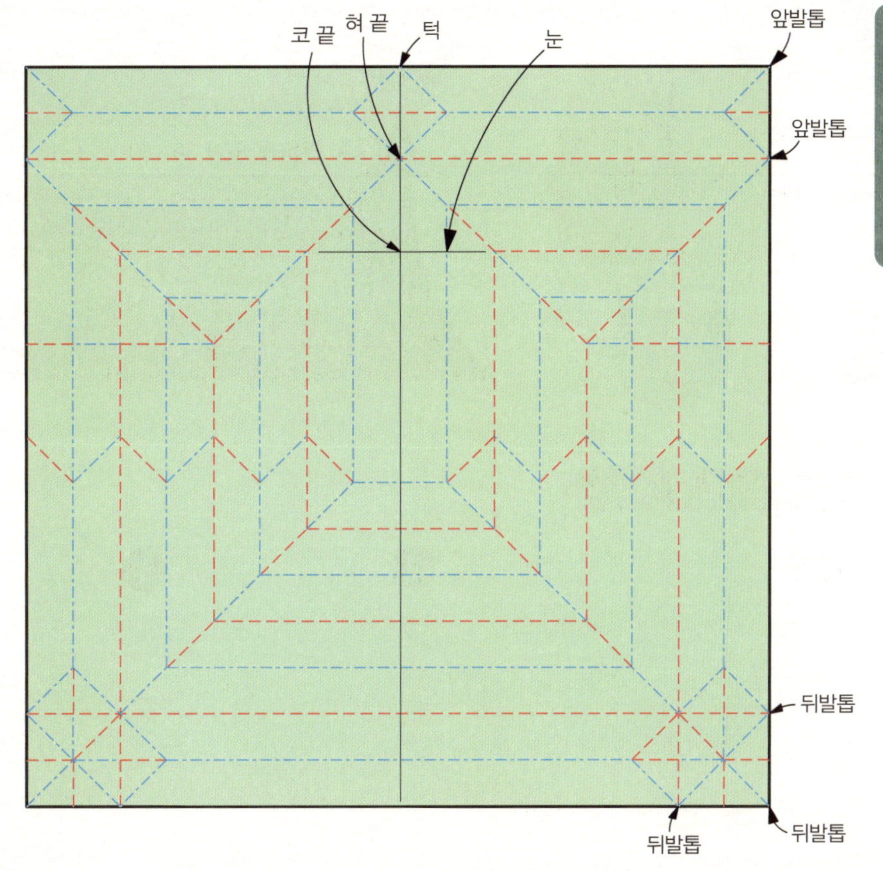

티라노사우루스(104쪽) 전개도

(순서 35까지)

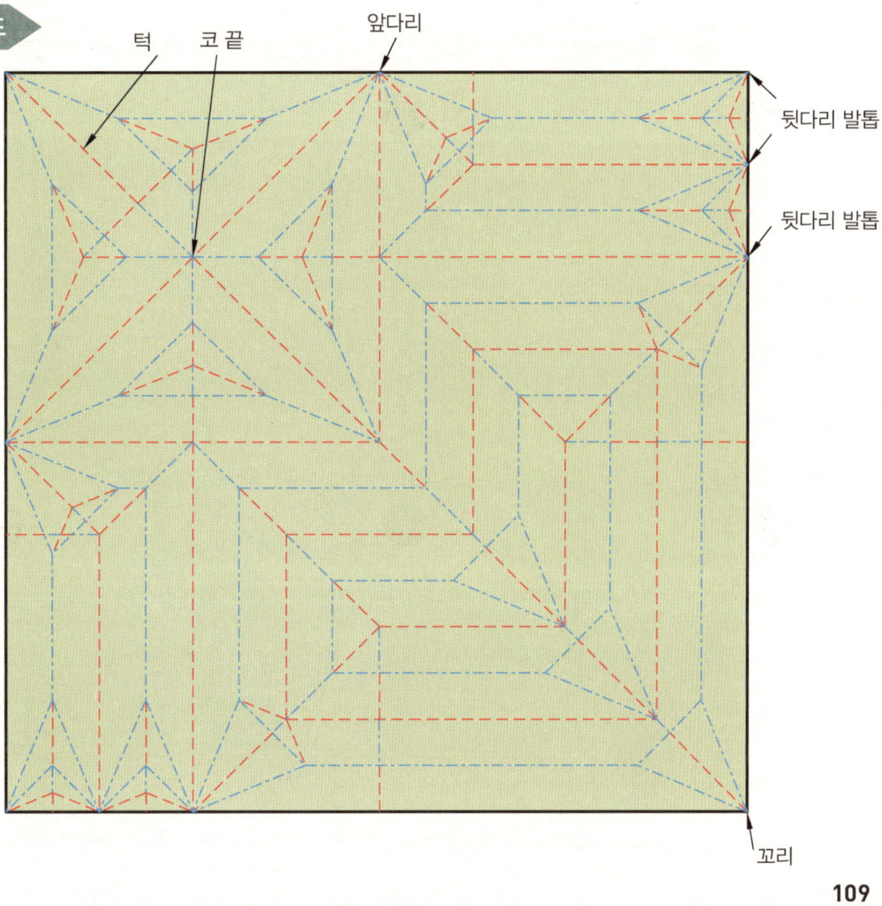

턱
코끝
앞다리
뒷다리 발톱
뒷다리 발톱
꼬리

★★☆☆☆

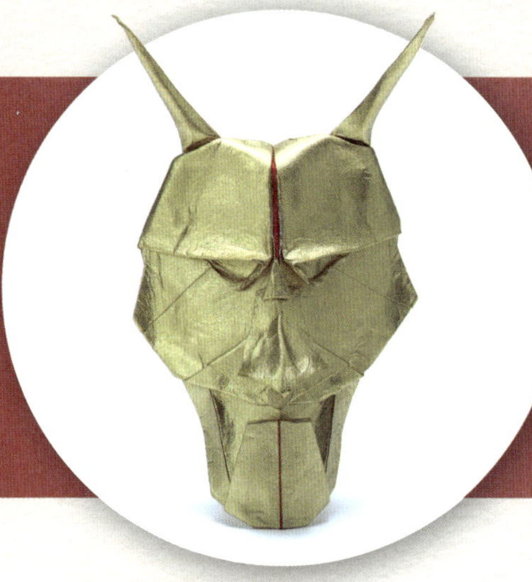

반야상

★ 준비할 종이 30×30cm 1장

이 작품의 기초접기(순서 1)는 투구게(64쪽)와 마찬가지로 전통적인 접기방법인 물고기접기를 토대로 합니다. 비교적 간단한 작품인데 사마귀(82쪽), 람포링쿠스(96쪽) 등의 요소가 포함되어 있습니다. 완성할 때는 코를 높이고 가운데 산접기선을 넣어 입체적으로 만들면 한층 멋있는 작품이 됩니다.

투구게(64쪽) 순서 5부터

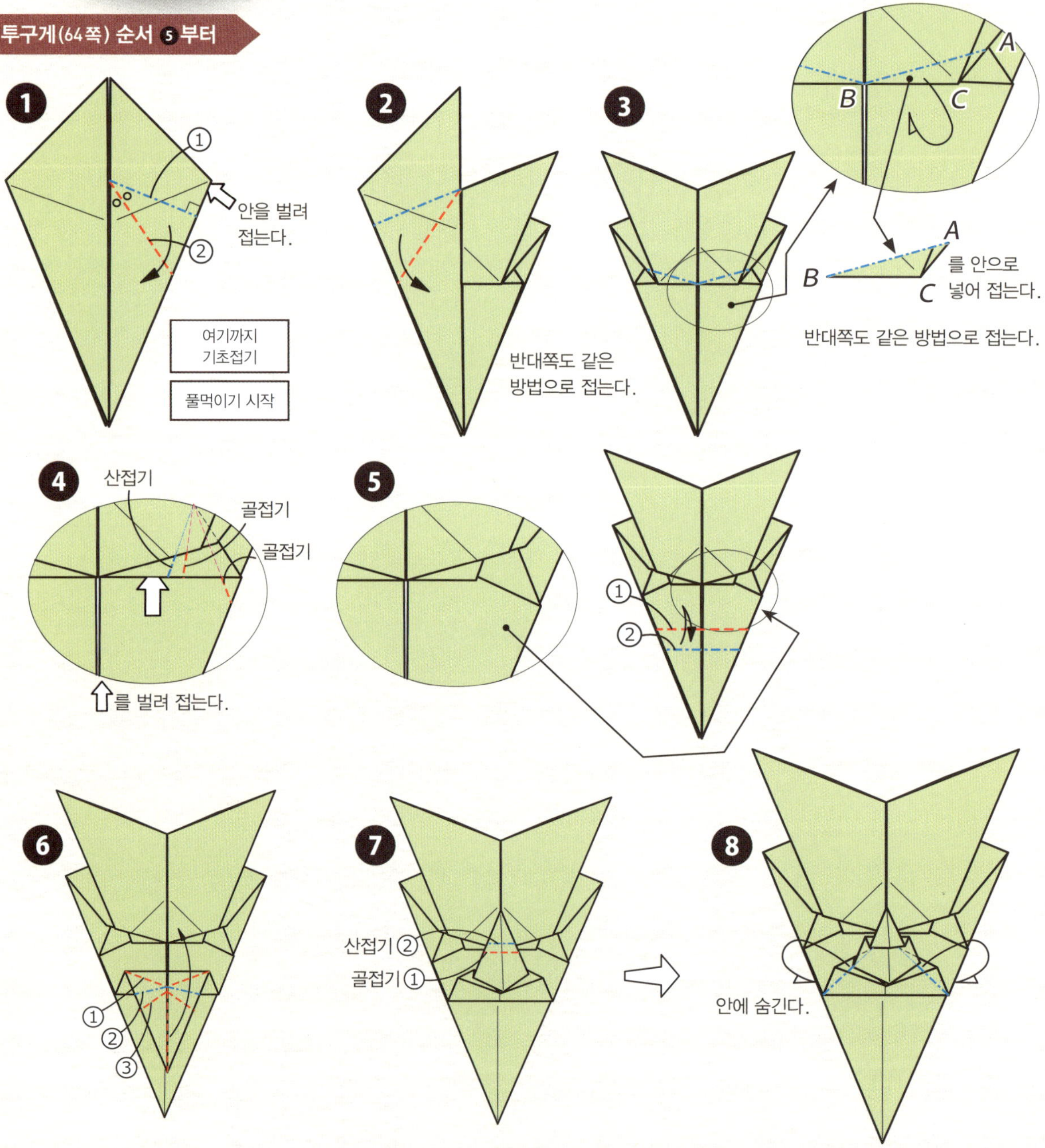

1

①

②

안을 벌려 접는다.

여기까지 기초접기

풀먹이기 시작

2

반대쪽도 같은 방법으로 접는다.

3

A

B

C

A를 안으로 넣어 접는다.

반대쪽도 같은 방법으로 접는다.

4

산접기

골접기

골접기

⇧를 벌려 접는다.

5

①

②

6

①

②

③

7

산접기②

골접기①

8

안에 숨긴다.

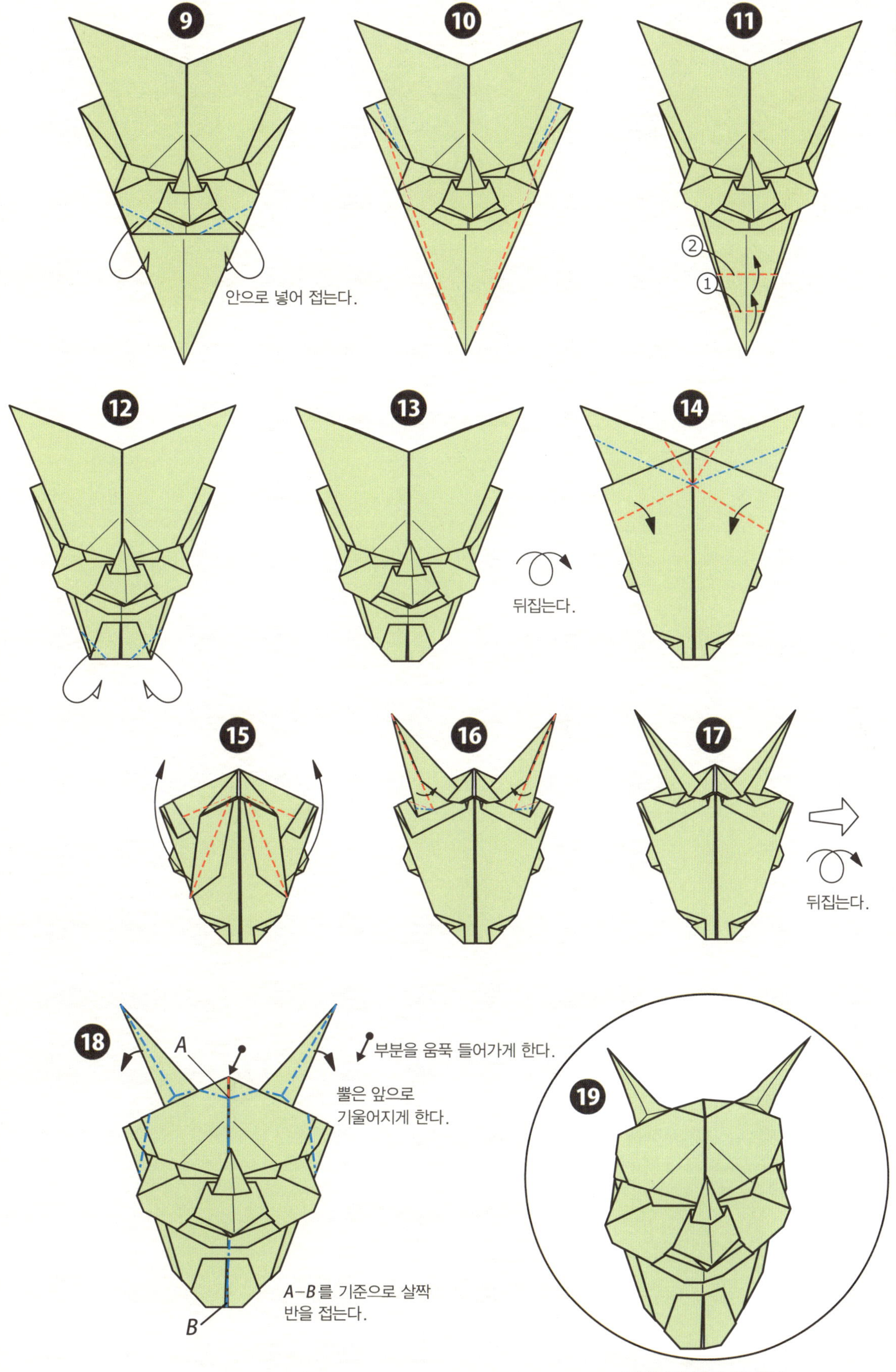

모양을 정리하여 완성한다.

달마

★ 준비할 종이 23×23cm 1장

이 작품의 기초접기(순서 16)는 전통적인 접기방법인 작은새 기본형을 토대로 합니다. 종이의 앞뒤 양쪽이 드러나는 인사이드아웃이라고 불리는 기법으로, 얼굴 부분과 그 밖의 부분의 색이 다릅니다. 얼굴을 접을 경우, 그 표정에서 종종 만드는 사람의 성격을 엿볼 수 있는데 그것도 창작접기의 매력 중 하나입니다. 완성할 때 가운데에 산접기선을 만들면 세울 수 있습니다.

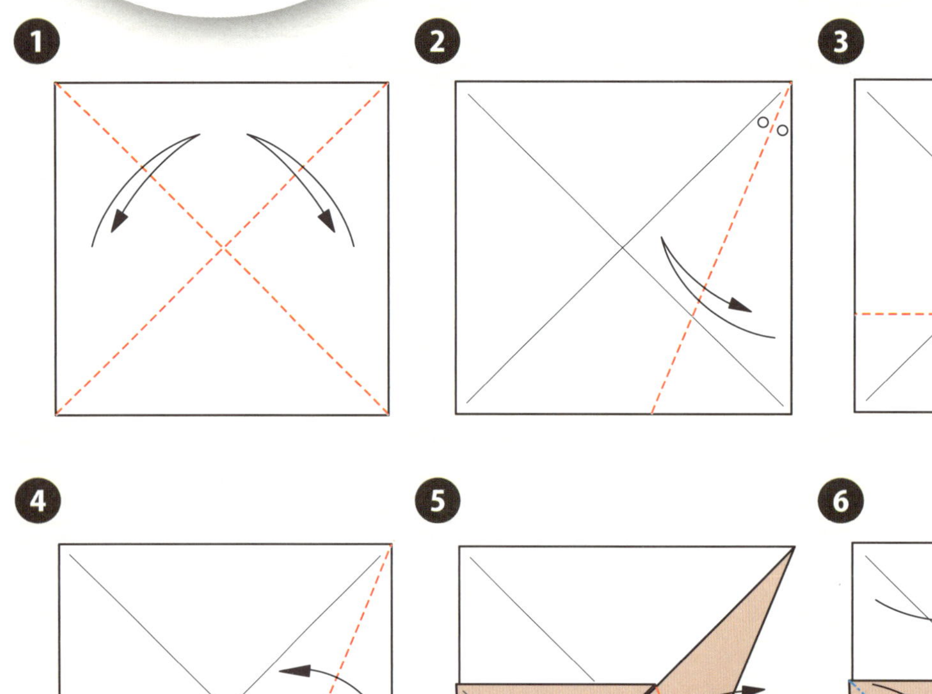

1

2

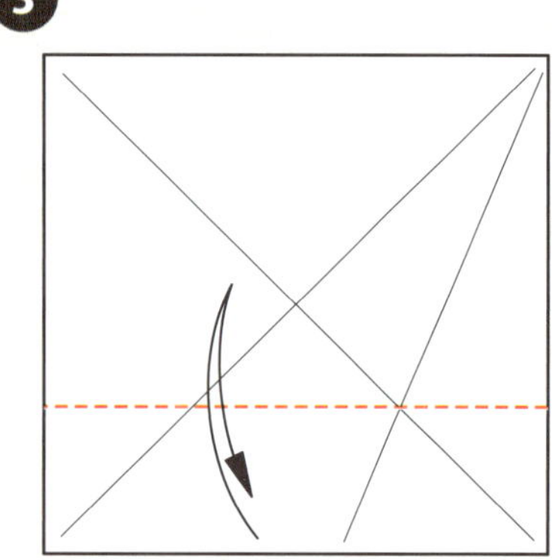

3

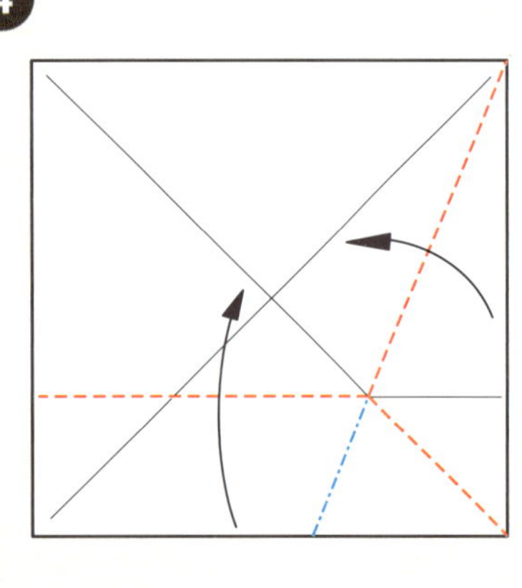

4

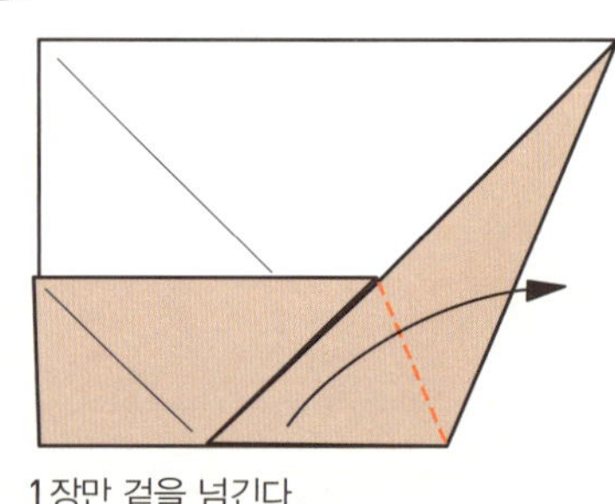

5

1장만 겉을 넘긴다.

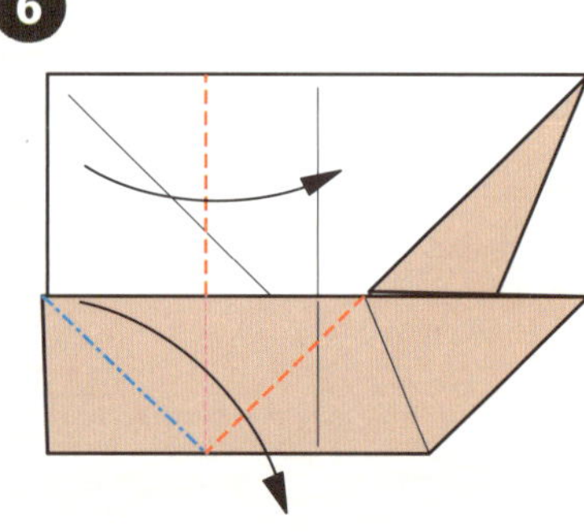

6

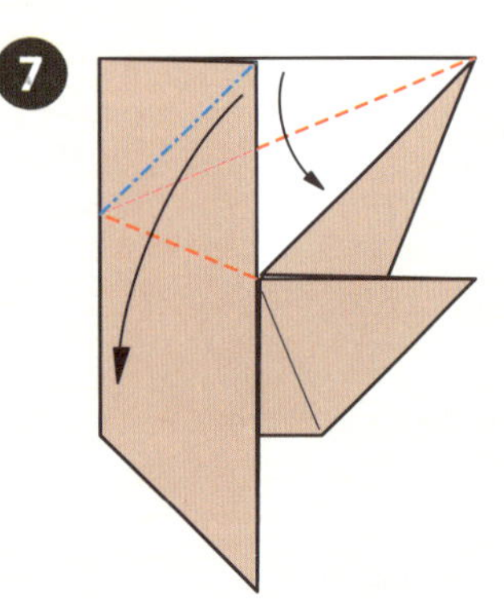

7

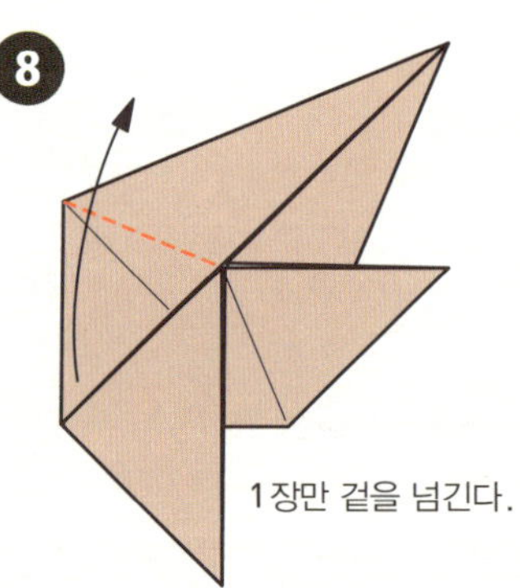

8

1장만 겉을 넘긴다.

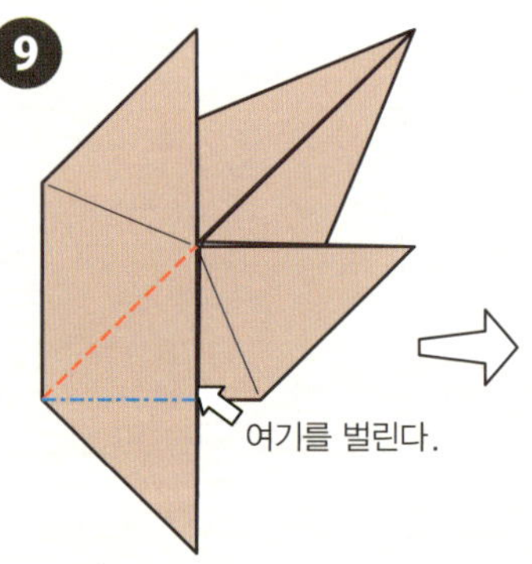

9

여기를 벌린다.

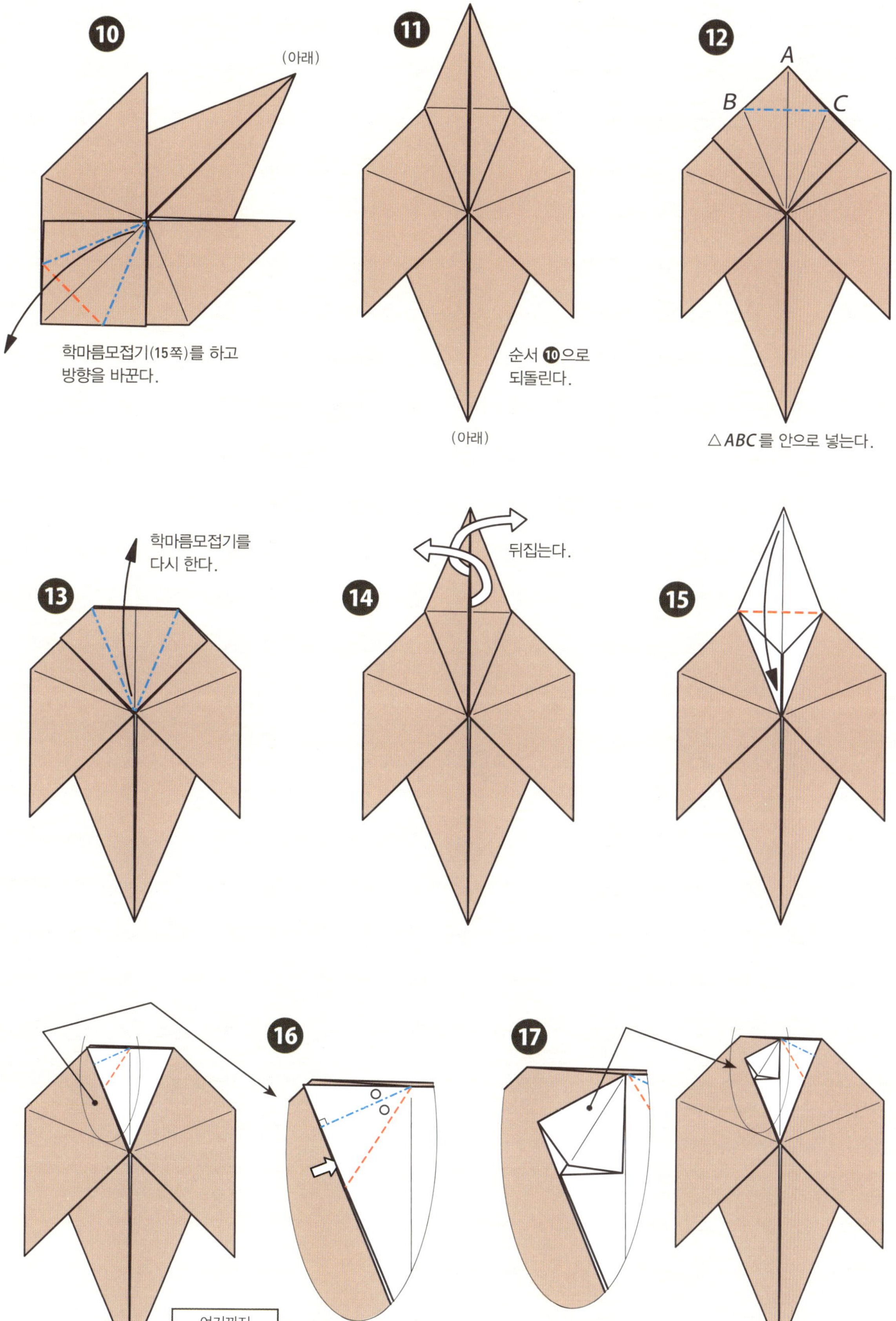
10
(아래)
학마름모접기(15쪽)를 하고
방향을 바꾼다.
11
순서 10으로
되돌린다.
(아래)
12
A
B
C
△ABC를 안으로 넣는다.
13
학마름모접기를
다시 한다.
14
뒤집는다.
15
16
여기까지
기초접기
⇨를 벌려 접는다.
17
반대쪽도 같은 방법으로 접는다.

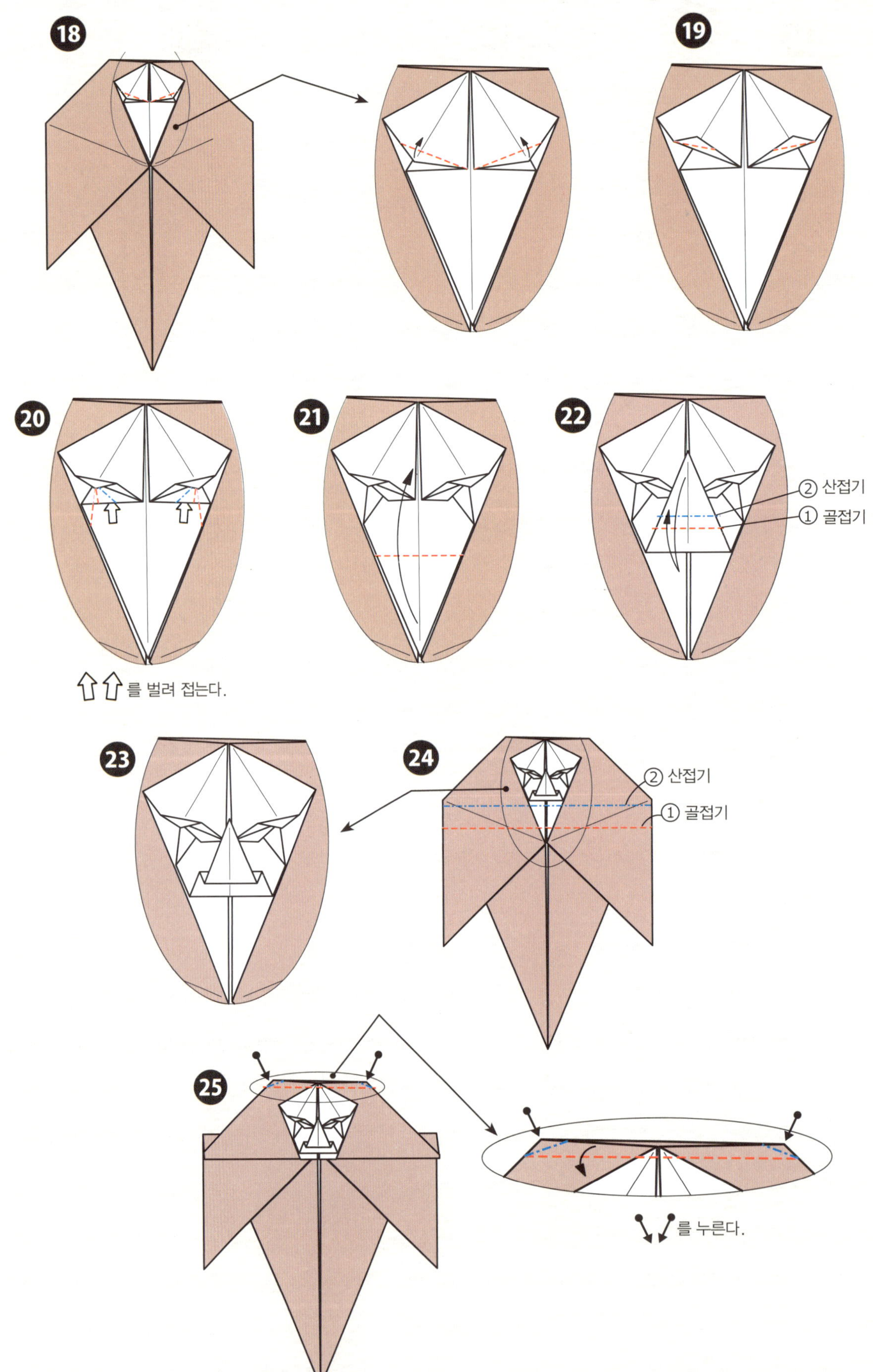
18
19
20
21
22
② 산접기
① 골접기
를 벌려 접는다.
23
24
② 산접기
① 골접기
25
를 누른다.

★★☆☆☆

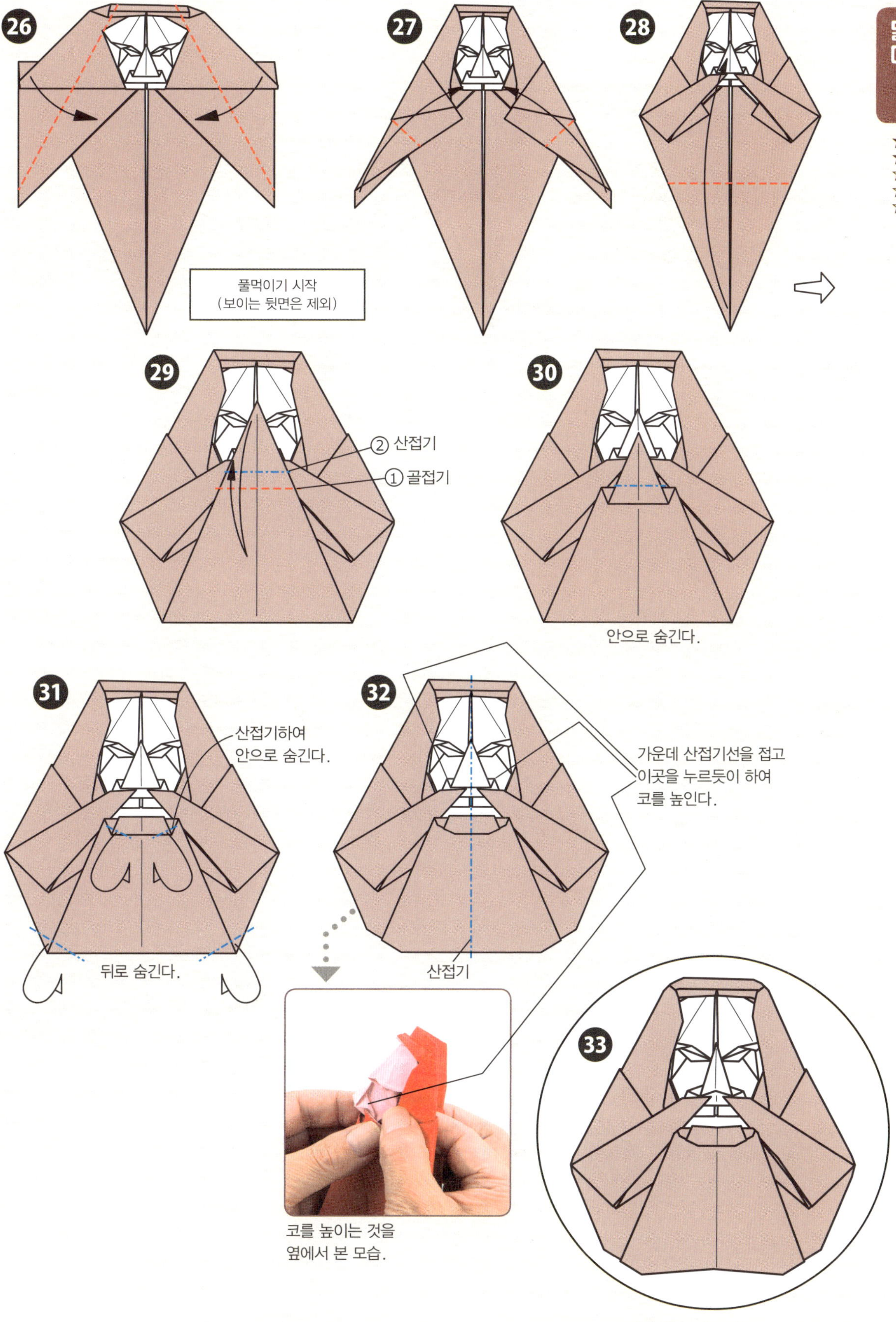

모양을 정리하여 완성한다.

★★☆☆☆

장식 투구

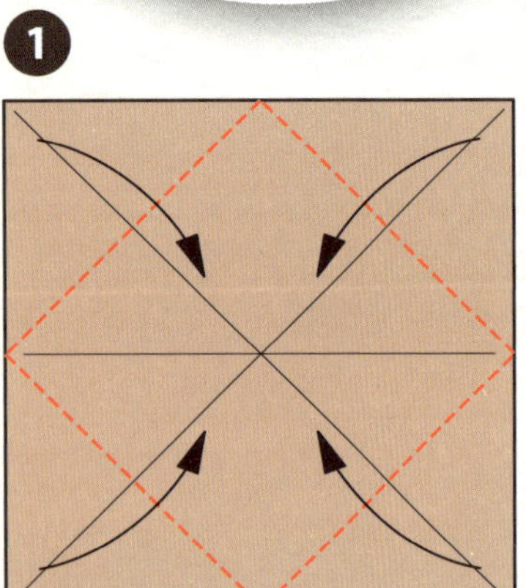

★ 준비할 종이 31×31cm 1장

뿔이 선 듯한 위엄 있는 장식 투구를 만들려고 이 기초접기를 고안해 냈습니다. 세밀한 부분이 접기 어려우면 조금 얇은 종이를 사용하세요. 순서 18은 건너뛰고 진행해도 상관없는데, 그 경우에는 완성할 때 뿔이 시작되는 곳의 뒷면이 보이는 부분을 본체의 틈에 숨기면 좋습니다.

1. 가운데로 모아접는다.
2. 가운데 중심선으로 반을 접는다.
3. 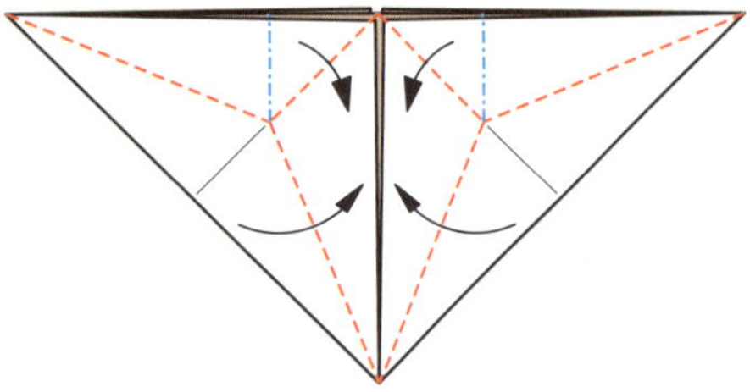
4. 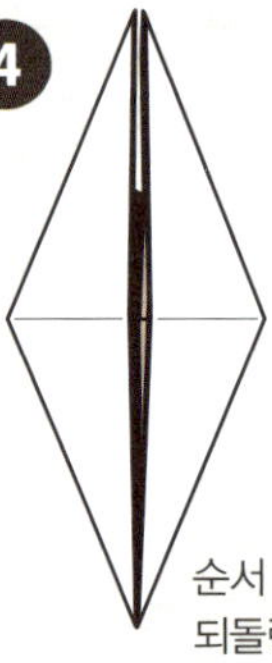 순서 3으로 되돌린다.
5. 뒤집는다.
6. 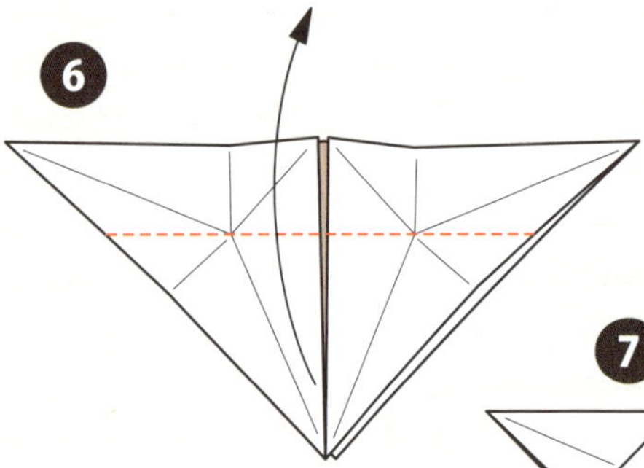
7. 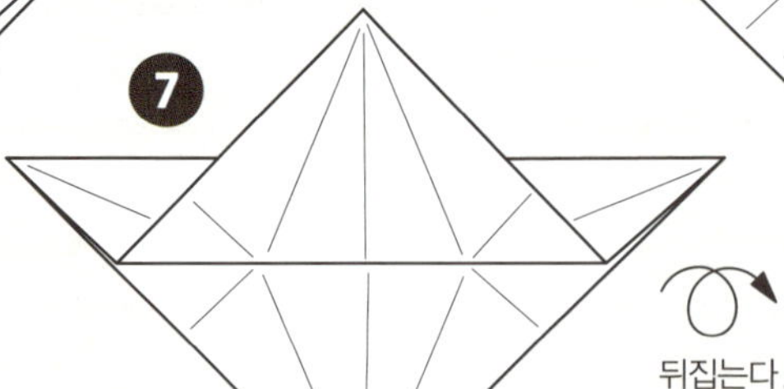 뒤집는다.
8.

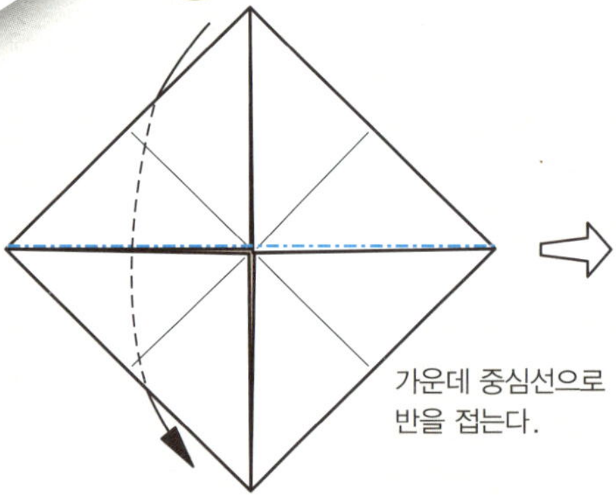

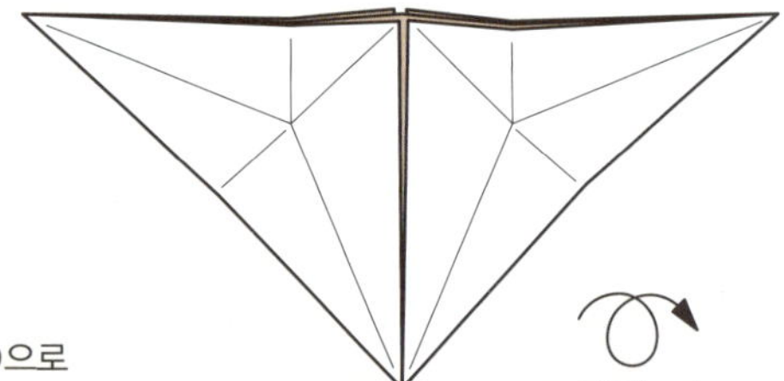

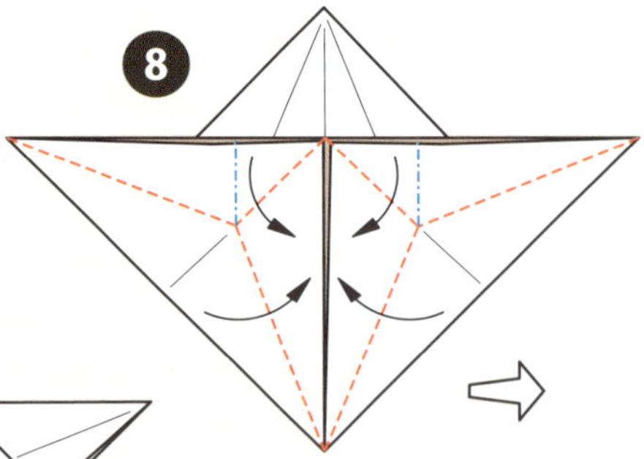

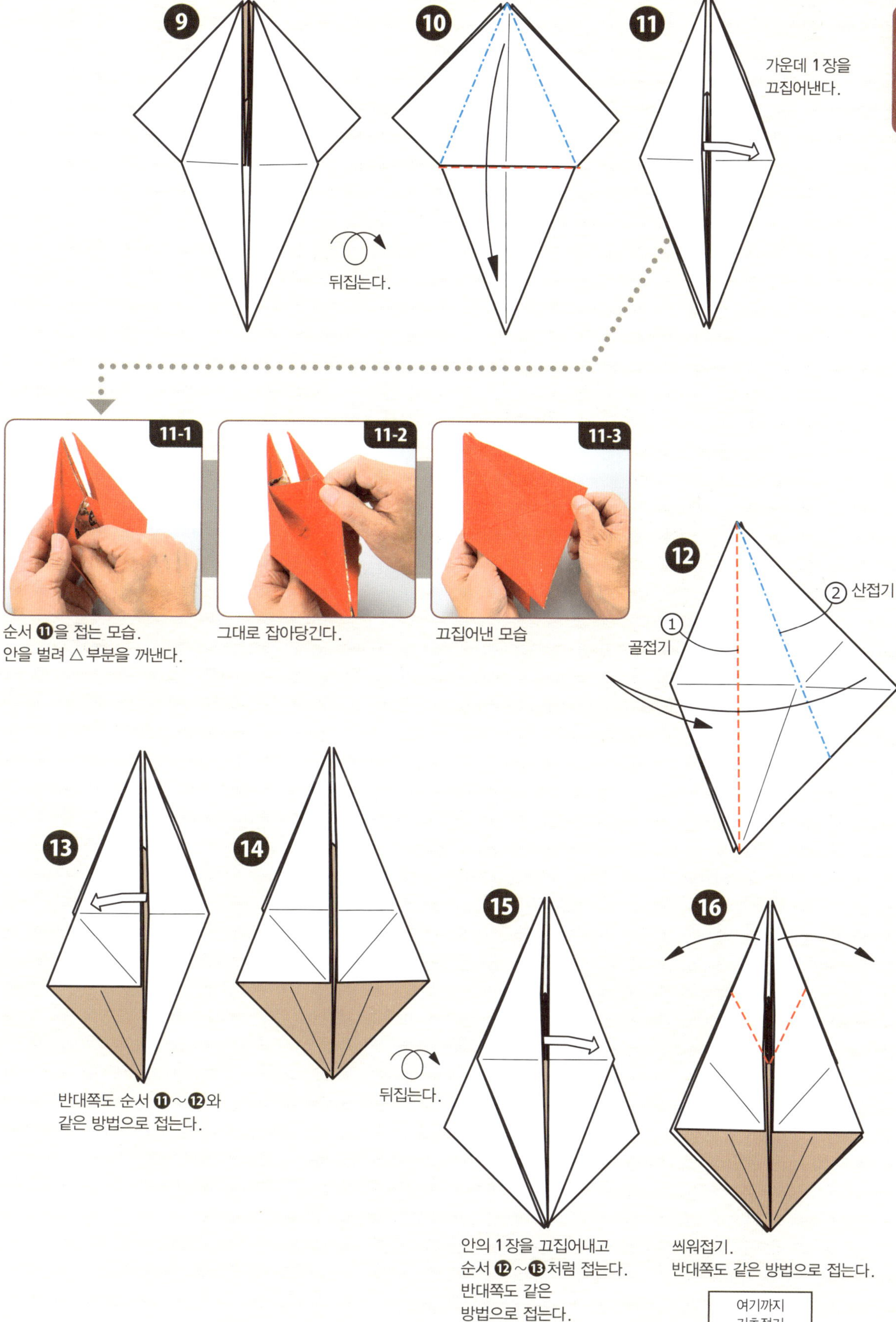

순서 ⓫을 접는 모습.
안을 벌려 △ 부분을 꺼낸다.

그대로 잡아당긴다.

끄집어낸 모습

반대쪽도 순서 ⓫~⓬와
같은 방법으로 접는다.

안의 1장을 끄집어내고
순서 ⓬~⓭처럼 접는다.
반대쪽도 같은
방법으로 접는다.

씌워접기.
반대쪽도 같은 방법으로 접는다.

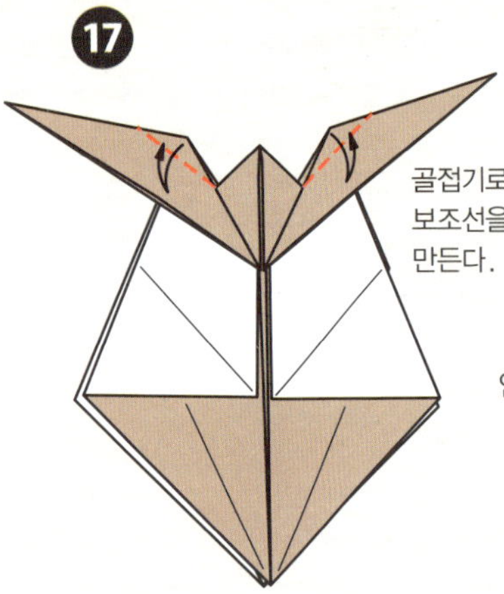

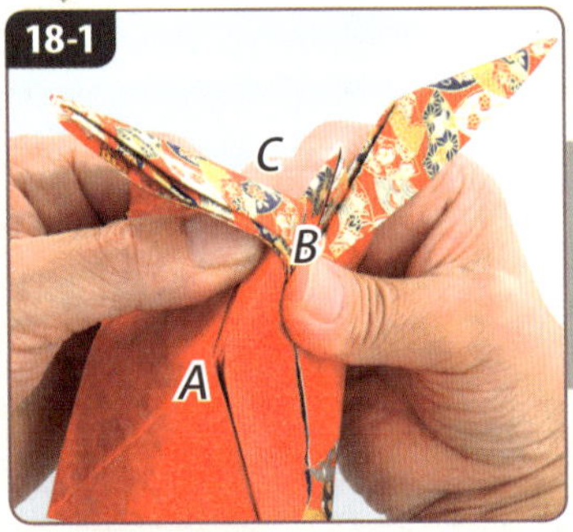

17
골접기로
보조선을
만든다.

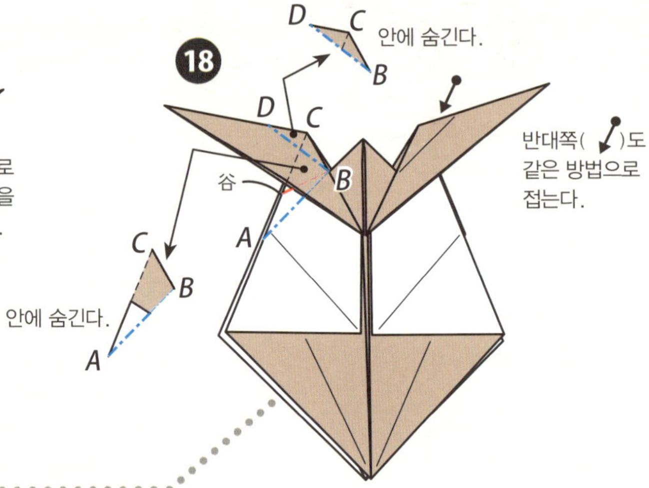

18
D C 안에 숨긴다.
B
D C
곡
B
A
반대쪽( )도
같은 방법으로
접는다.
C
B
안에 숨긴다.
A

18-1
C
B
A

순서 ⓲을 접는 모습.
안을 벌려 △*ABC*를 안에 숨긴다
(옆에서 본 모습).

18-2
D
C
B

△*BCD*를 안에 숨긴다(위에서 본 모습).

18-3

접은 모습

19
산접기

20

21

22

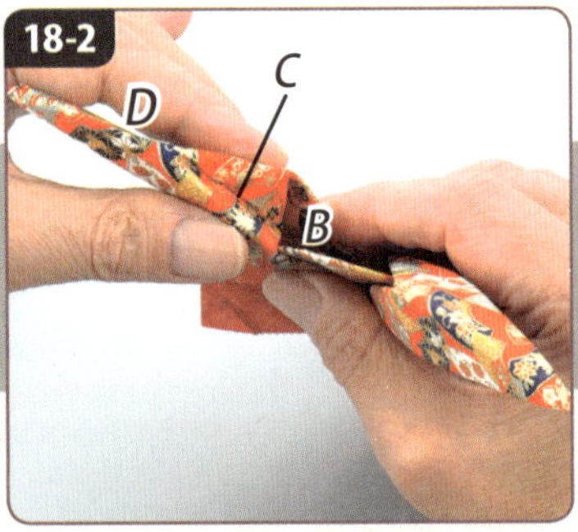

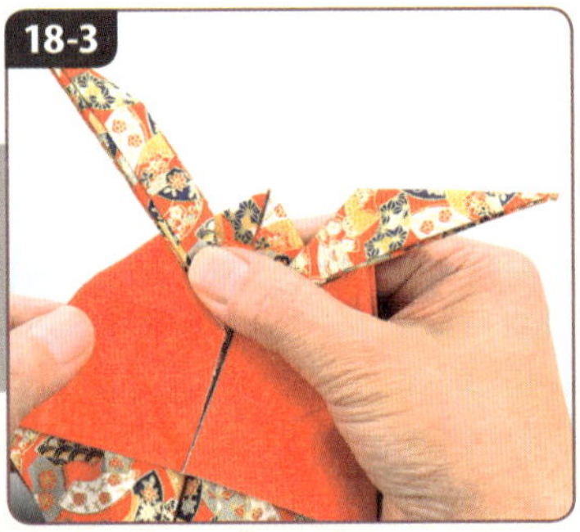

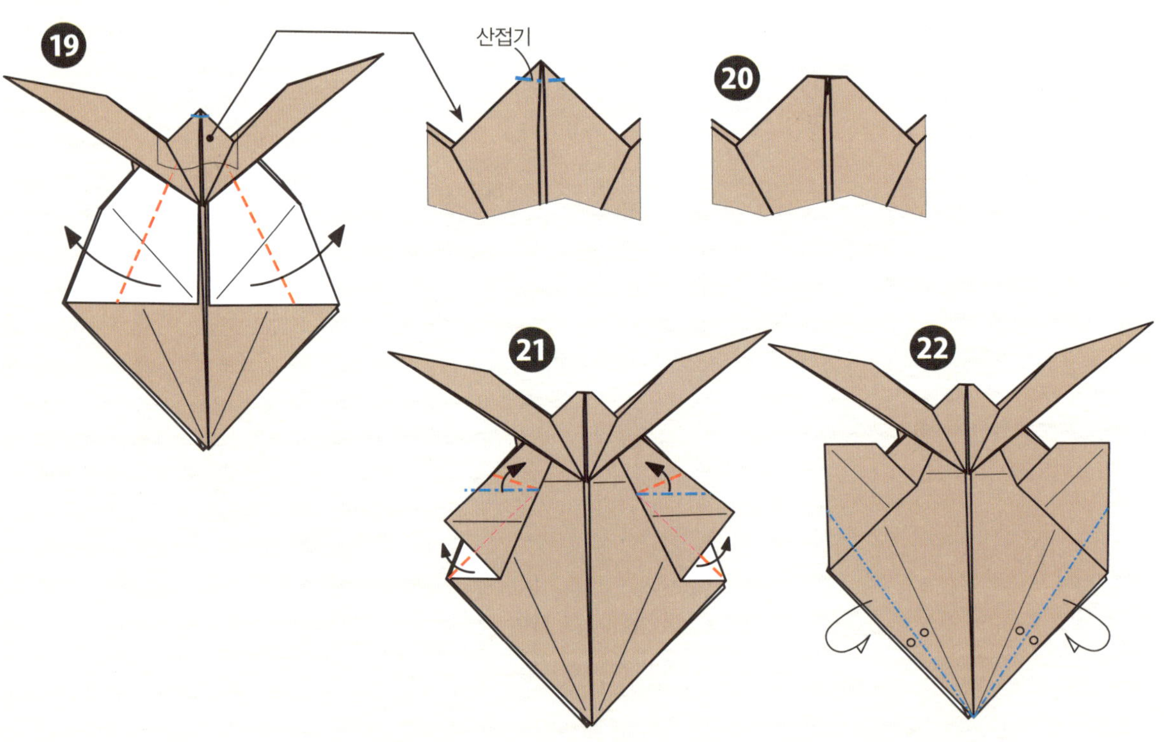

★★★☆☆

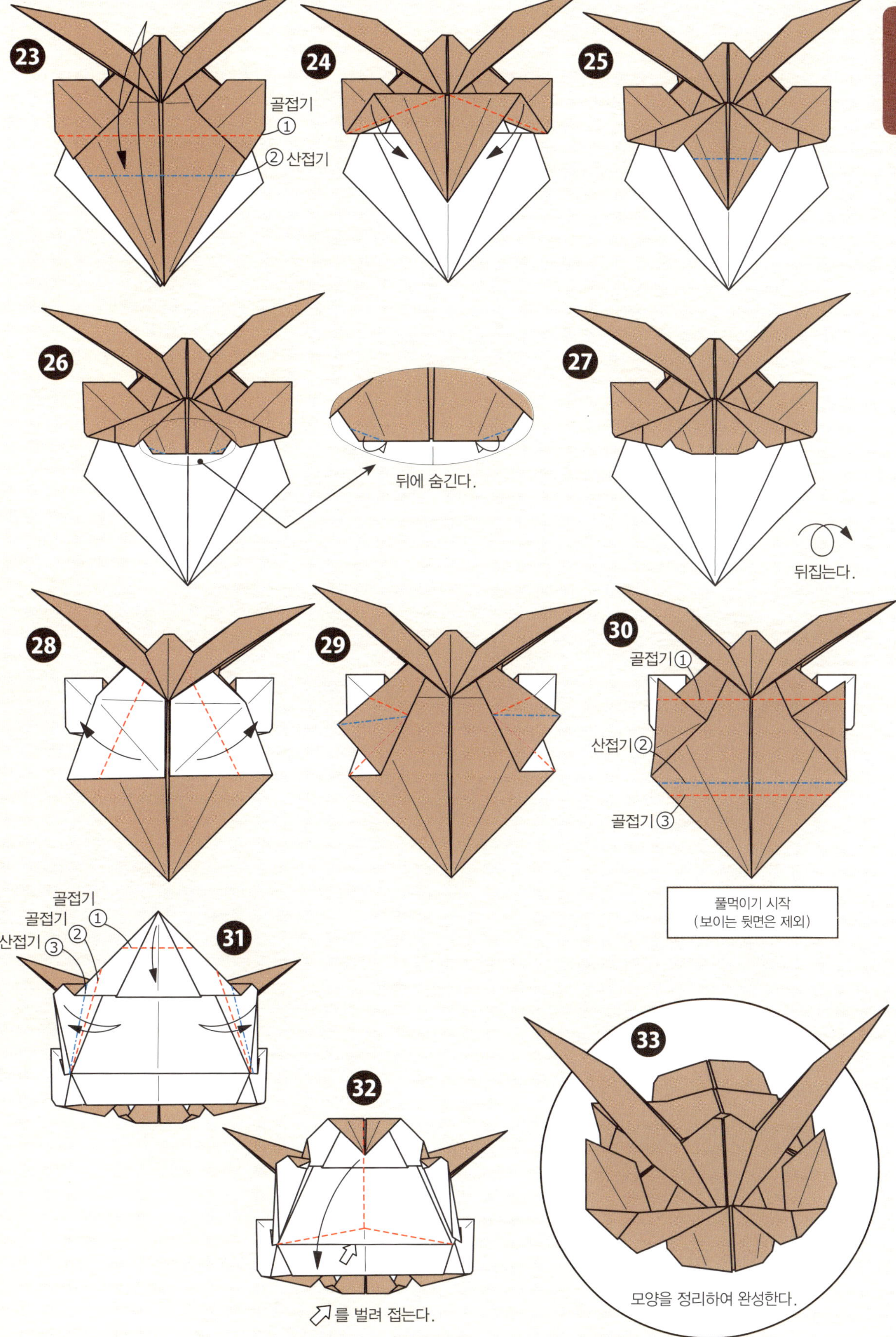
23
골접기
①
②
산접기
24
25
26
뒤에 숨긴다.
27
뒤집는다.
28
29
30
골접기①
산접기②
골접기③
풀먹이기 시작
(보이는 뒷면은 제외)
골접기
①
골접기
②
산접기
③
31
32
를 벌려 접는다.
33
모양을 정리하여 완성한다.

놀라운 리얼 종이접기

초판 1쇄 발행 | 2014년 8월 8일
초판 17쇄 발행 | 2026년 1월 5일

지은이 | 후쿠이 히사오
옮긴이 | 민성원
감수자 | 장용익

발행인 | 김기중
주간 | 신선영
편집 | 민성원, 백수연
경영지원 | 홍운선

펴낸곳 | 도서출판 에밀
주소 | 서울특별시 영등포구 당산로41길 11, E동 1410호 (07217)
전화 | 02-3141-8301
팩스 | 02-3141-8303
이메일 | info@theforestbook.co.kr
페이스북 | @forestbookwithu
인스타그램 | @theforest_book
출판등록 | 2012년 10월 10일 제2025-000115호

ISBN | 978-89-969599-4-6 (13630)